피르케이 아보트

지혜자의 삶의 원리−하나님께서 창조하신 세상은 완전하다

VOLUME 5

피르케이 아보트
지혜자의 삶의 원리 – 하나님께서 창조하신 세상은 완전하다
RAV LAU ON PIRKEI AVOS

초판 1쇄 인쇄 2019년 6월 20일
초판 1쇄 발행 2019년 6월 28일

지은이   MEIR LAU
감 수   변순복
펴낸이   김정희

펴낸곳   하임(the 하임)
등록일   2017년 9월 14일
등록번호   816-91-00330
주소   서울시 마포구 성암로5길 12 101동 1301호
전화   02-307-1007
팩스   02-307-1009
이메일   chaim1007@hanmail.net

디자인   하연디자인
옮긴이   하임 편집부

ISBN 979-11-964614-4-7   94230
ISBN 979-11-962203-3-4   94230(세트 전 6권)

* 책 값은 뒤표지에 있습니다.
* 잘못된 책은 교환하여 드립니다.

이 책의 한국어판 저작권은 역자를 통하여 MESORAH와 독점 계약한 하임(THE 하임) 출판사에 있습니다. 신 저작권법에 의해 국내에서 보호를 받는 저작물이므로 무단 전재와 무단복제를 금합니다.

이 책은 뿌리와 가지교회 정관창 목사님과 모든 성도님들의 기도와 물질과 헌신으로 열매를 맺게되었습니다.

RABBI YISRAEL MEIR LAU

피르케이

지혜자의 삶의 원리 - 하나님께서 창조하신 세상은 완전하다

아보트
VOLUME 5

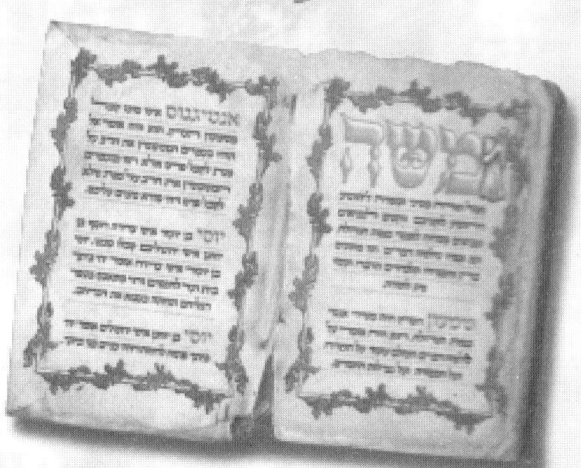

A COMPREHENSIVE COMMENTARY ON
ETHICS OF THE FATHERS

목차

원전 출판사 서문 • 7
저자 서문 • 10
한글 출판사 서문 • 17
한글 감사의 글 • 20
영문 감사의 글 • 23

서문 왜 『아보트』로 불리는가? • 25

프롤로그 …………………………………… 37
미쉬나 1절 …………………………………… 39
미쉬나 2절 …………………………………… 53
미쉬나 3절 …………………………………… 59
미쉬나 4절 …………………………………… 67
미쉬나 5절 …………………………………… 79
미쉬나 6절 …………………………………… 85
미쉬나 7절 …………………………………… 95
미쉬나 8절 …………………………………… 111
미쉬나 9절 …………………………………… 125
미쉬나 10절 ………………………………… 139
미쉬나 11절 ………………………………… 149
미쉬나 12절 ………………………………… 167
미쉬나 13절 ………………………………… 173

미쉬나 14절	187
미쉬나 15절	201
미쉬나 16절	215
미쉬나 17절	233
미쉬나 18절	245
미쉬나 19절	255
미쉬나 20절	263
미쉬나 21절	277
미쉬나 22절	295
미쉬나 23절	313
미쉬나 24절	325
미쉬나 25절	331
미쉬나 26절	351
에필로그	365

아보트 주석 작업을 맡은 우리의 친구이며 랍비인 메이어 라우의 헌신에 찬사를 보냅니다. 그는 현대 유대인들의 삶을 주도하는 이상주의자인 지도자이며 교육자이며 랍비의 회장을 맡고 있습니다.

버나드 랜더 박사,
그는 꿈꾸었으나 잠이 들지는 않았습니다.
랜더 박사가 1971년, 35명의 학생들과 투로대학교를 처음 시작할 때, 2007년에 세 개의 대륙에 30개의 캠퍼스 안에 23,000명의 학생을 가질 것이라고 어느 누가 상상이나 했을까요? 그 이후에도 그는 더 많은 도시에 새로운 학교를 세우기 위해 쉬지 않고 일하지 않았나요?

전 세계를 모두 통틀어, 풍요로운 마음을 지닌 유일한 사람이 있었으니 그는 바로 버나드 랜더이다. 그는 모든 장애물을 극복하기 위하여 수년을 견뎌내고, 모든 장애물을 넘으며, 꿈을 꾸고, 또 새로운 꿈을 꾸고, 그 꿈을 현실로 만들어낸 것은 바로 그의 풍요로운 마음이었습니다.
그 누구와도 비교할 수 없는 특별한 영웅과 손에 손을 맞잡고

전 세계에 메코모트 토라와 파르나사를 세우도록 돕기 위하여 위원회 회를 걸립한 것 또한 우리의 영광입니다.

Zvi and Betty Ryzman and family
Los Angeles

원전 출판사 서문

우리는 지금 랍비 이스라엘 마이어 라우의 역작인 피르케이 아보트 주석 제 5권의 출판을 하는 영광을 가지게 되었다. 이 책은 6권으로 구성되어 있는데 빠른 시일 내에 마지막 6권 또한 출판 할 것이다. 무슨 주석이든 새로운 주석이 고전으로 인정받는 것은 매우 드문 일이지만 라우의 이 주석, 피르케이 아보트 히브리 주석은 새로운 것이지만 고전으로 인정받는 주석이다. 영문 판 또한 히브리어 주석과 같이 높은 평가를 받으리라 확신한다.

랍비 라우는 느타니아의 랍비 의장, 텔아비브의 랍비 의장, 더 나아가 이스라엘의 랍비 의장이라는 명망 있는 자리를 모두 경험한 위대한 랍비이다. 랍비 의장으로서 그는 수많은 유대인들뿐만 아니라 토라를 따르는 삶이 무엇인지 모르는 비유대인들에게도 유대교를 대표하는 인물이었으며 그들로부터도 존경받는 인물이었다.

본 저서는 그가 랍비로서의 활동을 시작하던 사역초기에 피르케이 아보트를 장별로 가르칠 때부터 시작되었다. 그의 가르침은 놀라울 정도로 인기가 있었으며, 그는 수년간 가르침의 범위를 계속 확장시켰다. 많은 사람들이 그의 교훈을 책으로 출판할 것을 권유하였으나, 영적 지도자, 즉 율법사(posek)로서, 더 나아가 한 나라의 대변인이자 전 세계의 대변인으로서의 의무를 수행해야 했기에 이를 출판할 여력이 없었다. 그럼에도 그는 오랜 시간과 많은 노력을 투자하여 야헬 이스라엘(yachel Yisrael)이라는 이름으로 히브리어 판 피르케이 아보트 주석을 출판하였다.

논리적으로 저술된 그의 저서가 누구에게나 매우 쉽게 받아들여질 수 있음은 당연한 일이다. 이러한 그의 놀라운 재능에 덧붙여, 이 시대의 위대한 선생으로써 탈무드와 미드라쉬, 고전 주석, 하시디즘 문학과 무사르 문학, 더 나아가 랍비의 길을 걸으며 그가 겪어온 인생까지도 저술을 위한 자료로 활용하는 그의 특별한 능력 또한 주목하여야 할 것이다. 이렇게 태어난 그의 저서는 단순히 '위대하다'라는 말로는 다 표현할 수 없는 것으로, 이 저서의 영문판 역시도 히브리어판과 마찬가지로 뛰어난 저서로서 찬사를 받을 것이며 계속되는 아보트 연구에 귀한 참고도서가 될 것이며 아보트를 연구하는 미래학자들로부터도 높이 평가 받을 것이다.

친애하는 LA의 랍비 쯔비 라이즈만 리즈만(Rabbi Zvi Ryzman)에게 특별히 감사를 표한다. 그는 랍비 라우를 우리에게 소개하였고, 그에게 히브리어 주석의 출판을 권하였을 뿐만 아니라 우리를 통해 그 저작의 영문판을 출판할 것을 제안하였다. 그와 랍비 라우는 수십 년간 오랜 친구로 우정을 쌓아온 사이이다. ArtScroll 시리즈 출판을 여러 차례 맡아온 레브 쯔비카(Reb Zvika)와 그의 아내 리즈만(Mrs. Ryzman)은 이 책을 헌정하였다. 레브 쯔비카는 '뛰어난 학자'(탈미드 하함[Talmid Chacham])라고까지 불리는 뛰어난 토라 학자로서 그 능력을 인정받았으며, 동시에 수많은 할라카, 아가다 시리즈의 저자이며 자기 자신의 저서 또한 여러 권 출판한 훌륭한 한 학자이다. 리즈만 부부는 LA에서 다양한 분야에서 다양한 사람들로부터 존경받았으며 실제로 존경받을 만한 인물이다.

랍비 라우의 6권으로 된 히브리어 도서를 세 권의 영어판으로 축약하는 작업은 매우 어려운 일이었다. 그럼에도 성공적인 결과물을 낼 수 있었던 것은 '야아코브 도비드 슐만(Yaacov Dovid Shulman)의 공로 때문이다. 그는 이 책을 세련되고 성공적인 책으로 완성하였다. 이 작업은 그가 ArtScroll 작가로서 처음 모습을 드러낸 것이다(물론 이것이 마지막은 아닐 것이다).

이토록 아름다운 주석 시리즈를 출판하는 데에 노력을 아끼지 아니한 모든 직원들에게 감사를 전한다. 저자가 감사의 글에 그들의 이름을 남기었다.

피르케이 아보트는 유대인의 인격을 형성하는 중요한 교과서이다. 이 새로운 작업을 맡게 된 것에 감사하며, 수많은 사람들이 새롭게, 더 넓게, 더 깊이 아보트를 배우게 될 것이며 동시에 그 가르침을 실천하도록 자극을 받을 것이다.

크라카우에서 뉴욕으로 이주한 그들의 자녀 랍비 모세 다비드와 골다 페렐 쿠퍼만, 그리고 보로브의 하시딤의 이름으로, 세 번째 판은 홀로코스트의 생존자들인 랍비 하임 즈비와 메이라브 비나, 그리고 그의 아들 므나헴 맨델 쿠퍼만에게 바친다.

다섯 번째 판과 여섯 번째 판은 익명을 요청한 두 사람에게 바치고자 한다. 마음을 아시는 하나님께서 그들의 인자함과 헌신에 보상하실 것이다.

랍비 마이어 즐로토비츠 / 랍비 노손 셔먼

2007년 3월

Rabbi Meir Zlotowitz / Rabbi Nosson Scherman

Iyar 5767 / May 2007

저자 서문

 – 사람이 참으로 신실하고 경건한 사람이 되기 위하여 무엇을 해야만 하는가? 탈무드는 "불법행위에 대한 율법과 축복에 대한 율법, 그리고 피르케이 아보트의 가르침들에 주의해야 한다"는 세 가지 방법을 제시한다(바바 카마[Bava Kamma] 30a). 주석가들은 현인들이 말하는 이 세 가지 접근 방법이 가르치는 것은 사람이 전인적 인간으로서 온전해질 수 있는 방법에 관한 것이라고 설명한다. 불법 행위에 관한 법은 사람과 사람 사이의 관계를 가르치고, 축복에 관한 법은 사람이 하나님과 함께하는 조화를 이룰 수 있도록 돕는다. 아보트의 가르침은 사람의 인격과 성격을 바르게 형성하여 날마다 자기 자신을 돌아보게 함으로 마음의 평화를 찾을 수 있게 만들어준다.

먼저 축복의 하나님이신 그분께 감사하고자 한다. 그분의 선하심으로 인해 지난 5년간 피르케이 아보트를 연구하고 가르치고 설명할 수 있었다. 15년 전, 미국에 거주하는 친애하는 선생님 '모세 골드슈미트'(Moshe Goldschmidt)의 권면으로 필자의 강의를 녹음하게 되었으며, 더 나아가 그는 강의를 녹음하고 그것을 필사하는 데에 필요한 금전적 지원을 아끼지

않았다. 이 강의 녹음테이프들은 이 책들의 기초 자료가 되었다.

토라에는 수많은 보물과 같은 내용들이 있지만, 나로 하여금 그 어떤 것들보다 피르케이 아보트에 관심을 갖게 한 계기는 무엇이었을까? 본 주석의 히브리어판인 야헬 이스라엘(Yachel Yisrael)을 공부한 사람이라면, 이 책이 '슐한 아루크'의 네 부분의 가르침과 연관이 있음을 알 수 있을 것이다. 실제로 필자는 40년을 랍비로 살아왔으며, 탈무드와 할라카 문학 전체의 깊이와 너비를 끝없이 파헤쳐야 하는 의무를 가지고 있었음에도 아보트의 가르침에 특별히 마음이 끌렸다. 그 이유는 무엇인가?

아보트를 향한 필자의 이러한 끌림이 예시바에서의 경험으로부터 나온 것임은 두말할 나위가 없다. 무사르 운동의 아버지인 랍비 이스라엘 살란테르(Yisrael Salater)의 시대 이래로, 예시바의 학생들은 하루에 30분, 엘룰월 초부터 대 속죄일 전까지는 매일 45분씩 무사르(경건의 실천, 윤리, 토라 세계관을 다루는 고전들)를 배웠다. 뿐만 아니라 학생들은 자신의 감독관인 마쉬기아흐(Mashgiach, 학생이 음식 등 율법을 지키는 지 감독하는 감독관 – 역자 주)와 함께 무사르 강의를 수강하여야 하며, 그와 함께 그룹 토론에 참여하여야 한다. 청년 시절부터 나는 무사르 고전들과 하시드(18세기 우크라이나 서부에서 일어난 유대교 영적 회복운동 – 역자 주)의 사상을 자연스럽게 배우게 되었다. 이 둘은 나로 하여금 그분을 향한, 토라를 향한, 그리고 이스라엘을 향한 사랑에 거룩한 불을 지펴주었다. 이 모든 것들의 고향으로 가고자 하는 갈망을 가지게 되었고, 끊임없는 아보트 연구와 사색은 이러한 열망에 끊임없이 불을 지펴주었다.

아보트의 가르침들 중 하나는 바로 "לא המדרש העקר אלא המעשה" 즉 "연구보다 실행이 중요하다"(1:17)는 것이다. 이 글에 계속 등장하는 구절이다. 수천 권의 책과 수천 마디의 말보다 한 사람이 친히 모범이 되어 실천하는 모습을 보여주는 것이 그것을 지켜보는 사람들에게 지대한 영향력을 준다.

"הוּא הָיָה אוֹמֵר"라는 표현은 아보트 안에 반복적으로 나타나고 있는데, '그가 이르기를'이라는 뜻으로 해석하는 것이 정확할 것이다. 그러나 주석가들은 이 짧은 말에서 더욱 깊은 의미를 찾아내었다. 화자, 즉 본질적인 것이라고 할 수 있는 현자의 인격은 자기 가르침을 나타낸다는 것이다(hyh, 즉 히브리어 '하야'는 특별히 화자의 행위가 화자의 인격을 규정하는 행동을 한다는 뜻으로 사용된다 - 역자 주). 그의 가르침은 곧 그가 실천하고 있는 것으로, 그의 가르침은 자신의 내면의 반사이다. 다른 사람들의 행동을 지적하고 고치기 전에, 먼저 자기 자신이 온전한 사람이 되어야 한다. 마찬가지로, 내가 아보트를 연구하고 가르칠 때, 연구하고 있었던 무사르와 하시드 작품들뿐만 아니라, 내가 귀한 기회를 통해 알고 또 배웠던 위대한 사람들, 내 삶에 있어서 그들의 발걸음을 따라 걷고자 하게 했던 위대한 사람들에 대해서도 집중했다.

내가 연구할 기회를 가졌던 세 곳의 예시바 학교의 위대한 지도자들에게 먼저 특별히 감사의 마음을 전하고 싶다. 첫 번째로 예시바 콜 토라 지도자였던 랍비 '게달리야 에이즈먼 슐리타'는 50년간 학생들을 가르치신 분으로, 내가 성인식을 치를 나이가 되었을 때, 그와의 첫 만남 이후 그의 가르침뿐만 아니라 인격은 아직까지도 내 안에 남아있다. 그에게 배운 사람이라면 그의 가르침을 평생 잊을 수 없을 것이다. 전문적인 교사이자 심리학자로서, 선생님은 모든 학생들 한 명 한 명에게 필요한 것이 무엇인지, 그들의 잠재력이 무엇인지를 파악하는 특별한 능력을 가지고 계셨다. 현자들의 숭고한 사상을 분석하고 또 설명하는 자신의 능력과 토라의 위대함과 함께, 선생님은 아보트의 가르침을 실천하는 것이 무엇인지를 직접 보여주셨다.

나는 콜 토라에서 '크네세트 히즈키야후'로 가게 되었으며, 그 곳에서 당대 무사르 연구의 기장이신 랍비 '엘리야후 로피안 즈트쯜' 아래에서 배우게 되었다. 신학교 설립자인 랍비 '노아흐 쉬마노비쯔'가 '하존 이쉬'(Chazon Ish)에게 찾아가 혼자서는 예시바의 의무를 짊어질 수 없다고 슬픈 기색으로 말했을 때, 하존 이쉬는 그에게 랍비 엘리야를 찾아가라고 조언했다. 당시 랍비 엘리야는 은퇴 후 배움에 전념하기 위해 예루살렘에 거주하고 있었다.

"랍비 엘리야를 데려오면 모든 문제가 해결될 것이네. 랍비 엘리야를 찾아가 학당의 마시기아흐를 맡아달라고 부탁하게. 하존 이쉬가 제안했다고 하면 될 걸세." 랍비 엘리야는 하존 이쉬가 직접 그에게 개인적으로 부탁한 후에야 그 자리를 받아들였고, 그 후 예시바는 크게 발전하였다.

하존 이쉬는 당대에 위대한 무사르 세 분을 손으로 꼽았는데, 사상으로는 포니베흐의 지도자인 랍비 '엘리야후 엘리에제르 데슬러'(Rabbi Eliyahu Eliezer Dessler)의 신앙을, 마음으로는 랍비 엘리야의 신앙을 꼽았다. 마지막으로 랍비 '에헤즈켈 레벤슈타인'의 신념은 너무나도 분명하여 신앙이 그의 행동 하나하나에 면면히 나타났다고 하였다.

랍비 '슐로모 잘만 아우르바흐'(Rabbi Shlomo Zalman Auerbach)는 말하기

를 우리 모두는 "하존 이쉬에 비하면 그의 발바닥 아래 먼지와 같으며, 그는 누군가의 증언이 필요치 않은 사람이다"라고 하였다. 그럼에도 불구하고 나는 세 명의 무사르 거장들에 대한 평가가 얼마나 정확한 판단이었는지 감히 증언할 수 있다.

랍비 데슬러(Rabbi Dessler)는 개인적으로 알지는 못하지만, 그의 '미흐타브 메엘리야후'(Michtau MeEllyahu)를 연구한 사람이나, 그의 제자들이었던 랍비 '하임 프리에드랜더'(Rabbi Chaim friedlander)와 같은 사람들을 연구해본 사람이라면, 그가 제시한 날카로운 분석과 그의 신앙의 기초에 대한 깊은 통찰을 보고 놀라지 않을 수 없었다.

레브 '엘리야 로피안'은 조금 달랐다. 그는 특별히 뛰어난 수사학적 능력을 가지고 있었으므로 그의 나이가 90살을 넘었을 때에도 그는 그의 연설을 듣는 사람들의 마음을 움직일 수 있었다.

육체와 영혼이 하나가 된 것을 사람이라고 보았던 랍비 데슬러에 반해, 랍비 엘리야는 우리의 육체적인 특성(physicality)이 하나님이 내려주신 아름다운 영혼을 짓밟도록 놔두어서는 안 된다고 열변을 토했다. 우리 학생들은 불같이 뜨거운 그 선생님의 강의에서 큰 영감을 받았고, 그의 말은 아직까지도 내 귀에 울리고 있다. 랍비 엘리야 로피안은 보네베즈 예시바를 하존 이쉬와 랍비 이쩨르 잘만 멜쩨르(Rabbi Isser Zalman Meltzer)를 향해 찬사를 마지않게 만든 사람이었고, 그 찬사는 50년이 지난 아직까지도 내 마음 속에 자리 잡고 있다. 그가 하이파에서 했던 강의는 너무나 깊은 인상을 남겼으므로, 네 명의 키부쯔 공동체 구성원이 매주 안식일 마지막 때마다 방문하여 그의 강의를 들었다. 아보트의 모든 미쉬나를 볼 때, 나는 아직도 이 계명들을 자기 삶으로 실천하였던 그 사람을 마음속에 그린다. 그 사람은 따뜻한 마음으로, 카리스마 넘치는 인격으로, 하나님과의 관계와 사람들과의 관계로 계명을 실제로 실천한 사람이었다.

내가 아직 콜 토라를 배우고 있을 때, 랍비 에헤즈켈 레벤스타인(Rabbi Yechezkel Levenstein)은 예루살렘의 미레르 예시바에서 지도자로 섬기고 있었다. 그는 매주 금요일, 저녁 예배 전 무사르에 대한 강의를 하였으며, 우리의 지도자 레브 게달리야(Reb Gedaliah)도 참석하곤 하였다. 게달리야를 따라 나도 그 자리에 가곤 했는데, 당시 나는 히브리어를 잘 하지 못했으므로 모든 내용을 이해하지는 못했다. 그러나 강의에 집중하는 랍비 게달리야의 모습을 보며 듣는 방법을 배웠다. 나는 그에게서 "현인들의 발밑에 앉아 그들의 말을 목마른 듯 마셔라"(1:4)를 이해했다.

그의 강의에 참석하면서 레브 하스켈의 믿음에 대한 하존 이쉬의 평가가 얼마나 정확한지를 배우게 된 순간이 있었다. 그는 단어 선택에 매우 신중한 사람이었다. 그 날, 유난히 어두운 방을 잔잔히 밝혀주던 등잔이 기억에 선명하다. 그때 랍비 하스켈은 "영혼은... 영혼은..." 이러고는 말을 멈추었는데, 이는 그가 언제나 단어 선택에 신중했기 때문이었다. 그러던 중 그가 갑자기 눈을 뜨고는 등불을 바라보았다. 그가 마침내 적절한 단어를 생각해냈다! 그렇게 갑자기 그는 말을 이어나갔다. "영혼은 우리 몸의 어둠을 밝히는 램프이다"라고 말했다. 빛과 어둠의 대비를 보고 그는 육체와 영혼의 차이를 표현할 말을 생각해낸 것이다. 이 말을 할 때 그의 믿음은 그가 뻗었던 손으로 잡을 수 있을 만큼 너무나 선명하였고, 또 뚜렷하였다.

가돌 하도르(gadol hador), 즉 그 세대의 위대한 거장들에 대해 위에서 말한 대로, 랍비 데슬러는 '영혼', 랍비 로피안은 '마음'으로, 랍비 레벤스타인은 '신앙'을 실천함으로서 위대한 사람으로 평가를 받게 되었다. 레브 게달리야의 영향은 이 무사르의 세 장르를 이해하는데 아주 적절한 통로를 만들어주었다.

텔아비브의 남 북부, 네타니아, 텔아비브 야포를 거치면 마침내 랍비장(Chief Rabbinate)이 되기까지 매번 내 인생의 계단을 오를 때마다 하나님께 "여호와 내 하나님이여 내가 주께 부르짖으매 나를 고치셨나이다(시 30:2). 창조주시여, 내가 당신의 유산을 이해하여 전할 수 있도록 도와주소서"라고 기도했다. 한 걸음 한 걸음, 계단을 오를 때마다 필자는 하나님께 드렸던 이 기도를, 내 평생의 목적을 이룰 최고의 길은 곧 피르케이 아보트의 길이라고 믿었다. 지금까지 믿어왔고 또 지금도 믿고 있는 바, 이 책이 지렛대가 되어 하나님을 향한 사람들의 믿음을 키워주고 하나님과의 관계, 더 나아가 사람과의 관계를 발전시켜줄 것이다. 토라의 빛이 사람들로 회개하도록 한다고 전하였던 현자들의 말을 기억한다. 그 빛의 스펙트럼에는 피르케이 아보트가 함께 들어있다고, 더 나아가 피르케이 아보트가 그 빛줄기의 중심이라고 믿어 의심치 않는다. 교사들과 학생들이 나의 저서를 읽고 그 속에서 지혜를 발견한다면, 그것이 곧 나의 보상이 되리라. 특별히 '하나님을 경외하는 것이 지혜의 근본'이라는 것을 깨닫게 된다면, 그것은 나에게는 가장 귀한 보상이 될 것이다.

한글 출판사 서문

독자들에게

하나님의 한량없는 은혜로 우리나라 독자들에게 귀한 책을 소개할 수 있는 기회를 주신 하나님께 감사드립니다. 우리 출판사가 독자들에게 소개하려는 책은 구전 토라 63권의 책 가운데 한 권으로, 유대인 선조가 후손들에게 들려주는 삶의 지혜서인 피르케이 아보트입니다.

전 세계에 디아스포라로 흩어져 살고 있는 유대인들은 그들이 어느 나라에 살고 있든지 모든 가정에서 자녀들에게 이 책을 가르치고 있습니다. 책 제목은 '피르케이 아보트'이며 5장의 본문과 1장의 부록으로 구성되어 모두 6장으로 이루어진 책입니다.

이 도서에 관심을 가지게 된 것은 CBS TV 덕분입니다. CBS TV에서 '변순복의 탈무드 여행'이라는 이름으로 2005년부터 3년여 동안 주 2회의 본방송과 주 2회의 재방송을 방영하는 것을 통하여 귀한 도서를 알게 되었습니다. 212회에 걸쳐 방송된 '변순복의 탈무드여행' 프로그램을 매주 시청하고 함께 나누는 시간을 가졌습니다. 또한 그때 방송 교재로 도서출판 정금에서 최초로 출판한 '피르케이 아보트' 히브리어 한글 대역본을 만나게 되었습니다.

그 이후 우리 출판사 편집위원들은 탈무드에듀아카데미가 주최하는 토라연구반을 알게 되어 매주 '성문토라'와 '구전토라' 가운데 한 권인 '피르케이 아보트'를 공부하는 즐거움을 누리고 있습니다. 매주 공부 시간에 만나는 선생님은 한국인으로서는 유일하게 랍비대학원에서 '토라'를 연구한 백석대학교 변순복 교수입니다. 또한 변순복 교수는 탈무드에듀아카데미의 성경 앤 탈무드 연구소 소장으로 봉사하고 있습니다.

변순복 교수가 CBS TV '변순복의 탈무드여행' 방송교재로 편집하여 출판한 피르케이 아보트는 미쉬나 본문과 미쉬나 한글번역을 대역으로 편집하고 약간의 해설을 첨가하였습니다. 이처럼 CBS TV 방송교재로 출판된 도서 '피르케이 아보트'는 2006년 2월 13일 초판을 발행한 이후 도서출판 탈무드에듀아카데미로 출판사를 옮겨 탈무드 공부의 가장 기초적인 교재로 지금까지 계속하여 출판되고 있습니다. 백석대학교를 비롯한 몇 대학교에서 '탈무드의 교훈'이라는 과목의 교과서로 이 책을 사용하였습니다.

우리는 이런 과정 속에서 미쉬나에 대한 충분한 해설과 설명이 있는 피르케이 아보트를 출판할 수 있기를 간절히 소망하였습니다. 하나님께서는 마침내 우리의 기도를 들으시고 우리의 소망을 이룰 수 있도록 길을 열어 주셨습니다.

하나님께서 우리 출판사의 기도에 응답하셔서 피르케이 아보트를 자세하게 해설한 귀한 주석서를 발견하게 되었습니다. 이 책은 히브리어 6권으로 출판된 도서인데 마소라 출판사에서 영어로 번역하여 3권으로 출판하였습니다. 우리 출판사는 영어로 번역 출판한 마소라 출판사에 연락하여 한글로 번역하여 출판 할 수 있도록 허락해 줄 것을 요구하였습니다. 마소라 출판사는 우리의 번역 출판 요구를 흔쾌히 받아들여 한글번역본 출판을 허락하였기에 이처럼 귀중한 결실을 맺게 되었습니다.

이 귀한 책을 우리 출판사에서 출판할 수 있도록 기도와 물질과 헌신으로 온전히 후원해 주신 뿌리와 가지교회 정관창 목사님과 모든 성도님 여러분께 이 지면을 빌어 감사드립니다. 특별히 히브리어를 입력하며 교정하신 송은영 전도사님과 또한 교정보느라 수고하신 유지영 전도사님께 감사드립니다.

이 도서가 세상에 사는 모든 사람들에게 사람다운 삶을 사는 지혜와 방법을 찾는데 작은 도움이나마 되기 원하는 심정으로 이 책을 세상에 내어 놓습니다. 이 귀한 책이 한글로 번역되어 나올 수 있도록 도와주신 하나님께 다시 한 번 감사드립니다.

도서출판 하임 편집부

감사의 글

이 기회를 빌어 본 시리즈의 출판을 현실로 이루는 거룩한 작업에 도움을 준 이들에게 감사를 표하고자 한다. 예루살렘의 하예이 모세 학당 학장인 나의 사위이자 랍비인 베냐민 칸민츠는 지혜롭게, 또 열정적으로 처음부터 끝까지 히브리어판을 구성하고 또 이끌어주었다. 또 한 명의 조카인 랍비 애리얼 하코헨 슈바이처는 이 저서의 편집을 총괄하였으며, 기력을 다하여 나의 강의를 호흡 한 번 까지도 모두 녹음하고 또 필사하고 자료를 수집하는 데에 자기 능력을 발휘하기를 아끼지 아니하였다. 그의 노력은 이 저작의 근간이 되어주었다.

다양한 모습으로 나의 짐을 나눈 내 자녀들에게 특별히 감사의 말을 전한다. 네타니아 랍비회의 회원이자 콜렐 토라스 하임의 수장인 나의 장남 랍비 모세 하임에게 감사하며, 가온이자 차디크였던 나의 아버지 랍비 하임과 장인인 랍비 이츠코크 여디디야 프렌켈을 추모한다. 내 딸 레베친 미리암 소로츠킨, 테힐리야 네하마 칸민츠, 레베친 쉬라 슈바이처에게도 감사를 표한다. 또 하루도 빠짐없이 하나님께 감사함은 그분께서 내 아들들과 딸들, 사위와 며느리, 토라의 장막에 들어가 토라를 온 이스라엘에 전파한 이 의로운 세대를 내 곁에 두시는 크나큰 영광을 허락하셨기 때문이다. 내가 이러한 기쁨을 맛볼 수 있음은 나의 조상들이 남긴 기업이요, 자기 삶을 바쳐 이 아이들에게 올바른 정신을 가르치고 또 기른 나의 아내 레베친 하야 이타의 작품이라 믿어 의심치 아니한다.

프로젝트를 처음 시작할 때에 지원을 아끼지 아니한 유대문화기념회(the Memorial Conference for Jewish Culture)와 회장 야코브 호크바움 박사에게 감사를 표한다. 특별히 나의 친구 랍비 니산 모르겐슈테른에게 감사함은 그가 제일 처음으로 이 저작을 위한 "원자료"를 편집하고 또 추가하여준 사람이기 때문이다. 최종적으로는 랍비 아브라함 슈테른이 나의 히브리어판과 초기 세 권의 할라카 문답서(responsa)를 출판하여주었음에 감사한다. 그의 무한하고도 이타적인 헌신에 하나님께서 보상하시리라.

나의 친구, 랍비 즈비 리즈만에게 진심을 담아 감사를 전한다. 어릴 적부터 친구였던 랍비 리즈만은 수년간 공동체의 유익을 위해 이 저작을 쓰도록 나를 설득하였고, 또 헌신하였으며, 작업 전체를 편집할 수 있도록 해주었다.

나의 친구들이자 이웃들, 슐로모와 메이라브 맨델바움은 그들의 부모이자 보로프의 존경받는 하시드였던 랍비 느헤미야 맨델바움을 추모하며 두 번째와 네 번째 히브리어판의 저작에 헌신을 아끼지 아니하였다. 랍비 느헤미야 맨델바움은 아내 사비나와 함께 홀로코스트의 참상 속에서 생존하였으며 이토록 아름다운 가정을 이루고 자기 능력을 다하여 구호사업과 거룩한 상을 좇음에 자신의 가진 것을 헌신하였다. 그가 소천할 때, 우리는 전쟁 전 크라카우에서부터 이어진 우리 가족의 강한 유대를 새롭게 하였다. 네 번째 판은 메이라브의 아버지인 여호수아 비츠르에게 바친다. 그는 비엔나에서 태어났으나 평생을 예루살렘에서 살았으며, 그의 아내는 예루샬미 베르트하임 가문의 사람이었다.

크라카우에서 뉴욕으로 이주한 그들의 자녀 랍비 모세 다비드와 골다 페렐 쿠퍼만, 그리고 보르브의 하시딤의 이름으로, 세 번째 판은 홀로코스트의 생존자들인 랍비 하임 즈비와 메이라브 비나, 그리고 그의 아들 므나헴 맨델 쿠퍼만에게 바친다.

다섯 번째 판과 여섯 번째 판은 익명을 요청한 두 사람에게 바치고자 한다. 마음을 아시는 하나님께서 그들의 인자함과 헌신에 보상하실 것이다.

영문판 감사의 글

　나의 가장 친애하는 친구이자 가장 오래된 친구인 랍비 즈비 리즈만은 오늘날 '한 사람에게서 토라와 위대함이 나온다'(תּוֹרָה וּגְדֻלָּה בְּמָקוֹם אֶחָד)고 칭할 만한 사람이다. 랍비 즈비카는 내게 히브리어판의 저술과 동시에 영문 번역판의 출판을 허락하도록 권하였다. 그와 그의 아내 베티는 LA 유대인 공동체의 기둥이다. 그들의 집은 토라와 헤세드(사랑)의 중심지로, 그의 토라 강의는 뛰어나면서도 유명하였다. 그는 토라를 사랑하였으며, 사업을 번창시키면서도 동시에 토라를 마스터할 수 있던 몇 안 되는 사람들 중 하나였다. 그와 베티는 토라와 헤세드의 롤 모델이며, 이러한 사람들이 이 세 권의 책을 출판하는 데에 헌신해 줬다는 데에 크나큰 감사를 표하지 않을 수 없다.

　야코브 다비드 슐만은 히브리어판의 핵심을 고급스럽고도 유창한, 그러면서도 깔끔한 영어로 번역해주었다. 이토록 위대한 작업을 이룬 그에게 깊은 감사를 표한다.

　오래 전에 히브리어로 쓰인 이 저작의 영문판 출판을 요청하였던 랍비 마이어 쯜로토비츠와 랍비 노손 셔먼에게 감사를 표한다. 토라의 풍요로움을 셀 수 없이 많은 사람들에게 전해준 사람들로서, 그들을 통해 ArtScroll/Mesorah 시리즈를 쓴 많고 많은 위대한 저자들 중 한 명에 내가 참여하게 됨을 자랑으로 여긴다.

본 시리즈의 디자인을 맡은 디자인계의 전설적인 인물, 랍비 셰아 브랜더에게 감사한다.

훌륭하고도 아름다운 커버 디자인은 엘리 크로엔의 창의력에서 탄생한 작품으로, 그의 노력에 감사를 표하는 바이다. 더 나아가 이 책을 쓰는 데에 노력을 아끼지 아니한 패기 웨인바움, 민디 스턴, 슈미 리프시츠, 슈리 라인홀드, 그 외 멘디 헤르츠베르그와 함께한 모든 사람들에게 감사를 표한다.

랍비 이스라엘 마이어 라우
2007년 4월
Rabbi Yisrael Meir Lau
Iyar 5767/April 2007

| 서문 |

왜 『아보트』로 불리는가?

현인들은 민족의 아버지

일반적으로 탈무드 각 책의 명칭은 그 내용을 대변하지만, 때로는 첫 번째 단어나 주제가 명칭이 되기도 한다. 예를 들면, '베이짜'(Beitzah)는 절기를 다루는 책이지만, 첫 번째 단어가 그 책의 명칭이 되었다(beitzah= 계란).

그러나 '아보트'의 문자적 의미는 '선조들'(fathers) 또는 '족장들'(patriarchs) 이라는 뜻으로 쓰여져 앞에서 언급된 일반적인 원칙을 따르지 않는다. 그 이유를 추론하기로는, 이 책은 선조들인 '아보트'에 의해 전수된 토라를 위하여 헌정되었기 때문인 것으로 보인다.

물론 이 추론도 이해하기가 쉽지는 않다. 왜냐하면 '아보트'라는 단어는 유대교의 세 명의 창시자인 아브라함과 이삭과 야곱을 일컫는 말인데, 이 책에는 아브라함만이 언급되어 있으며, 그것도 오직 제 5장에만 간략하게 언급되어 있기 때문이다.

람밤은 '아보트'가 넓은 의미에서 유대인들의 영적인 아버지인 유대 민족의 지도자라고 주장함으로써 이 난제를 해명하였다. 이는 타나크 (Tanach, 유대인의 성경)와 구전 토라(Oral Torah)의 수많은 사례에서도 그 당위성을 인정받는다.

예를 들면, 엘리야 선지자가 승천했을 때, 그의 제자 엘리사가 그를 "내 아버지여, 내 아버지여"(왕하 2:12)라고 불렀으며, 훗날 이스라엘의 왕 요아스는 엘리사를 "내 아버지여, 내 아버지여"(왕하 13:14)라고 불렀다.

탈무드에서는 힐렐과 샴마이가 '세상의 아버지들'(에듀요트[Eduyos] 1:4)이라고 불렸으며, 이전 세대의 현인들은 '첫 번째 아버지들'(토세프타[Tosefta], '테블 욤'[Tevul yom] 1:4)이라고 불렸다. 랍비 타르폰(Tarfon)은 '이스라엘의 아버지'('예루샬미 요마'[Yerushalmi Yoma] 1:1)로 불렸으며, 랍비 이쉬마엘과 아키바(Yishmael and Akiva) 또한 '세상의 아버지들'('예루샬미 셰칼림'[Yerushalmi Shekalim] 3:1)이라 불렸다고 한다.

마지막으로, 현인들은 모세를 가리켜 '모든 선지자들의 아버지'(드바림 라바[Devarim Rabbah] 3:9)라고 불렸으며, 대법관은 오늘날까지 '아브 베이트 딘'(Av Beis Din) 즉, 문자 그대로 '법정의 아버지'라 부르고 있다.

* * *

아보트 1-2장에서 현인들은 우리의 스승 모세로부터 미쉬나의 편집자 랍비 '예후다 하나시'(Yehuda Hanasi)에 이르기까지 스승에게서 제자로 이어지는 전통의 고리에 따라 연대순으로 나열되어 있다.

이는 토라의 스승들이 그 원천이 되는 말씀에서 끊어지지 않았다는 것을 보여준다. 더불어 이 책에 자신의 지혜를 기록했던 현인들은 시내 산에서 주어졌던 토라를 신실하게 전수하였다. 바로 그들이 우리가 지금 걷는 길의 기반을 닦은 것이다.

아버지와 아들

스승이 아버지라고 불린다면 학생은 아들이라고 불려야 한다. 현인들의 가르침에 의하면, 이웃의 자녀에게 토라를 가르치는 사람이 그 아이의 아버지가 된다고 한다. 후마쉬(Chumashe)에 있는 구절이 언급하길, '아론과 모세가 낳은 자는 이러하니라'(민 3:1) 구절 다음에는 '아론의 아들들의 이름은 이러하니'(민 3:2)라는 구절이 따라온다고 지적한다. 이는 모세의 제자들이 그의 아들로 인정되었다는 점을 암시한다는 것이다('얄쿠트 쉬모니'[Yalkut Shimoni], 바미드바르[Bamidbar] 688).

'시프레이'(Sifrei, 얄쿠트 시모니, 바에스하난[Va'eschanan] 841에서 인용)는 '네 자녀에게 부지런히 가르치며'(신 6:7)라는 구절에서 자녀가 제자들을 가리킨다고 말한다. 시프레이는 제자들이 아들로 불린다는 또 다른 증거를 제시한다. 열왕기하 2장 3절에 의하면 '선지자들의 아들들이 나아왔다'라는 구절이 있는데, 여기서 '아들들'은 선지자의 자녀가 아니라 그들의 제자였다는 것이 분명하다는 것이다.

그뿐 아니라, 유대인들에게 토라의 모든 것을 가르친 유다의 왕 히스기야는 제자들을 '아들들'이라고 불렀다(대하 29:11). 마지막으로, 솔로몬 왕은 '내 아들아 네 아비의 훈계를 들으며'(잠 1:8)라고 말한다.

'피르케이 아보트'는 민족의 영적인 아버지들의 이름과 가르침의 교훈을 담고 있다. 우리는 아버지들의 걸음을 비추던 빛을 따라 걸어가고, 그들로부터 흘러나오는 물을 마시며, 그들의 발에서 나오는 먼지 속에서 구르며 살고 있다. 그들이 우리의 아버지였듯이 우리는 그들의 아들이었다.

좋은 성품은 지혜의 아버지이다

주석가들은 '아보트'가 책의 제목이 된 것에 대한 추가적인 근거를 제시한다.

'아보트'가 제목으로 지정된 이유는, 이 책에서 논의되는 주제들이 멀리까지 영향을 미칠 '자손'(offspring)을 가지고 있기 때문이라는 것이다. 이 책에서 주제들을 분류할 때 '아보트'라는 용어가 사용된 곳(안식일에 금지된 일의 종류나 배상의 내용 등)을 보면, 그 주제들마다 '자손'(offspring)이라고 하는 하위 항목이 있다('바바 카마'[Bava Kamma] 2b).

그렇다면 이 책에서 논의되는 주제들의 '하위항목'(자손)은 무엇일까?

파르케이 아보트는 구전 토라의 방대한 문헌에 수록된 셀 수 없이 많은 윤리적 가르침의 원천 지식들로 구성되어 있다. 그들의 교훈의 원천이 모두 여기에 있다는 것이다. 메이리(Meiri)는 "이 책에 들어있지 않은 고상하고 훌륭한 성품은 찾지 못할 것이다"라고 하였다.

무엇보다도 중요한 것은 이 책이 토라 연구의 근거를 이룬다는 것이다. 우리의 현인들은 그 영혼이 온전하여 이를 받아들일 준비가 된 사람만이 토라를 얻을 수 있다고 반복적으로 가르쳐 왔다. 그들은 토라가 있기 전에 '데레크 에레쯔(Derech eretz, 땅의 길)가 먼저 생겼기 때문에 데레크 에레쯔가 없었다면 토라 또한 없었을 것'(3:21)이라고 가르친다. 이 가르침을 삶으로 구체화할 수 있는 사람만이 토라의 멍에와 그 계명(Mitzvos)을 받아들일 수 있다.

* * *

티페레트 이스라엘(Tiferes Yisrael)의 랍비 '이스라엘 리프쉬쯔'(Yisrael Lifschitz)는 미쉬나에 대한 그의 주석에서 '데레크 에레쯔가 생겨난 지 26세대가 지난 후에 토라가 생겼다'라는 미드라쉬의 구절('바이크라 라바'[Vayikra Rabbah] 9:3)을 인용하여 '아보트'를 소개하였다. 이 세상은 정확하고 논리적인 순서로 기초부터 창조되었다. 식물과 동물들이 세상이 창조되기 전에는 존재하지 못했던 것과 같은 이치로 데레크 에레쯔가 없이는 토라도 존재할 수 없었다는 것이다. 따라서 우리의 현인들은 모세가 오직 그의 뛰어난 인품으로 인해 토라를 받을 수 있었다고 가르쳤다는 것을 티페레트 이스라엘은 지적한다.

베르디체브의 랍비 '레비 이쯔하크'(Levi Yitzchak)는 사람의 성품이 토라를 배우는 태도에 영향을 미친다고 가르친다. 한 사람의 정신과 성품은 그가 토라를 배우는 태도 즉, 그가 어떻게 분석하고 배우는지, 그가 어떻게 추론하고 결론에 이르는 것까지 지대한 영향을 미치기 때문이다. 그러므로 토라 연구자는 악한 성품이 그의 생각을 흐리게 하고 토라의 빛을 그의 눈에서 가려버릴 수 있기 때문에 그러한 성품을 피해야 할 책임이 있다. 연구자는 토라가 인생의 독약이 아니라 특효약이 될 수 있도록 반드시 주의를 기울여야 한다.

하지만 좋은 성품은 토라를 받아들이는 데 필요조건을 넘어서는 의미가 있다. 이는 좋은 성품 자체가 토라이기 때문이다. 고요한 정신으로 얻은 토라와 주의가 산만한 사람이 얻은 토라, 그리고 겸손한 사람이 배운 토라와 오만한 사람이 배운 토라는 비교조차 할 수 없다.

더불어 다른 좋은 자질들 또한 연구자에게 좋은 성품과 다른 영향을 끼칠 수 있다. 예를 들면, 천성적으로 선한 사람이 배우고 내린 결론은 타협을 모르는 강직한 사람이 배우고 내린 결론과 같을 수가 없다는 것이다. 이것이 시대를 거치면서 현인들 사이에 일어난 많은 논쟁의 이유이며, 탈무드는 이것을 '두 의견은 모두 살아계신 하나님의 말씀'(에이루빈 [Eiruvin] 13b)이라고 한다.

마하랄(Maharal)은 하나님이 현인들의 가르침들을 먼저 인용하고 난 뒤에 이것들을 모두 동일시한 이유가 바로 여기에 있다고 한다. '그러므로 내 아들 에비아살이 이렇게 말하였다 … 내 아들 요나단이 이렇게 말하였다 …'(기틴[Gittin] 6b). 각 현인이 생각하는 토라는 그의 지능, 성품, 그리고 인격에 따라 서로 다를 수밖에 없다(아보트 6:7에 대한 '데레크 하하임'[Derech Hachaim]의 주석).

아보트의 위치

그렇다면 올바른 행위와 도덕을 주제로 한 이 책의 위치가 주로 금전에 관한 법을 다루는 '너지킨'(Nezikin)에 자리를 잡은 이유는 무엇인가?

메이리는 그의 '베이트 하베히라'(Beis Habehirah)의 서문에서, 원래 '아보트'는 할라하에 대해서는 논하지 않는 책으로써 탈무드의 제일 뒷부분인 '타하로트'(Taharos)에서도 결론부에 등장했다고 한다. 그러나 유대인의 추방과 함께 탈무드 연구는 사람의 일상에서 부딪치게 되는 세 개의 법(모에드, 나쉼, 너지킨)을 중심으로 진행되었기 때문에 피르케이 아보트가 너지킨의 끝자락으로 이동하게 되었다는 것이다.

그러나 람밤은 '아보트'의 위치에 대한 이유를 주제와의 관련성에서 찾았다. 그는 이 책의 많은 내용들이 현인들과 사사들을 염두에 두고 기록되었기 때문에 산헤드린과 관련된 법을 논의한 뒤에 배치되어야 하는 것이 적절하다고 주장한다. 그래서 '아보트'의 첫 번째 가르침인 "판단을 내릴 때에는 신중히 하라"는 당연하게도 법률사건을 판단할 사람들에게 하는 교훈인 것이다.

더욱이 판사가 자신의 윤리와 인품을 다스리는 책임(그의 데레크 에레쯔)은 일반 유대인보다 비교할 수 없을 정도로 막중하다. 뛰어난 인품을 가지지 못한 판사는 주로 자기 자신에게만 해를 끼치게 될 나쁜 성품을 가진 일반인보다 더 많은 사람들에게 해를 끼칠 수 있기 때문이다. 따라서 '아보트'는 산헤드린의 법률 뒤에 위치함으로써 판사들에게 일반인보다 더 높은 윤리성과 인품을 가져야 한다는 자신의 의무를 일깨워 주는 것이다. 판사의 인품은 공동체에서 매우 중요한 역할을 감당해야 하는 사람이 갖추어야 할 필수조건이기 때문이다(람밤은 미쉬나에 대한 그의 주석을 소개하면서 이에 대해 길게 이야기 한다.)

* * *

랍비 '쉬므온 바르 쩨마흐 두란'(Shimon bar Tzemach Duran[Rashbatz, 라쉬바쯔])은 그의 '마겐 아보트'(Magen Avos)에서 '아보트'의 위치에 대해 다른 이유를 제시한다.

바바 카마(30a)에서 현인들은 경건한 사람, 한 사람이 개인적이고 기본적인 한 사람으로써의 의무를 너머 스스로 온전한 개인으로 인정받기 위해서는 세 가지 자질을 겸비해야 한다고 가르쳤다.

첫째, 하나님이 베푸신 모든 선한 것에 감사하는 기도를 하는 것이고, 둘째, 이웃의 경제적 안정에 대하여 세심한 관심을 보이는 것이며, 마지막으로는 '아보트'에 기록된 윤리적 가르침에 따라 행동하는 것이다.

라쉬바쯔는 말하기를 마음을 담아 감사 기도문을 낭송하게 되면 하나님과의 관계에서 더욱 더 경건해지고 감성이 풍부해진다고 설명했다. 이웃의 경제적인 상황에 세심한 주의를 기울이는 사람은 대인관계에서 경건해진다. 하지만 '아보트'의 윤리적 교훈의 지시를 따르는 사람은 앞선 두 분야에서 뛰어난 사람이 된다. 동일한 역량을 가지고도 하나님과 사람에게 동일하게 헌신할 수 있는 진정한 인품을 갖춘 사람을 일컫는 것이다.

라쉬바쯔는 탈무드가 감사의 복과 금전에 관한 법에 대해 논의를 마친 뒤에 사람을 가장 완전한 형태의 경건함에 이르게 하는 '아보트'의 가르침을 제시했다는 것이다. 그러한 사람은 하나님뿐만 아니라 이웃들과의 관계에서도 좋은 관계를 맺을 수 있다.

왜 피르케이 아보트는 여름철 안식일에 배워야 하는가?
피르케이 아보트-토라를 받아들이기 위한 준비

유대인 학자인 '게오님'(geonim)[1]이 언급한 바에 따르면, '피르케이 아보트'는 일반적으로 유월절과 오순절 사이에 배우게 되는데, 주된 이유는 오순절에 토라를 받기 위한 개인적인 준비 기간이 바로 이 여섯 주이기 때문이라는 것이다.

특별히 매우 소중한 선물을 받아들일 때, 우리는 그것을 받고 보존할 준비를 해야 한다. 특별하고 소중한 선물인 토라를 받아들이기 위해 우리에게 필요한 것은 무엇인가? '여호와를 경외함이 지혜의 근본이라'(시 111:10)가 암시하듯이 좋은 성품이다. '데레크 에레쯔'가 토라보다 먼저 생겨났기 때문이다.

토라를 받기 위해, 한 개인을 준비하고 교육시키는 데 '피르케이 아보트'에 비견할 수 있는 책은 없다. 따라서 '피르케이 아보트'를 읽는 것은 토라를 받아들이기 위한 영적인 준비 단계라고 할 수 있다.

* * *

본래 피르케이 아보트는 다섯 장(chapter)으로 이루어져 있었다. 얼마 후에 토라 연구에 관한 주제를 다룬 '바라이쇼트'(Baraishos) 편집본이 여섯

---

[1] 탈무드에 대한 지식과 지혜가 탁월한 유대인 학자를 일컫는다.

번째 장에 추가되었다(Baraisa[바라이사]는 랍비 예후다 하나시가 편집한 미쉬나와 비슷한 가르침이지만 오늘날의 미쉬나에는 포함되지 않았다). 이 여섯 번째 장이 토라 연구의 가치와 바른 길, 그리고 토라 연구자에 대한 중요성을 주로 다루기 때문에 '토라의 습득'이라는 뜻의 '킨얀 토라'(Kinyan Torah)라고도 불린다.

유월절과 오순절 사이에는 여섯 번의 안식일이 있기 때문에 매 주마다 한 장씩 읽게 되면, 우리는 현인들의 가르침을 통해 온전한 성품에 대해 배우고, 토라를 받기 직전인 마지막 안식일에는 '킨얀 토라'의 장으로 막을 내리게 된다.

역사를 되돌아보면, '세피라트 하오메르'(Sefiras Ha'omer)의 나날들은 랍비 아키바의 제자들이 죽임을 당한 우울한 날이었다(슐한 아루크, '오라크 하임'[Orach Chaim] 493). 탈무드에 의하면, 랍비 아키바는 12,000 쌍의 연구 동역자를 제자로 두었는데, 그들은 유월절과 오순절 사이에 전부 죽었다. 그 이유는 그러한 능력을 가진 사람들에게서 기대할 수 있는 예의로 서로를 대하지 않았기 때문이다(예바모트 62b). 그 결과 그들은 '데레크 에레쯔가 토라보다 먼저 생겼기 때문에'(바이크라 라바 9:3), 그리고 '데레크 에레쯔가 없으면 토라 또한 없다'(3:21)라는 이유로 토라의 습득까지 닿을 수 없었다.

그들이 겪은 끔찍한 형벌은 토라를 받는데 적절한 준비가 필요하다는 것을 강조한다. 현인들은 세피라(sefirah) 기간에 몇 가지 추모의 행위를 하도록 지시하여 무엇이 일어났는지를 회상하고, 토라를 받기 전에 '데레크 에레쯔'를 배우고 익히는데 열심을 다해야 한다는 점을 가르쳤다.

결혼과 여러 즐거움을 금지하는 엄숙한 분위기는 사람이 자기 자신을 돌아보게 한다. 이런 자기반성의 분위기는 윤리적인 가르침과 책망을 받아들이는 것을 수월하게 한다. 이런 때에 무엇보다 적절한 행동은 '피르케이 아보트'를 연구하는 것이다.

이 기간에 '피르케이 아보트'의 가르침들은 연구자에게 깊은 깨달음을 주게 된다. 예를 들면, '이 세상은 미래에 오게 될 세상에 들어가기 위한 대기실과 같다. 그러니 스스로를 준비하여 연회장에 들어갈 수 있도록 하라'(4:21), 그리고 '네가 어디서 와서 어디로 가는지를 알고, 너에게 판결과 심판을 내리게 될 존재가 누구인지를 알라'(3:1)라는 이 세 가지를 기억하고 있으면 죄의 손에 떨어지지 않을 것이다.

여름은 자기반성의 시간이다

몇몇 유대인 공동체들은 세피라 기간뿐만 아니라 신년절(Rosh Hashana)까지 여름 내내 피르케이 아보트를 배우기도 한다. 이 관습은 '투르'(Tur[오라크 하임 282])와 '레마'에도 언급되어 있다(Rema[슐한 아루크 ibid. 2]).

봄과 여름은 자유를 상징하는 계절이다. 자연과 인간이 겨울의 혹독한 제약에서 풀려나는 것이기 때문이다. 비가 그치고 추위는 지나갔으며, 만물이 싱그럽게 소생하고 꽃이 피어난다. 사람들은 제한되었던 일상에서 벗어나 밖으로 나아가 기지개를 켜며 오감으로 기쁨을 맛본다.

그렇기 때문에 이 풍족한 시기에 악한 성향이 사람들의 영적인 결단력을 약화시키려 하는 것은 당연한 것이다. 따라서 우리는 악한 영향력으로부터 자신을 지키기 위해서 피르케이 아보트를 연구해야 한다. 이 책은 '우리가 누구인지', '우리가 무엇을 하는지', '네 위에 어떤 존재가 있는지를 아는 것' 그리고 '계명과 죄를 통해 얻은 것과 잃은 것'이 무엇인지를 깨닫게 하는데 도움을 줄 것이다(2:1).

* * *

피르케이 아보트를 봄과 여름에 묵상해야 하는 또 다른 이유가 있다. 겨울은 땅을 갈고 씨를 뿌리는, 즉 투자하는 계절이다. 하지만 봄은 이 투자가 열매를 맺기 시작하는 계절이기 때문이라는 것이다("지면에는 꽃이 피고 … 무화과나무에는 푸른 열매가 익었고 포도나무는 꽃을 피워 향기를 토하는구나"[아 2:12-13]).

이른 봄, 유월절은 보리를 수확하고, 그 뒤 따라오는 오순절에는 밀을 수확한다. 그 이후에는 포도와 무화과, 그리고 올리브 등의 수확이 뒤따른다. 이런 수확에는(오늘날에는 돈을 모으는 것) 전적으로 사람이 참여해야만 한다.

* * *

그러나 사람이 이와 같은 육체적 노동에 전념하여 성공했을 때 '내 능력과 내 손의 힘으로 내가 이 재물을 얻었다'(신 8:17)라고 생각하게 되어 그 성공이 오히려 그를 타락하게 할 수 있다.

이런 때에 '네 위에 어떤 존재가 있는지를 알라'고 하는 현인들의 가르침을 되짚어 보아야 한다. 돈을 모으는 것만이 존재 혹은 인생의 전부가 아니고, 궁극적인 목적도 아니라는 것을 깨달아 알아야 한다. 이 세상은 일시적이며 덧없는 것이다. 우리는 대기실에 서 있고, 연회장인 영원한 생명의 땅에 입장하기 전에 회개와 선행으로 잘 준비해야 한다.

프롤로그   קודם הלימוד

다음은 피르케이 아보트의 각 장을 읽기 전에 낭독해야 한다.

(산헤드린 10:1)

כָּל יִשְׂרָאֵל יֵשׁ לָהֶם חֵלֶק לְעוֹלָם הַבָּא,
שֶׁנֶּאֱמַר:
וְעַמֵּךְ כֻּלָּם צַדִּיקִים,
לְעוֹלָם יִירְשׁוּ אָרֶץ,
נֵצֶר מַטָּעַי מַעֲשֵׂה יָדַי לְהִתְפָּאֵר.

모든 이스라엘 백성에게는 성경에 기록된 바와 같이 내세에 그들의 몫이 있다.

"네 백성이 다 의롭게 되어
영원히 땅을 차지하리니
그들은 내가 심은 가지요
내가 손으로 만든 것으로서
나의 영광을 나타낼 것인즉"
(사 60:21).

미쉬나 1절   משנה א

בַּעֲשָׂרָה מַאֲמָרוֹת נִבְרָא הָעוֹלָם.
וּמַה תַּלְמוּד לוֹמַר,
וַהֲלֹא בְמַאֲמָר אֶחָד יָכוֹל לְהִבָּרְאוֹת,
אֶלָּא לְהִפָּרַע מִן הָרְשָׁעִים
שֶׁמְּאַבְּדִין אֶת הָעוֹלָם שֶׁנִּבְרָא בַּעֲשָׂרָה מַאֲמָרוֹת,
וְלִתֵּן שָׂכָר טוֹב לַצַּדִּיקִים
שֶׁמְּקַיְּמִין אֶת הָעוֹלָם שֶׁנִּבְרָא בַּעֲשָׂרָה מַאֲמָרוֹת:

이 세상은 열 마디의 말로 창조되었다.
이 사실은 우리에게 무엇을 가르쳐주고 있는가?
사실상 한 마디 말로 세상이 창조될 수는 없었는가?
이것은 열 마디 말로 창조된 세상을 파괴하고 있는
사악한 자들에 대한 엄밀한 형벌이며,
열 마디 말에 의해서 창조된 세상을 지탱하고 있는
의로운 자들에게 상당한 보상을 수여하는 것이었다.

미쉬나 1절

이 세상은 열 마디의 말로 창조되었다

이 구절은 하나님께서 어떻게 세상을 창조하셨는지를 설명한다. 주님께서는 열 마디의 말씀으로 세상을 창조하셨는데, 이는 악인에게는 엄밀한 형벌이며, 의인에게는 상당한 보상을 암시한다. 보상과 징벌의 원리에서 한 걸음 더 나아가 이 구절은 이 세상에서 인간이 가진 의무와 인성의 함양에 대한 중요한 가르침을 전해주고 있다.

열 마디의 말씀

이 구절에서 언급되는 '열 마디의 말씀'은 모두 토라의 창조 기사에서 나타나고 있는데, 그 목록은 다음과 같다.

1) 태초에 하나님이 천지를 창조하셨다(창 1:1, 로쉬 하샤냐[Rosh Hashanah] 32a, 베레이쉬트 라바이[Bereishis Rabbai] ibid.).[2]

2) 하나님이 이르시되 "빛이 있으라"(창 1:3).

---

[2] 그러나 Pirkei DeRabbi Eliezer는 다른 구절들도 첫 번째 말씀의 후보로 언급하고 있다.

3) 하나님이 이르시되 "물 가운데 궁창이 있어 물과 물로 나뉘라"(창 1:6).

4) 하나님이 이르시되 "천하의 물이 한 곳으로 모이고 뭍이 드러나라"(창 1:9).

5) 하나님이 이르시되 "땅은 풀과 씨 맺는 채소와 각기 종류대로 씨가 진 열매 맺는 나무를 내라"(창 1:11).

6) 하나님이 이르시되 "하늘의 궁창에 광명체들이 있어 낮과 밤을 나뉘게 하고 그것들로 징조와 계절과 날과 해를 이루게 하라"(창 1:14).

7) 하나님이 이르시되 "물들은 생물을 번성하게 하라 땅 위 하늘의 궁창에는 새가 날으라"(창 1:20).

8) 하나님이 이르시되 "땅은 생물을 그 종류대로 내되 가축과 기는 것과 땅의 짐승을 종류대로 내라"(창 1:24).

9) 하나님이 이르시되 "우리의 형상을 따라 우리의 모양대로 우리가 사람을 만들고 그들로 바다의 물고기와 하늘의 새와 가축과 온 땅과 땅에 기는 모든 것을 다스리게 하자"(창 1:26).

10) 열 번째 말씀에는 세 가지 이견이 있다.

① 하나님이 이르시되 "내가 온 지면의 씨 맺는 모든 채소와 씨 가진 열매 맺는 모든 나무를 너희에게 주노니 너희의 먹을거리가 되리라. 또 땅의 모든 짐승과 하늘의 모든 새와 생명이 있어 땅에 기는 모든 것에게는 내가 모든 푸른 풀을 먹을거리로 주노라"(히브리어 성경 창 1:29, 한글성경 창 1:29-30).

② 하나님이 그들에게 복을 주시며 이르시되 "생육하고 번성하여 땅에 충만하라, 땅을 정복하라, 바다의 물고기와 하늘의 새와 땅에 움직이는 모든 생물을 다스리라"(창 1:28, 라베이누 이쯔하크 벤 랍비 슐로모

[Rabbeinu Yitzchak ben R' Shlomo]).

③ 여호와 하나님이 이르시되 "사람이 혼자 사는 것이 좋지 아니하니 내가 그를 위하여 돕는 베필을 지으리라"(창 2:18) – 즉 여성의 창조 (페시크타[Pesikta], 피르케이 데랍비 엘리에제르[Pirkei DeRabbi Eliezer], 베레이쉬트 라바[Bereishis Rabbah] 17:1).

태초:주님의 말씀

창조 시에 하나님께서 하신 첫 번째 말씀이 '태초에'라는 것은 현자들이 일반적으로 동의하고 있다. 하지만 이 말씀이 어떻게 하나님께서 직접 하신 말씀이라고 할 수 있는 것인가?

그 답은 시편에서 찾을 수 있다. "여호와의 말씀으로 하늘이 지음이 되었으며 그 만상을 그의 입 기운으로 이루었도다"(시 33:6). 이 구절은 우리에게 별다른 도구나 재료가 없이 하나님의 말씀만으로 창조가 이루어졌음을 알려준다. 그러므로 토라에서 말하는 '태초에'는 주님의 말씀 외에는 아무것도 존재하지 않았으며, 하늘과 땅이 존재하도록 부른 것이 바로 그분의 말씀이었다는 것을 알려주고 있는 것이다.

그러나 만일 하나님께서 모든 것을 주님의 '말씀'과 '주님의 입에서 나오는 숨결(입김)'로 창조하셨다면, 토라는 왜 직접 "주 하나님이 말씀하셨다. '하늘과 땅이 있으라'"고 하지 않은 것인가?

랍비 바룩 엡슈타인은 저서 토라 테미마[Torah Temimah]에서 "주 하나님이 말씀하셨다"(바요메르라고도 함)라는 말씀이 듣는 자가 있다는 것을 암시하고 있다고 설명했다. 그러나 하늘과 땅의 창조 전에는 주님께서 명령하실 만한 그 무언가가 없었다. 하늘과 땅이 창조된 후에야 하나님께서는 존재하는 '원재료'에 빛과 물 등이 되라고 명령하실 수 있었다는 것이다. 마찬가지로 랍비 이스라엘 리프시츠는 저서 '티페레트 이스라엘'[Tiferes Yisrael]에서 하나님께서 무에서 이 세상을 창조하셨으며, 아무 것도 없는 상태에서 명령을 할 수는 없다고 설명하고 있다.

세상의 질서

현자들은 창조의 순간(하나님께서 '태초에'라고 선포하시던 순간)에 하늘과 땅의 모든 요소들이 세상에 나타났다고 가르친다(베레이쉬트 라바[Bereishis Rabbah] 12:4). 그러나 하나님께서 첫 번째 날에 이 모든 것들을 다 만드셨다면, 둘째 날에 창공을 만드시고 또 셋째 날에 땅을 만드셨다는 말씀은 어떻게 설명할 수 있는가?

이에 대하여 주석가들은 설명하기를, 창조의 순간에 하늘과 땅이 무에서 유가 되었으나, 창조된 모든 것은 질서가 잡히지 않은 채로 각 요소가 서로 형태 없이 섞여 있는 상태였으며, 모든 것은 혼돈 속에 있었다고 한다. 현자들의 예를 하나 차용하면, 창조의 첫 날에는 빛과 어둠이 서로 섞여 있었으며, 넷째 날이 되어서야 빛과 어둠이 나뉘어 각각 낮과 밤을 이루었다는 것이다.

둘째 날, 하나님께서는 공간을 위와 아래로 나누셨다. 궁창은 이제 궁창 위의 하늘과 아래의 물로 나뉘어졌다. ('하늘'(샤마임)은 '샴'과 '마임'이라는 두 단어의 합성어로, '물이 있다', 혹은 '물을 담은'이라는 뜻이다)

이제 위에는 물이 자리하였으며 아래에는 숨 쉴 수 있는 공기가 자리하게 되었다. 그러나 땅과 물은 아직 나뉘지 않은 상태였다. 셋째 날이 되어 하나님께서 말씀하셨다. "천하의 물이 한 곳으로 모이고 뭍이 드러나라."

하나님께서는 6일간의 창조 기간에 모든 것을 구성할 모든 재료를 처음부터 만드셨다. 따라서 '태초에'(베레이쉬트)라는 단어는 '바라 시트', 즉

"하나님께서 여섯 날 동안 나타날 것을 첫날에 창조하셨다" [3]는 뜻이다.

토라와 유대 민족을 위하여

라쉬는 '태초에'(베레이쉬트)라는 단어가 '시작이라 하는 태초의 것을 위하여'라고 번역될 수 있다고 주장하였다. 하나님께서는 태초에 두 존재를 위하여 세상을 창조하셨다는 것이다. 바로 토라(주님께서 일을 시작하시던 그 태초에, 잠 8:22)와 유대 민족(이스라엘은 나의 첫 열매이다, 렘 2:3, 베레이쉬트 라바[Bereishis Rabbah] 1:1 참고)이다.

오직 토라만이 이 세상을 영속케 한다(페샤힘[Pesachim] 68b 참고). 선지자가 "내가 주야와 맺은 언약이 없다든지 천지의 법칙을 내가 정하지 아니하였다면"(렘 33:25, 아보트 3:14 주석 참고)이라고 한 것과 같다. 이 세상은 토라를 위해, 또한 그 토라를 받고 지키는 이스라엘 민족을 위해 창조된 것이다.

이런 면에서 랍비 야곱 벤 아셰르[R' Yaacov ben Asher]는 '베레이쉬트'(태초에)를 '브리쇼나 라아 엘로힘 셰이카블루 이스라엘 토라', 즉 "태초에 하나님이 이스라엘이 토라를 받을 것을 미리 아셨다"는 문장의 두문자어로 해석한다(림제이 바알 하투림[Rimzei Baal HaTurim]).

하늘나라를 두려워하다

성경을 통틀어 우리는 '하나님을 두려워함', '하나님을 경외함'이라는 표현을 자주 발견할 수 있다. 그렇다면 왜 현자들은 하나님을 두려워한다는 것을 그렇게 강조한 것일까? 현자들에 따르면 창조의 첫날, 공간이 창조되었을 때에 궁창이 아직 굳지 않은 상태였다고 한다. 그러나 둘째 날 하나님께서 직접 명령 하시자(궁창이 있으라) 마치 사람이 권위에 찬 목

---

[3] '시트'는 아람어로 '여섯'을 뜻한다.

소리를 들으면 굳어버리는 것과 같이 궁창이 굳어졌다고 한다. 이 날 이후로 하나님의 명령에 따라 궁창이 그대로 유지되어 왔다는 것이다(라쉬[Rashi], 미드라쉬 라바[Midrash Rabbah] 4:2에 근거).

그러므로 현자들이 말하는 하늘나라를 두려워하라는 것은, 곧 하늘이 계속 하나님을 두려워하는 것처럼 우리도 하나님을 끊임없이 두려워해야 함을 가르친다고 할 것이다.

열 마디의 말씀이 꼭 필요했는가?

하나님은 한 번의 말씀만으로 창조를 완전히 이루실 수 있으셨음에도, 왜 굳이 열 번이나 말씀하셨는가? '하나님이 이르시되'라는 말이 왜 그토록 많이 필요했던 것일까? 그저 "온 세상이여 내 의지에 따라 존재하라"(마흐조르 비트리[Machzor Vitri])거나, "하늘과 땅이 있고, 빛이 있으며, 땅이 있고…"(람밤[Rambam])라는 식으로 한 번만 말씀하셨어도 세상을 충분히 창조하실 수 있으셨다.

창조 기사를 기록한 탄나가 이 기사를 자세히 읽도록 의도한 것이라는 모험을 할 수도 있다. 토라에는 우연이라거나 불필요한 것이 없으므로, 하나님께서 열 번의 말씀을 하신 데에는 분명히 이유가 있을 것이다. 그렇다면 그 이유는 무엇인가? 더 나아가 창조 기사를 보면 하나님께서 6일이라는 시간 동안 창조 사역을 위해 수고를 하신 것으로 보인다. 왜 이토록 불필요한 '수고'를 하신 것인가? 분명히 우리의 삶에 전해주는 가르침이 이 안에 담겨있을 것이다.

이를 통해 우리는 하나님께서 모든 것을 정확하게 창조하셨다는 가르침을 얻을 수 있다. 그저 기회가 있었다거나, 세세한 것을 대충 넘기시거나 하지 않으셨다는 것이다. 하나님께서 굳이 수고를 하셔서 6일 동안 세상을 창조하셨다는 사실을 통해 우리의 삶과 태도에 적용할 수 있는 가르침은 무엇인가?

하나님께서는 열 번의 말씀으로 세상을 창조하심으로써 주님께서 세상 모든 것 하나하나에 사랑을 담으셨다는 것을 보여주신 것이다. 라베이누 이삭 벤 랍비 슐로모[Rabbeinu Yitzchak ben R' Shlomo]의 표현을 빌리자면, "창조주께서는 우리에게 주님께서 이 세상을 얼마나 귀하게 여기시는지를 보여주시고자 세상 모든 것 하나하나에 정성을 쏟으셨다." 그러므로 우리 역시도 이 세상의 아름다움과 풍성함을 누리고 감사해야 한다. 더 나아가 하나님께서 이 세상을 창조하시기 위하여 수고를 아끼지 않으셨다는 사실을 통해 하나님의 세상을 가꾸어야 한다는 인간의 의무를 기억할 수 있다. 이에 대해 현자들은 말하기를 "찬양받아 마땅하신 거룩하신 하나님께서 아담을 창조하실 때에 아담에게 에덴 동산의 모든 나무들을 보여주시며 말씀하셨다. '내가 한 일들이 얼마나 아름다운지, 얼마나 찬양받아 마땅한지 보라. 내가 창조한 이 모든 것은 다 너를 위해 만든 것이다. 그러므로 내 세상을 망치지 말고, 해하지 말라'"(코헬레트 라바[Koheles Rabbah] 7:13).

창조의 왕관

현자들은 온 세상이 오직 사람을 위하여 창조되었다고 가르치고 있다(버라호트[Berachos] 6b). 만일 이 가르침이 참이라면, 사람이 가장 나중에 창조된 이유는 무엇인가? 언뜻 보기에 모든 것이 사람을 위해 창조되었다면 사람이 온 세상의 장자로서 제일 먼저 창조되었어야 한다.

그러나 사람이 가장 마지막에 창조된 데에는 다 이유가 있다. 바로 사람의 고귀한 잠재성 때문이다. 결혼식이 신혼 방에 들어가기 전의 준비이듯, 하나님께서도 사람을 만드시고 세상에 두시기 전에 온 세상을 먼저 창조하시고 준비하신 것이다(산헤드린[Sanhedrin] 38a). 이 세상의 목적은 사람(특별히 유대인, '하나님의 자녀가 누구인가'[3:18])이 주님의 뜻을 실천할 무대로 기능하는 것이다. 더 나아가 온 세상을 사람을 위하여 창조하신 후 하나님께서는 이 세상이 사람의 강직한 토대 위에 서서 유지되리라고 예언하셨다. "의인은 영원한 기초와 같으니라"(잠 10:25). 이 세상의 생사는 우리에게 달려있는 것이며, 주님의 율법에 순종하고 또 주님의 토라를 연구함으로써 이 세상을 아름답게 가꾸는 것이 우리 인간이 맡은 특별한 임무라고 할 수 있다.

그러나 사람이 그 잠재력을 발휘하지 못한다면, 사람이 옳은 길에서 벗어나버린다면, 스스로를 하나님의 피조물들 중 가장 낮은 것보다 못한 존재로 격하시키는 꼴이라는 사실을 기억해야 할 것이다. 바로 사람이 가장 마지막에 창조된 이유이다. 하나님께 순종하지 아니하면 사람보다 먼저 창조된 모기보다도 못한 존재임을 알게 하시려는 것이다. 하찮은 모기라도 최소한 자기가 맡은 역할은 한다(산헤드린[Sanhedrin] ibid., 베레이쉬트 라바[Bereishis Rabbah] 8a).

사람의 이러한 이중성은 다음의 말씀에서도 암시되고 있다. "가장 높은 구름에 올라가 지극히 높은 이와 같아지리라"(사 14:14). 이 구절에서 "내가 같아지리라"는 뜻의 히브리어 '에다메'는 '흙'이라는 뜻의 '아다마', 또 '사람'이라는 뜻의 '아담'과 유사하다. 그러므로 이 구절은 사람이 하나님과 같아지겠다(에다메), 즉 하나님을 닮아가겠다 한다면 곧 진정한 사람(아담)이요, 반대로 자기 육신의 욕망을 끌어 안는다면 '땅'(아다마)으로 끌려간다는 것을 가르치고 있는 것이다.

이 세상이 하나님께 얼마나 중요한 것인지 우리가 깨닫는다면, 우리가 주님께서 원하시는 대로 세상을 유지하기 위해 최선을 다할 때에 주님께서 우리에게 큰 보상을 내려주실 것이라는 것도 알 것이다. 반대로 악인은 자신의 악한 행동이 하나님께서 아끼시는 이 세상을 파괴하므로,

크나큰 징벌을 받아 마땅하다는 것을 깨달아야 할 것이다.

모든 유대인은 각자가 하나의 세상이다. 그러므로 현자들은 유대인의 삶을 파괴하는 자는 누구든지 온 세상을 파괴한 것으로 여겨질 것이며, 유대인의 삶을 지키는 자는 온 세상을 지키는 것이라고 가르쳤다(아보트 데랍비 노쏜[Avos DeRabbi Nosson] 31b, 산헤드린[Sanhedrin] 37a 참고).

그러므로 바르테누라의 랍비 오바디야는 기록하기를, 영적인 삶의 건강을 추구할 때에 자기 안에 담긴 세상을 지키는 것이라고 하였으며, 반대로 비윤리적인 일을 행할 때에는 자기 안에 담긴 세상을 파괴하는 것이라고 했다.

이 사실은 우리에게 무엇을 가르쳐주고 있는가? 사실상 한 마디 말로 세상이 창조될 수는 없었는가?

이 세상은 선(the good)에 더 무게를 두고 있다(3:19, 샤보트[Shabbos] 97a 참고). 그렇다면 이 구절에서는 왜 악인이 받을 징벌을 먼저 이야기하고 그 다음에서야 의인이 얻을 선한 것에 대하여 말하고 있는 것인가?

미드라쉬 슈무엘[Midrash Shmuel]에서 랍비 슈무엘 디 오지다[R' Shmuel di Ozida]는 이 구절이 하나가 아닌 두 개의 질문을 제시한다고 말함으로써 위의 의문에 답을 제시한다. 분명 이 구절에서는 "이 세상은 열 마디의 말로 창조되었다. 이 사실은 우리에게 무엇을 가르쳐주고 있는가? 사실상 한 마디 말로 세상이 창조될 수는 없었는가?"라고 말하고 있다. "이 사실은 우리에게 무엇을 가르쳐주고 있는가?"라는 불필요한 질문은 "하나님께서 이 세상을 열 마디의 말씀으로 창조하셨다는 사실을 아는 것이 왜 중요한가?"라고 묻는 자문(自問)임이 명백하다.

따라서 이 구절은 두 번째 질문, 더욱 기초적인 질문을 이어간다. "사실상 한 마디 말로 세상이 창조될 수는 없었는가?" 단 한 마디의 말씀으로도 충분히 이 세상을 다 만드실 수 있으셨던 하나님께서 왜 굳이 열 마디의 말씀이 필요했던 것인가?

탈무드에서의 일반적인 방식에 따라 이 구절은 두 번째 질문에 먼저 답하고 있다. 하나님께서 왜 열 마디의 말씀으로 세상을 창조하셨는가? 바로 '악인에게 되갚기 위하여' 그렇게 하신 것이다. 만일 하나님께서 이 세상을 단 한 마디의 말씀으로 창조하셨다면, 악인들의 죄로 인해 하나님께서 쉽게 세상을 멸하실 수도 있으셨을 것이다. 하지만 주님께서는 세상의 모든 것, 세세한 것 하나까지도 창조하시는 데에 수고를 들이셨으므로 한 개인의 악행만으로 세상을 멸망시키지 않으시는 것이다. 하나님께서는 '악인에게 되갚기 위하여' 열 마디의 말씀으로 세상을 창조하셨는데, 이는 주님께서 온 세상이 아닌 '악인에게만' 되갚으신다는 것을 뜻한다.

하나님께서는 우상을 경멸하신다면서 왜 이런 우상들을 다 부수지 않으시냐고 로마 철학자들이 물었을 때에, 현자들은 위의 가르침에 기초하여 답했다.

현자들의 답은 다음과 같았다. "세상에 필요 없는 것을 사람들이 우상으로 삼아 숭배한다면, 확실히 다 부숴버리는 것이 좋은 답일 것입니다. 그러나 사람들이 우상으로 삼는 것은 해와 달, 별, 성좌와 같은 것들이며, 이 모든 것들이 세상에 다 필요한 것들입니다. 하나님께서 고작 이것들을 섬기는 어리석은 사람들 때문에 이 세상에 반드시 필요한 것들을 없애시겠습니까? 이 세상은 법칙에 따라 운행되며, 이런 세상을 해하는 어리석은 자들은 미래에 심판을 받아야 할 것입니다"(아보다 자라[Avodah Zarah] 54b).

이제 우리는 이 세상이 선을 더 중시한다는 현자들의 이해에 따라 이 구절이 구성되었음을 확인했다. 실제로 이런 답은 악인의 행동이 세상을 멸망으로 이끄는 데까지는 이르지 않는다는 것을 보여주고 있다.

볼로진의 랍비 하임[R' Chaim of Volozhin]은 루아흐 하임[Ruach Chaim]에서 이런 견해를 더욱 확장시키고 있다. "이 세상이 열 마디의 말씀으로 창조되었으며 그에 따라 매우 복잡하게 창조되었으므로, 어떤 사람도 혼자서는 이 모든 것들을 이해할 수는 없다. 이는 비단 세상에게 뿐만 아니라 악인들에게도 좋은 소식이 된다. 어떤 잘못을 하더라도 국지적인 데에서 그칠 뿐이니 말이다. 만일 온 세상이 단 한 마디의 말씀으로 창조되었더라면 악인의 죄로 인한 피해가 너무나 커 자기 자신마저도 멸하고 말았을 것이다. 그러나 이제 악인도 자기 잘못을 바로잡을 길이 있다."

랍비 이삭 아라마[R' Yitzchak Aramah]는 아케이다트 이쯔하크[Akeidas Yitzchak]에서 같은 견해를 피력하였다. 이 세상은 류트(기타와 비슷한 현악기 – 역자 주)와 같다. 줄이 끊어지면 음악을 제대로 연주할 수는 없으나, 아직 기능이 완전히 망가진 것은 아니므로 줄만 바꾸면 된다. 마찬가지로 악인이 이 세상의 일부를 파괴한다 하더라도 이 세상의 기능이 완전히 망가진 것은 아니므로, 의인이 이를 바로잡아 세상을 다시 온전하게 할 수 있는 것이다.

**열 마디 말에 의해서 창조된 세상을 지탱하고 있는
의로운 자들에게 상당한 보상을 수여하는 것이다.**

이제 이 구절은 위의 첫 번째 질문에 답을 하고 있다. "하나님께서 이

세상을 열 마디 말씀으로 창조하셨다는 사실을 아는 것이 왜 중요한가?" 바로 '열 마디의 말씀으로 창조된 세상을 지키는 의인들을 보상하기 위해'서이다.

랍비 슈무엘 디 오지다는 이에 대해 다음과 같이 설명한다. "의인은 하나님의 뜻을 벗어나더라도, 주님께서 창조하신 세상을 파괴할 위험이 없다는 것을 잘 알고 있다...(중략) 하나님을 제대로 섬기지 못한 것에 대한 변명으로 악용될 수도 있을 것이다. 그럼에도 불구하고 이들은 여전히 열심히 주님을 섬기는 것이다. 더 나아가 이 때문에 이들도 큰 보상을 받을 만한 자격이 있다."

이 세상은 열 마디의 말씀으로 창조되었으므로, 사람의 힘으로는 절대 멸망할 수 없다. 이를 안다면 의인은 두려움만이 아닌 사랑으로 하나님의 뜻을 실천할 것이므로, 의인이 받을 보상이 늘어나는 것이다.

하나님은 어떻게 사람을 창조하셨나

현자들은 가르치기를 하나님께서 사람을 창조하고자 하셨을 때, 각자 성품을 대표하는 이상의 존재들을 모으신 후 그 의견을 물어보셨다고 한다.

진리가 말했다. "온 세상의 주님, 사람을 창조하지 마십시오. 사람은 거짓말쟁이가 되고 말 것입니다."

그러나 선함이 이에 반대했다. "아닙니다, 사람을 창조하여 주십시오. 사람은 선한 일을 할 것입니다."

그러자 평화가 앞으로 나와 말했다. "사람을 창조하지 마십시오. 서로 논쟁을 할 것입니다."

주님께서는 사람을 창조하고 싶으셨으므로 진리를 땅으로 내려 보내셨다. 말씀에 "하늘에서 땅에 던지셨다"(애 2:1)라고 기록되었으며, "여호와께서 좋은 것을 주시리니 우리 땅이 그 산물을 내리로다"(시 85:12)라고 함과 같다. 이제 하늘에는 창조를 지지하는 세가 더욱 강해졌다.

이에 하나님께서는 이렇게 선포하셨다. "이제 우리가 사람을 만들자." 하나님께서 '우리'라고 표현하신 이유는 바로 하늘의 존재들을 모아 의견을 나누셨기 때문이다(베레이쉬트 라바[Bereishis Rabbah] 5:8).

이 미드라쉬를 통해 우리는 (선함과 같은)사람이 가진 최고의 성품들이 무엇인지, 또 (거짓과 논쟁과 같은)최악의 성품들이 무엇인지를 배울 수 있다.

람반은 (창세기 1장 26절의 주석에서) '이제 우리가 사람을 만들자'라는 구절에 대한 다른 해석을 제시한다. 하나님께서는 땅에게 사람의 몸을 만들라고 명령하셨으며, 땅이 만든 몸에 하나님께서 만드신 영혼을 불어넣으셨다는 것이다. 실제로 성경에는 "여호와 하나님이 땅의 흙으로 사람을 지으시고 생기를 그 코에 불어넣으시니 사람이 생령이 되니라"(창 2:7)고 기록되어 있다.

하나님께서는 "우리의 형상(image)과 모양(likeness)대로 사람을 만들자"라고 하셨는데, 여기서 '형상'은 사람의 몸을 뜻하는 반면, '모양'은 사람의 영혼을 뜻한다는 것이 람반의 해석이다.[4]

---

[4] 그러나 람반은 '형상'(image)에도 영적인 면이 있다고 해석하고 있다.

미쉬나 2절   משנה ב

עֲשָׂרָה דוֹרוֹת מֵאָדָם וְעַד נֹחַ,
לְהוֹדִיעַ כַּמָּה אֶרֶךְ אַפַּיִם לְפָנָיו,
שֶׁכָּל הַדּוֹרוֹת הָיוּ מַכְעִיסִין וּבָאִין,
עַד שֶׁהֵבִיא עֲלֵיהֶם אֶת מֵי הַמַּבּוּל.

아담부터 노아까지 열 세대가 있었다.

이들은 그분의 인내심의 정도를 보여주고 있다.

왜냐하면 그들 모든 세대들이

그분이 홍수를 그들 위에 내릴 때까지 더욱더 그분을 화나게

했기 때문이다.

미쉬나 2절

**아담부터 노아까지 열 세대가 있었다.
이들은 그분의 인내심의 정도를 보여주고 있다.
왜냐하면 그들 모든 세대들이 그분이 홍수를
그들 위에 내릴 때까지 더욱더 그분을 화나게 했기 때문이다.**

라베이누 요나[Rabbeinu Yonah]의 말에 따르면 "더욱더 그분을 화나게 했기 때문이다"라는 구절은 "고의로 하나님을 화나게 하다"는 뜻을 담고 있기도 하다. 그러나 이런 사람의 도발에도 하나님께서는 주님의 순전한 인내를 발휘하셨다.

이전 장의 마지막 구절에서는 "찬양받아 합당하신 주님 앞에서는 정의가 무너지지 아니하며, 망각도 없으며"라고 하였다. 이제 이 구절에서는 정의와 기억이라는 하나님의 궁극적인 두 성품에 대해서 기술하고 있는 것이다. 주님께서 비록 열 세대가 지나도록 사람들이 회개할 때까지 기다리셨음에도 말이다(하시드 야베쯔[HaChasid Yaavetz]).

첫 번째 세대와 두 번째 세대 간에는 큰 차이가 있다. 첫 번째 세대에게는 배울 만한 이전 세대가 없었으므로 하나님께서 그들의 악행을 참으실 만한 이유가 있다고도 할 수 있을 것이다. 그러나 그 다음 열 세대는 그들이 마땅히 배울 만한 교과서, 바로 역사가 있었다. 이들은 하나님께서 악한 자들을 벌하시려 일으키신 홍수도 알고 있었으며, 그 때까지 살아있던 노아와 그의 가족들이 산 증인이 되어 주었다. 그들의 죄는 반역적인 오만의 표현이었던 것이다. 그럼에도 하나님께서는 그들의 죄를 참아주셨다.

포도원을 가꾸다

이 구절은 하나님의 인내를 가르치고 있다. "내가 어찌 악인이 죽는 것을 조금인들 기뻐하랴 그가 돌이켜 그 길에서 떠나 사는 것을 어찌 기뻐하지 아니하겠느냐"(겔 18:23)라고 하나님께서 직접 말씀하셨다.

현자들은 말하기를 하나님께서는 120년 동안이나 사람들에게 회개의 기회를 주시기 위해 홍수를 미루셨다고 가르친다(창 6:3에 대한 라쉬의 해석). 마찬가지로 하나님께서는 노아에게 방주를 지으라고 하심으로써 120년간 사람들이 노아에게 무엇을 하는지 물어보는 동안 그들이 노아의 답을 통해 악한 길에서 돌이킬 기회를 주셨던 것이다(라쉬[Rashi]).

사실 하나님께서 그렇게 오래 참으신 것이 아니라는 다른 견해도 있다. 이에 따르면 하나님께서는 노아를 태어나게 하시기 위하여 열 세대를 돌보아주신 것이며, 또 아브라함을 태어나게 하시기 위하여 그 다음 열 세대를 돌보아주셨다는 것이다.

이를 포도가 좋아서가 아니라, 포도에서 포도주가 나오는 것을 알기에 포도원을 가꾸는 사람에 비유할 수 있을 것이다. 마치 "포도송이에는 즙이 있으므로 사람들이 말하기를 그것을 상하지 말라 거기 복이 있느니라"(사 65:8)와 같이 말이다. 마찬가지의 이유로 하나님께서는 이스라엘 백성들에게 모압과 암몬과 전쟁을 벌이지 말라고 하셨다. 이들에게서 룻

(다윗 왕의 조상)과 나아마(르호보암의 어머니로, 르호보암으로 인해 다윗의 적통이 이어졌다 – 바바 카마[Bava Kamma] 38a)가 나왔기 때문이다. 마찬가지로 현자들은 "하만의 자손은 예루살렘의 자녀들을 가르친 시스라의 자손들인 브네이 브락[Bnei Brak]에게서 토라를 배웠으며, 토라를 폭넓게 가르친 세나헤립의 자손들에게서도 토라를 배웠다"(기틴[Gittin] 57b)라고 가르친다.

주님 앞에 선 자들의 인내심

이 구절의 '하나님의 인내'라는 단어는 문자 그대로 해석하면 '주님 앞에 있으면서 얼마나 많은 인내를'이라는 뜻이다. 이런 표현은 사람들이 '주님 앞에서' 죄를 지었다는 것을 나타낸다. 즉, 그들은 주님을 알면서도 죄를 지었다는 것이다. 그러나 주님께서는 끊임없이 인내하셨다.

"너희의 모든 죄에서 너희가 여호와 앞에 정결하리라"(레 16:30)는 구절에 대한 현자들의 해석을 통해 이 구절의 '주님 앞에서'라는 단어의 또 다른 해석을 유추할 수 있다. 하나님께서는 사람들이 하나님에 대항하여 죄를 지을 때에도 그들을 용서하시리라고 약속하셨다. 그러나 다른 사람에 대항하여 죄를 지을 때에는 주님께서 용서해주시기를 기다리지 말고 먼저 나가서 용서를 구해야 한다고 했다(요마[Yoma] 8:9).

여기서도 하나님께서는 주님에 대항하여 죄를 지은 사람들을 오래 참으셨다. 그러나 그들이 하나님이 아닌 사람에 대항하여 죄를 지었다면, 하나님이 아닌 그들이 해한 사람들에게 용서를 구했어야 할 것이다.

처음 열 세대는 왜 더 큰 징벌을 받았는가?

처음 열 세대는 다른 세대들보다 죄를 더 적게 지었음에도, 하나님께서는 그들을 두 번째 열 세대보다 더욱 가혹하게 심판하셨다. 이에 대해

라쉬는 해석하기를, 홍수로 멸망한 처음 열 세대는 도적들과 분쟁을 좋아하는 자들이었으므로, 하나님께서는 그들을 용서하지 않으셨다고 했다. 반면 그 이후에 일어난 세대들은 따뜻함과 친근함으로 서로를 대하였다. 이들은 서로 사이좋게 지냈으므로, 하나님께서도 이들을 긍휼히 여기셨으며, 그들을 모두 멸하시지는 않고 죄를 짓지 못하도록 사회적 유대만을 끊으셨던 것이다(창 11:9).

위의 의문에 대한 다른 해답을 제시하자면, 처음 열 세대가 순전히 악하였기 때문이라고도 할 수 있다. "혈육 있는 자의 포악함이 땅에 가득하므로…"(창 6:13) 때문에 이들을 바로잡을 수 없었기 때문에 완전히 쓸어버릴 수밖에 없었다는 것이다. 그러나 두 번째 열 세대의 사람들은 완전히 악한 것만은 아니었기 때문에 바로잡을 수 있는 여지가 있었다. 이 사람들이 하나님께 대항하기는 하였으나, 이들은 서로를 선함과 친교로 대하였다. 약간이나마 선한 것이 남아 있었기에 하나님께서는 이들을 완전히 멸하시지는 않으신 것이다. 오히려 이들이 하나님을 부정하여 악을 따르지 않았다면, 서로 연합하였으므로 하나님께 보상을 받을 수도 있었다. 그들이 받았어야 할 보상은 하나님과의 연합을 나타내고 사람들에게도 친절을 보인 아브라함에게로 돌아갔다(랍비 메나헴 멘델 스키니르손[R' Menachem Mendel Schneerson], 리쿠테이 시코트[Likutei Sichos], Part 3, p. 756, and Part 15, p. 70).

더 큰 그림

이 장의 첫 번째 구절은 창조에 대해 다루고 있으며, 창조에 대한 주제 직후 '안식일 저녁 해질 때에 창조된 열 가지'라는 주제로 돌아간다(8절).

그렇다면 지금 우리가 다루는 이 가르침이 (다음 세 구절들과 함께) 이 첫 번째 구절과 8절부터 이어지는 창조에 관한 주제 사이에 끼어 있는 이유는 무엇인가?

미드라쉬 슈무엘은 이에 대해 설명하고 있다. 이 구절은 이전 구절의 보충이라는 것이다. 이 장의 첫 번째 구절만을 배운 사람이라면 이렇게 의문을 품을 수도 있을 것이다. 이 세상은 의인에게 보상을, 악인에게 벌을 내리도록 창조되었는데, 왜 우리는 아직도 악인이 번성하고 의인이 고난을 받는 것을 볼 수 있는가?

이에 대해 이 구절은 악인이 번영하는 것을 볼 때에 하나님께서 아담으로부터 노아의 때까지 악한 열 세대를 참으셨다는 것을 기억해야 한다는 것을 가르치고 있다. 그 당시 사람들도 하나님께서 왜 자신들을 벌하지 않으시는지 궁금했을 것이다. 그 답은, 바로 하나님께서 그들에게 회개할 기회를 주셨다는 것이다.

노아의 때부터 아브라함의 때까지 열 세대에 대해 말하고 있는 다음 구절은 의인이 고난을 받는 이유에 대해서 조명하고 있다. 우리의 조상 아브라함은 열 가지 시험을 견뎌냈다. 그 당시 아브라함을 지켜보던 사람들도 세상은 의인에게 보상을 주도록 창조되었다면서 왜 아브라함이 이런 어려움을 겪어야 하는지 궁금했을 것이다. 그 답은, 우리의 조상 아브라함이 마침내 그 당시의 악한 세대가 받았어야 하는 보상을 그가 받았다는 것이다.

미쉬나 3절   משנה ג

עֲשָׂרָה דוֹרוֹת מִנֹּחַ וְעַד אַבְרָהָם,
לְהוֹדִיעַ כַּמָּה אֶרֶךְ אַפַּיִם לְפָנָיו,
שֶׁכָּל הַדּוֹרוֹת הָיוּ מַכְעִיסִין וּבָאִין,
עַד שֶׁבָּא אַבְרָהָם וְקִבֵּל שְׂכַר כֻּלָּם:

노아부터 아브라함까지 열 세대가 있었다.
그분의 인내심의 정도를 보여주고 있다.
왜냐하면 그들 모든 세대들이
우리의 조상 아브라함이 와서
그들 모두의 보상을 받을 때까지
더욱더 그분을 화나게 했기 때문이다.

미쉬나 3절

그들 모두의 보상을 받을 때까지

이 구절은 아브라함이 악한 열 세대의 보상을 받았다는 가르침을 전해 준다. 하지만 그들이 악한 사람들이었다면 '그들의 보상', 즉 그 악한 세대가 받았어야 할 보상은 무엇이라는 말인가? 더 나아가 그들이 받았어야 할 보상은 왜 아브라함에게로 간 것인가?

라쉬에 따르면 아브라함은 힘써 그들에게 회개를 촉구했기 때문에 그 당시 사람들이 받았어야 할 보상을 아브라함이 얻은 것이라고 한다. 때문에 그들이 받았던 기업이 무엇이든 아브라함의 기업이기도 했다는 것이다. 실제로 이 세상이 당시 사람들의 악행으로 인해 크게 망하였음에도 세상이 유지되었던 데에는 순전히 아브라함의 기업이 있었기 때문이었다.

바르테누라의 랍비 오바디야 역시 비슷한 견해를 제시한다. "(아브라함이) 다른 모든 사람들이 했어야 할 선행을 실천했으므로, 아브라함의 기업으로 인해 그들이 구원함을 받았다." 그러므로 아브라함이 다른 사람들의 기업을 받게 된 것이다. 이것은 충직한 신하 한 명을 제외한 모든 사람들이 반항하고 저항하는 왕에 비교할 수 있을 것이다.

왕은 자신을 따르는 단 한 명의 신하에게 다른 모든 사람들이 누렸어야 할 부귀영화를 다 내려주었다. 아브라함은 하나님을 부정하는 그 세대 속에서 하나님의 깃발을 높이 들어 올렸으므로, 악한 열 세대가 받았어야 할 보상이 아브라함에게 돌아갔던 것이다.

티페레트 이스라엘[Tiferes Yisrael]은 이 구절에서 말하는 보상이 바로 토라라고 말하고 있다. 원래 하나님께서는 이 세상 모든 사람들과 언약을 맺으시고 토라를 주시려고 하셨다. 그러나 그들이 죄로 가득하였으므로 모든 사람들이 받았어야 할 토라를 아브라함이 받게 되었다는 것이다.

노아와 아브라함

아브라함은 열 세대가 받았어야 할 보상을 받았다. 하지만 노아는 그렇지 못하였다. 그 이유는 무엇인가?

노아는 '당대의 의인'이었다. 그러나 그는 당대의 사람들에게 적극적으로 자신의 영향력을 발휘하려 하지 않았다. 120년 동안 그는 방주를 지었으나 나서서 다른 사람들에게 회개를 촉구하지는 않고, 그저 방주를 왜 짓는지 물어보는 사람들에게만 하나님의 말씀을 전했다.

스포르노[Sforno] 역시 "비록 (노아가)사람들에게 타락을 꾸짖었으나…(중략) 그는 하나님을 그들에게 가르치지 않았으며 하나님의 길을 따르는 것 역시 가르치지 않았다. 그는 흠잡을 데 없는 의인이었다…(중략) (그러나)자신만 의인인 사람은 자신만을 구원할 수 있을 뿐이다." 반면 "다른 사람들을 온전케 하려 노력하는 자는 다른 사람들도 구할 수 있다."

아브라함이 바로 이러한 사람이었다. 그는 그의 세대와 그 이후의 세대까지도 기업을 얻을 수 있도록 부단히 노력했다. 아브라함은 끊임없이 여행을 했으며, 가는 곳이면 어디든지 하나님을 아는 지식을 전하였으므로 그와 아내 사라는 하나님을 섬기는 수만 명의 사람들의 조상이 될 수 있었던 것이다(미쉬나 토라[Mishnah Torah], 힐코트 아보다트 코하빔[Hilchos Avodas Kochavim], 1:3). 그러므로 당대에 이러한 사명감을 가지고 있었던 아브라함이 그들의 보상을 받는 것은 지극히 당연한 일이었다.

노아 역시도 "하나님과 동행"(창 6:9)했다. 그러나 아브라함은 하나님 앞에 있던 사람이었다(ibid.) 노아에게는 하나님의 도우심이 필요하였으나, 아브라함은 스스로 하나님의 길을 걸어갔다. 심지어 하나님보다 앞서 나가기까지 하였다.

까마귀

현자들이 전하는 말에 의하면 노아가 땅을 찾으러 까마귀를 보낼 때 까마귀가 "방주에 있는 모든 동물들 중에 왜 하필 나인가요?"라고 반항했다고 한다.

이에 노아는 이렇게 답하였다. "네가 세상에 필요 없기 때문이다. 너는 정한 동물이 아니므로 제사로 드릴 수 없기 때문이다." 때문에 노아는 까마귀를 보내고 나서도 까마귀를 따라가지 않았다. 그러나 하나님께서는 후일 까마귀가 광야에서 엘리야를 먹일 것임을 알려 주시며 노아에게 방주를 돌려 까마귀를 따라가도록 하셨다(베레이쉬트 라바[Bereishis Rabbah] 33:5).

하나님께서는 비둘기와 같이 정한 동물을 다 제쳐두시고 왜 까마귀를 택하셔서 엘리야를 먹이셨는가? 엘리야는 자신을 먹이러 온 까마귀를 보고 깊은 가르침을 얻게 되었다. 아합 왕의 통치시기에 이스라엘 백성들이 죄를 짓자 엘리야는 "내가 만군의 하나님 여호와께 열심히 유별하오니 이는 이스라엘 자손이 주의 언약을 버리고"(왕상 19:14)라고 외쳤다. 엘리야는 하나님께 가뭄을 일으켜 달라고 간구했다. 하나님께서는 엘리야의 기도를 들으셨으나 까마귀를 보내셔서 그를 먹이셨다. 이를 통해 하나님께서는 엘리야에게 부정한 새에게서도 선한 것이 나올 수 있다면, 사람에게서도 능히 선한 것을 찾을 수 있다는 사실을 가르쳐주셨던 것이다. 하나님께서는 이렇게 엘리야에게 모든 사람들에게서 선한 것을 찾아야 한다는 교훈을 가르치셨다. "제 때를 맞은 자 그 누구도 없으며, 제 자리를 찾은 자 그 무엇도 없느니라"(4:3).

메시아의 시대에 세대에서 멀어진 이스라엘 백성들에게 돌아와 이들을 다시 공동체로 돌아오도록 할 사람도 바로 이 엘리야이다. "보라 여호와의 크고 두려운 날이 이르기 전에 내가 선지자 엘리야를 너희에게 보내리니 그가 아버지의 마음을 그들의 아버지에게로 돌이키게 하리라 돌이키지 아니하면 두렵건제 내가 와서 저주로 그 땅을 칠까 하노라"(말 4:5-6).

현자들은 "왼손은 멀리 두고 오른손은 가까이 하라"(쏘타[Sotah] 47a 참고)고 가르친다. 우리는 어느 것을 더 중요하게 여겨야 하는가? 엘리야가 광야로 갔던 것처럼, 악한 교우들을 멀리하고 그들과 떨어져야 하는가? 아니면 그들에게 손을 뻗어 다시 공동체로 돌아오도록 해야 하는가? 노아는 사람들과 멀어졌고, 아브라함은 손을 내밀었다. 우리는 누구를 닮아가야 하는가?

게마라에 기록된 몇 가지 일화들이 우리가 가야 할 적절한 길이 무엇인지를 제시해주고 있다. 랍비 제이라[R' Zeira]가 악한 폭력배들에게 친교의 손길을 내밀자, 주위의 현자들은 이에 대하여 불만을 나타냈다. 그러나 랍비 제이라는 자신이 옳았다는 것을 증명하였는데, 그가 죽자 그와 함께 하였던 폭력배들은 자신들을 대신하여 기도해 준 사람이 랍비 제이라 외에는 없었음을 깨닫고 마음을 돌이켜 회개했던 것이다(산헤드린[Sanhedrin] 37a).

랍비 메이어가 어느 날 자신을 개인적으로 괴롭힌 악한 이웃들을 죽게 해달라고 기도했다. 그러자 그의 아내 베루리아는 그에게 '죄인이 사라지게 하여라'가 아닌 '죄가 사라지게 하여라'(시 104:35)라고 말씀에 기록되었음을 알려주었다. 또 "이 세상이 더 나아지도록 기도하십시오. 그리하면 더 이상 악한 사람들이 생기지 않을 것입니다"(베라호트[Berachos] 10a)고 충고했다.

또한 힐렐은 우리가 "사람들을 사랑하고 그들에게 토라를 가져다준 아론의 제자와 같이"(1:12) 되어야 한다고 말했다.

각자 저마다의 가치가 있다

언젠가 거룩한 땅에 가뭄과 기근이 들었을 때, 랍비 예후다 하나시[R' Yehudah Hanasi]는 현자들을 위해 자신의 창고를 열어 그들을 도와주고자 했다. 그의 제자였던 랍비 요나단 벤 암람[R' Yonasan ben Amram]은 그의 이런 방침에 동의하지 않았기 때문에, 집으로 돌아가 토라 학자가 아닌, 먹을 것을 구하는 일반 사람으로 변장하고 랍비 예후다 하나시에게 찾아갔다.

"기록된 토라를 배운 적이 있는가?"

"없습니다."

"그럼 기록되지 않은 토라를 배운 적은 있는가?"

"아니요, 없습니다."

그러자 랍비 예후다가 말하였다. "그럼 여기에는 왜 왔는가?"

이에 랍비 요나단이 답하였다. "선생님, 개나 까마귀처럼 저를 먹여주십시오."

이 말을 통해 랍비 요나단은 모든 것이 각자 자신의 역할을 하고 있으며, 그 역할이나 일이 드러나지 않을 때도 있음을 스승에게 알려준 것이었다. 더 나아가 그는 노아가 부정하고(부부 관계를 지키지 아니하므로) 죄 많은 동물이므로 제사로 드릴 수 없는 까마귀나 개도 함께 방주에 태웠다는 것을 스승에게 일깨워주었던 것이다.

"개나 까마귀처럼 저를 먹여주십시오"라는 그의 답에는 "제가 개와 까마귀보다 못합니까?"라는 언중유골이 숨어 있었던 것이다(바바 바스라 [Bava Basra] 8a).

미쉬나 4절　　　　　　　　　　משנה ד

עֲשָׂרָה נִסְיוֹנוֹת נִתְנַסָּה אַבְרָהָם אָבִינוּ
וְעָמַד בְּכֻלָּם,
לְהוֹדִיעַ כַּמָּה חִבָּתוֹ שֶׁל אַבְרָהָם אָבִינוּ:

우리의 조상 아브라함은 열 가지 시험을 받았고,
평화가 그 위에 있었다.
그리고 그 모든 시험들을 다 통과하였다.
우리의 조상 아브라함의 평화로운 하나님을 향한
아브라함의 사랑의 정도가 얼마나 큰지를 보여주고 있다.

미쉬나 4절

**우리의 조상 아브라함은 열 가지 시험을 받았고,
평화가 그 위에 있었다.
그리고 그 모든 시험들을 다 통과하였다.**

다음은 우리의 조상 아브라함이 겪었던 열 가지 시험이다(Gra's text of DeRabbi Nosson 33:2).

1) 갈대아 우르에서 아브라함은 하나님을 믿는 믿음을 포기하도록 요구받았으나 이를 거부했고, 결국 님로드 왕이 그를 불타는 용광로에 던졌다.

2) 하나님께서는 아브라함이 75세 때 그에게 집을 떠나 알지도 못하는 곳으로 떠나라고 명령하셨다.

3) 아브라함이 약속의 땅에 이른지 얼마 지나지 않아 가뭄이 들었기 때문에, 아브라함은 이집트로 떠날 수밖에 없었다.

4) 이집트에서 파라오가 아브라함의 아내를 취하였다.

5) 아브라함의 조카 롯이 아므라벨(니므롯 왕의 가명)을 비롯한 여러 왕

들에게 포로로 잡히자, 아브라함이 그를 구해내었다.

6) 아브라함과 하나님이 희생제물의 언약(창 15:9 – 역자 주)을 맺을 때에 하나님께서는 아브라함에게 그의 자손들이 이방 땅에서 노예가 되어 고통 받을 것임을 알려주셨다.

7) 아브라함이 99세 때에 하나님께서는 그에게 스스로 할례를 하라 명하셨다.

8) 아비멜렉이 아브라함에게서 사라를 데려갔다.

9) 하나님께서 아브라함에게 그의 첩 하갈과 그 아들 이스마엘을 떠나보내라고 말씀하셨다.

10) 하나님께서 아브라함에게 아들 이삭을 번제로 드리도록 명하셨다.

일부에서는 다른 견해를 제시하기도 한다. 예를 들면 람밤[Rambam]은 갈대아 우르에서의 시험을 포함하지 않는데, 이는 이 내용이 성경에 기록되지 않았기 때문이다. 마찬가지로 그는 희생제물의 언약을 맺을 때에 주신 시험도 포함하지 않고 있다. 대신 람밤은 다음의 두 가지를 추가하고 있다.

1) 사라를 통해 아들을 낳기를 포기한 아브라함이 하갈을 첩으로 맞이하였다.

2) 아브라함이 하갈과 이스마엘을 떠나보냈다. 이는 이중 시험으로, 15년을 함께 살았던 그의 아들과 그의 아내를 내보내야 했기 때문이다.

라베이누 요나가 제시한 아브라함의 열 가지 시험에서 나타나는 가장 큰 특징은 그가 이삭의 번제를 아브라함의 시험의 절정으로 이해하여 이를 시험의 목록에 넣지 않은 것이다. 대신 그는 사라의 장례를 시험으로 포함하고 있다. 하나님께서 아브라함에게 땅을 주시기로 약속하셨으므로, 아브라함이 제 값을 주고 매장지를 사야 했기 때문이다.

아브라함의 업적

현자들은 "아브라함이 다른 누구보다 더 보상을 받을 만한 사람임을 천사들이 받아들이도록 하고자"(아보트 데랍비 노쏜[Avos DeRabbi Nosson] ibid.) 그에게 열 가지 시험이 주어졌다고 설명하고 있다.

더 나아가 열 가지 시험이 하나님께서 창조하실 때에 하신 열 마디의 말씀과 대조된다는 사실(라쉬[Rashi])은 우리에게 온 우주가 아브라함의 기업(특별히 그의 선한 성품으로 인한 기업)으로 유지된다는 것을 가르치고 있다.

아브라함이 직접 실천함으로 얻은 이 기업은 수 세대를 걸쳐 이스라엘 백성들 속에 남아 있었다.

예를 들면, 광야에서 이스라엘 백성들이 하나님을 열 번이나 시험하였을 때에(민 14:22, 아보트 5:4), 아브라함의 업적으로 인해 그들이 속죄를 받을 수 있었다. 시내 산에서 이스라엘 백성들은 그들을 금송아지의 죄에서 보호한 아브라함의 기업으로 인해 십계명을 받을 수 있었다.

아브라함의 열 가지 시험은 우리에게 의인의 고난이라는 문제를 이해하는 데에도 도움을 주고 있다. 그 누구도 아브라함보다 더 의로울 수는 없었으나, 정작 아브라함은 개인적인 고난과 함께 믿음의 시험을 받아야 했다. 그러나 그의 강한 믿음은 그 수많은 장애물 앞에서도 오히려 그의 위상을 드높여 주었으며, 그가 자손들이 받을 기업의 원천으로 남게 했다. 그러므로 우리는 의인의 고난을 능히 이해할 수는 없으나, 그 고난이 우리의 이해를 넘어 선한 영향을 남길 수 있다는 것을 받아들일 수 있는 것이다.

그러므로 아브라함이 이삭을 번제로 드리려 할 때에 썼던 칼은 '마아

첼레스'(창 22:6)라고 불리게 되었는데, 히브리어로 이는 '먹이다'는 뜻이다. (아브라함의 다른 행실과 마찬가지로)아브라함의 이런 헌신적 행동이 오늘날까지 우리를 '먹이기' 때문이다. 마찬가지로 로쉬 하샤나[Rosh Hashana], 즉 심판의 날에, 우리가 뿔나팔을 불어 하나님께 이삭의 제사를 기억해달라고 간구하는 것도 이 같은 이유 때문이다.

역사를 넘나드는 메아리

아브라함의 행실은 역사를 넘나드는 메아리가 되어 지금까지도 울려 퍼지고 있다. 특별히 출애굽 이후 광야에서, 거룩한 땅에서 포로기까지, 그리고 메시아 시대에까지(베레이쉬트 라바[Bereishis Rabbah] 48:10) 그의 행실이 울려 퍼지고 있다.

아브라함은 세 천사를 집에 맞이하기까지 했다. 먼저 그는 천사들에게 "제게 물을 좀 가져오라고 하십시오"라고 하였는데, 이로 인해 이스라엘 백성들은 광야에서도 하나님과 동행할 수 있었다. 이스라엘 땅에서 이스라엘 백성들은 물이 부족함 없이 풍요로운 땅을 축복으로 받았다. 또 메시아의 시대에는 "그 날에 생수가 예루살렘에서 솟아나서 절반은 동해로, 절반은 서해로 흐를 것이라 여름에도 겨울에도 그러하리라"(슥 14:8).

또 아브라함은 손님으로 온 천사들에게 "손님들께서 잡수실 빵을, 제가 조금 가져 오겠습니다"라고 하였다. 이로 인해 하나님께서는 광야에서 이스라엘 백성들에게 먹을 빵, 즉 만나를 내리셨다. 거룩한 땅은 "밀과 보리의 소산지"(신 8:8)라고 불리었으며, 메시아의 시대에는 "산꼭대기의 땅에도 곡식이 풍성하고"(시 72:16)라고 할 것이다.

그 다음 아브라함은 집짐승 떼가 있는 데로 달려가서, 기름진 좋은 송아지 한 마리를 끌어다가, 하인에게 주니, 하인이 재빨리 그것을 잡아서

요리하였다. 이로 인해 광야에서는 "바람이 여호와에게서 나와 바다에서부터 메추라기를 몰아 진영 곁 이쪽 저쪽 곧 진영 사방으로 각기 하룻길 되는 지면 위 두 규빗 쯤에 내리게 한지라"(민 11:31). 거룩한 땅에서는 "르우벤 자손과 갓 자손은 심히 많은 가축 떼를 가졌더라"(민 32:1). 또 메시아의 시대에는 "그 날에는 사람이 한 어린 암소와 두 양을 기르리니"(사 7:21)와 같을 것이다.

우리의 조상 아브라함

이전 구절에서는 단순히 아브라함을 언급하는 정도였다면, 이 구절에서는 아브라함을 '우리의 조상 아브라함'(아브라함 아비누)이라고 표현하고 있다.

미드라쉬 슈무엘은 아브라함의 열 가지 시험을 기억할 때 우리는 그를 우리의 조상으로 인식하게 된다고 했는데, 이는 그의 영성이 남긴 유산이 아직까지도 우리를 지켜주고 있기 때문이라고 했다. 하지만 이전 구절의 열 세대에 대해서는 그의 기업이 아브라함의 자손뿐만 아니라 모든 사람들에게 유익이 되므로 이전 구절에서는 그를 '우리의 조상'이라고 부르지 않는다는 것이다.

아브라함은 지금도 우리가 아브라함의 전철을 따라 밟을 수 있는 힘을 우리에게 주고 있다. 예를 들면 아브라함은 하나님으로부터 스스로 할례를 받도록 명령을 받았으므로, 우리 유대인들, 심지어 토라의 길에서 멀리 떨어져버린 유대인들조차도 자녀에게 할례를 받게 하여 하나님과의 위대한 언약으로 자녀를 인도하는 것이다. 비록 그 계명을 지킴으로 고통과 비용이 들어간다 하더라도 말이다. 또 아브라함은 우리의 조상으로써 직접 자신이 고난을 겪음으로 유대인들에게 큰 고난과 어려움을 견딜 만한 능력을 주고 있다. 아브라함이 갈대아 우르에서 불못에 던져졌듯,

수백만 명의 유대인들도 순교를 했다. 아브라함이 받았던 고난인 떠돌아다님, 기근과 정복 등의 시험은 유대 민족의 역사에서 계속 반복되어왔다.

갈대아 우르에서의 시험

현자들의 가르침에 따르면 갈대아 우르에서 아브라함은 불타는 용광로에 던져지고도 기적적으로 살아 남았다고 한다. 이 사건은 성경에서 간접적으로 나타나고 있다. 희생제물을 쪼개어 그 사이에서 언약을 맺었던 희생제물의 언약 당시, 하나님은 아브라함에게 "나는 이 땅을 네게 주어 소유를 삼게 하려고 너를 갈대아인의 우르에서 이끌어 낸 여호와니라"(창 15:7)라고 말씀하셨는데, 성경의 다른 곳에서는 "주는 하나님 여호와시라 옛적에 아브람을 택하시고 갈대아 우르에서 인도하여 내시고"(느 9:7)라고 기록하고 있다. 이 구절들은 갈대아 우르에서 아브라함이 겪은 사건에 하나님께서 직접적으로 개입하셨음을 나타낸다.

또 현자들은 아브라함이 직접 한 말에서 이 기적의 흔적을 발견하기도 한다. "나는 티끌이나 재와 같사오나…"(창 18:27) 하나님께서 도우시지 않으셨더라면 아브라함은 님로드 왕의 손에 재가 되고 말았을 것이다(베레이쉬트 라바[Bereishis Rabbah] 49:11).

그렇다면 이 시험은 왜 토라에 기록되지 않은 것인가? 한 번 지나가고 마는 시험은 끈기를 요구하는 시험보다는 덜 중요하기 때문이라는 것이 하나의 대답이 될 수 있다. "여호와의 산에 오를 자가 누구며 그의 거룩한 곳에 설 자가 누구인가"(시 24:3) 하나님의 산에 오르는 것은 결코 쉬운 일이 아니다. 그러나 "누가 그 거룩한 곳에 설 수 있느냐?"(ibid.) 즉, 계속해서 하나님을 섬기며 꿋꿋하게 서 있는 것은 산에 오르는 것보다 훨씬 더 어려운 일이다.

우리의 조상 아브라함은 믿음과 헌신의 상징이다. 그는 순전히 하나님께 자신의 모든 것을 다 드릴 준비가 되어 있는 사람이었다. 그에게 있어 갈대아 우르에서의 시험은 몇 분 정도, 잠깐 지나가고 말 뿐이었으므로 특별히 힘든 것이 아니었던 것이다. 반면 토라에 기록된 첫 번째 시험인 '친척 자기 집을 떠나 모르는 땅'으로 가는 것은 매 시간마다, 매일 반복되는 시련이었다.

75세 때에 아브라함은 자신도 모르는 곳으로 들어갔다. 그리고 정확히 100년 후 그 땅에서 죽을 때까지 떠돌아다니기를 멈추지 않았다. 바알 하투림[Baal HaTurim]이 말한 대로 '나아가다'라는 뜻의 히브리어 단어 '레흐 레하'의 단어의 수를 모두 합치면 100이다. 이백 년 동안, "이는 아브라함이 내 말을 순종하고 내 명령과 내 계명과 내 율례와 내 법도를 지켰음이라"(창 26:5). 이것은 단 한 번의 행동이 아닌 일생의 노력이며, 끊임없이 하나님의 뜻을 발견하고 이에 믿음을 가짐으로써 가능한 일이었던 것이다.

모든 사람에게는 하나님을 위하여 자신의 모든 것, 심지어 자기의 생명까지도 다 내어줄 수 있는 순간이 찾아온다. 유대의 역사에는 순교를 기꺼이 받아들이고 '(하나님의)이름을 높이고자 불과 물을 지나간'(기도의 책) 수천 명의 사람들이 이룬 업적이 수놓아져 있다. 비록 이들의 순교가 크게 높임을 받아야 마땅하나, 이러한 자기희생에 요구되는 것은 비교적 짧은 순간의 뜨거운 열정이다.

반면 감정의 격류가 지나고 나서도 이처럼 숭고한 감정을 유지하는 것은 매우 어려운 일이다. 매일 기도와 슈마를 암송하고 식사 전 손을 씻거나 식사 후 은혜의 기도문을 외는 것, 안식일을 지키고 테필린(손과 미간에 붙이는 말씀 – 역자 주)을 매일 착용하는 등 매일 계명을 실천하며 이 열정과 뜨거운 마음을 유지하는 것은 하나의 훈련이요, 기술이다. 크나큰 노력만이 그 높은 영적 수준을 계속 유지할 수 있는 유일한 방법인 것이다.

이토록 가혹한 시험을 겪어야 했던 위대한 사람이 또 있으니, 바로 욥이다. 욥 역시도 순전한 믿음으로 그 큰 시험들 속에서 살아남았다. 그러나 세파트 에메트[Sefas Emes]의 말대로 욥과 아브라함에게는 큰 차이가 있었다. 욥은 무너지고 또 분노했다는 것이다. 욥은 자기가 태어난 날을 후회하였으며 차라리 태어나지 말았으면 좋았으리라고까지 말했다. 그는 시험에서 살아 남았으나, 그 시험은 그에게 깊은 부정적 영향을 남기고 말았다.

아브라함은 달랐다. 그 어떤 시험도 그의 고요함을 훼방치 못하였으며, 하나님을 섬길 수 있다는 사실만으로 느끼는 그의 순전한 기쁨을 해하지 못했다. 이 같은 면들이 바로 그의 위대함을 나타내는 전형이다.

우리의 조상 아브라함의 평화로운 하나님을 향한 아브라함의 사랑의 정도가 얼마나 큰지를 보여주고 있다.

하나님께서는 왜 사람을 시험하셔야 하는가? 하나님께서는 이미 사람을 속속들이 알고 계시지 않는가? "사람은 외모를 보거니와 나 여호와는 중심을 보느니라"(삼상 16:7)고 주님께서 직접 말씀하신 것처럼 말이다. 여기서 이 구절은 '우리의 조상 아브라함이 얼마나 사랑을 받았는지를' 가르치시기 위한 것이 하나님께서 사람을 시험하시는 목적이라고 말하고 있다. 물론 하나님께서는 아브라함이 얼마나 의로운 사람인지 잘 알고 계셨으나, 온 세상이 이를 알기를 원하셨던 것이다. 더 나아가 (다른 족장들과 마찬가지로)아브라함의 행적은 하나님께서 열방 중에서 유대 민족을 택하신 이유가 무엇인지를 잘 설명해준다 (창세기의 첫 장에 대한 Rashi의 해석을 참고하라).

'시험'이라고 번역된 '니사욘'이라는 히브리어 단어에는 두 가지 의미가 있다. 바로 시험("그것으로 나를 시험하여", 말 3:10)과 '일으키다'(혹은 '올리다', "모든 열방 중에서 너를 일으켜...", 출 20:17 – 유대교 성경 기준)이다.

이 두 가지 의미는 서로 관계가 있다. 의인은 시험을 통과하면 곧 이 세상 나머지 모두보다 그가 더 뛰어나다는 것을 스스로 증명하는 것이기 때문이다.

랍비 삼손 라파엘 히쉬치[R' Samson Raphael Hirsch]는 더 나아가 하나님께서 사람을 일으키시고 또 하나님을 섬기면 사람이 어느 수준에까지 이를 수 있는지를 보여주시기 위하여 의인을 시험하신다고 하였다. 토기장이가 자신의 걸작이 얼마나 뛰어난지를 보여주려 할 때에 가장 튼튼한 것을 조심스럽게 땅에 던져 토기가 얼마나 튼튼한지를 보여주고자 한다. 마찬가지로 하나님께서는 주님께서 아시는 가장 뛰어난 사람을 시험하시는 것이다.

미드라쉬 슈무엘은 그의 스승 랍비 이삭 드 레옹[R' Yitzchak de Leon]을 인용하며 하나님께서 의인에게 어느 정도까지의 영적인 수준에 이를 수 있는지를 가르쳐 주시고자 시험을 주신다고 하였다. 대부분의 사람들은, 남들보다 더 뛰어난 사람들조차도 보통은 자신이 얼마나 큰 잠재력을 가지고 있는지 깨닫지 못한다.

계속되는 발전

람밤에 따르면 아브라함의 첫 번째 시험이 (거룩한 땅으로)'나아가다'[레흐 레하]는 말에 압축되어 있다고 하였다. 이삭을 묶었던 그의 마지막 시험에도 이런 말이 나타나고 있다. "이제 네 아들을 데리고 모리아 땅으로 '나아가라'(레흐 레하)" 처음 '레흐 레하'부터 마지막 '레흐 레하'까지, 아브라함은 계속해서 앞으로 나아갔던 것이다.

"모세가 가서"(신 31:1)라는 구절에서도 이런 가르침을 배울 수 있다. 그러나 모세가 어디로 갔는지는 성경에 나타나지 않는다. 모세는 '나아간다'는 개념을 자기 인생의 중심으로 삼은 인물이었다. 목표를 가진 사람은 타성에 젖지 않는다. 그저 묵묵히 앞으로 계속 나아갈 뿐이다.

보통 의인은 '힘에서 힘으로'(베라호트[Berachos] 64a) 쉼 없이 올라가고 또 나아간다. 하시디즘 원전에서는 이 세상에서의 삶을 얼어붙은 강을 건너가는 것이라고 묘사한다. 얼어붙은 강에서 위로 뛰면, 무게 때문에 얼음이 깨져 아래로 빠져버리고 만다. 한 곳에서만 서 있어도 곧 얼음이 깨져버리고 말 것이다. 선택의 여지는 없다. 한 걸음씩, 천천히, 그러나 끊임없이 살얼음 위를 계속 걸어서 앞으로 나아가야만 한다.

거룩한 땅의 정탐을 마치고 광야로 돌아온 정탐꾼들은 그 땅을 "정탐한 땅은 그 거주민을 삼키는(יושבי) 땅"(민 13:32)이라고 말했다. 그 땅은 그 자리에 서 있는 사람, 즉 앞으로 나아가지 않고 발전하지 않는 사람들을 삼키는 땅이었던 것이다(세파트 에메트[Sefas Emes]).

우리의 조상 아브라함은 차례차례 시험을 이겨 나가며 영적인 수준도 함께 올라갔다. 시험이 점점 더 어려워질수록, 그의 영적 수준도 함께 높아져 갔다. 처음 그가 '나아갈 때'(레흐 레하)에, 그는 자신의 과거를 모두 갈대아 우르에 놓고 왔다. 마지막으로 '나아갈 때'(레흐 레하)에, 그는 자신의 미래를 포기하라는 도전을 받았다.

인생의 모든 순간마다 아브라함은 한 걸음씩 앞으로 나아갔다. 걷고, 떠났으며, 자신이 이룬 것으로 만족하지 아니하였고, 언제나 묵묵히 앞으로 전진할 뿐이었다. 그는 그런 사람이었다.

미쉬나 5절　　　　　　　　　　משנה ה

עֲשָׂרָה נִסִּים נַעֲשׂוּ לַאֲבוֹתֵינוּ בְמִצְרַיִם
וַעֲשָׂרָה עַל הַיָּם.
(עֶשֶׂר מַכּוֹת הֵבִיא הַקָּדוֹשׁ בָּרוּךְ הוּא
עַל הַמִּצְרִיִּים בְּמִצְרַיִם וְעֶשֶׂר עַל הַיָּם.)

열 가지 기적들이 우리 조상들을 위해서 이집트와 바다에서 일어났다.
이집트인들에게 내린 열 가지 재앙은
거룩하신 분, 축복받으실 그 분이 행하신 것이다.

미쉬나 5절

율법의 문자적 의미를 너머

이집트에서의 기적들과 홍해에서의 기적들은 아브라함의 행실과 서로 대응하고 있는데, 아브라함이 이삭의 번제를 위한 나무를 남에게 시키지 않고 자기가 직접 한 것과 하나님께서 이스라엘 백성들을 위해 직접 홍해를 가르신 것이 대응되는 것이 하나의 예라고 할 수 있을 것이다(베레이쉬트 라바[Bereishis Rabbah] 55).

인류의 첫 열 세대가 하나님의 율법을 무시하고 어겼기 때문에, 하나님께서도 자연의 법을 무시하시고 홍수를 일으키셨다. 이집트에서 하나님께서는 자연의 법칙을 초월하셨다. 아브라함이 율법 그 이상의 길을 걸었기 때문에, 하나님께서도 율법 그 이상의 기적을 그에게 보여주셨다. 이집트인들이 하나님과의 약속을 지키지 않았기 때문에, 하나님께서는 그들을 벌하시기 위해 자연의 법을 어기셨다.

> **열 가지 기적들이 우리 조상들을 위해서
> 이집트와 바다에서 일어났다.
> 이집트인들에게 내린 열 가지 재앙은 거룩하신 분,
> 축복받으실 그 분이 행하신 것이다.**

이 구절에서 똑같은 내용, 즉 "열 가지 기적들이 우리 조상들을 위해서 이집트와 바다에서 일어났다"라고 말한 직후 "이집트인들에게 내린 열 가지 재앙은 거룩하신 분, 축복받으실 그 분이 행하신 것이다"라고 기록하며 똑같은 내용을 두 번이나 반복하고 있는 이유는 무엇인가?

주석가들은 이에 대해 이스라엘 백성들에게 재앙의 영향이 미치지 않았던 것은 이집트에서의 열 가지 재앙과 별개의 기적이라고 설명하고 있다.

이 두 문장 사이의 차이점도 눈여겨볼 만하다. 이 구절의 첫 번째 문장은 "열 가지 기적들이 우리 조상들을 위해서 일어났다(נעשו)"고 수동태로 작성되었다. 반면 두 번째 문장은 이와 달리 "(하나님께서)열 가지 재앙을 불러오셨으며(הביא)"라고 능동태로 기록되어 있다. 이와 같은 문법의 차이는 어떤 의미가 있는 것인가?

주석가들의 설명에 의하면 하나님께서 유대인들에게 행하신 기적들은 이스라엘이 마땅히 받을 만한 것이 아니었으나 족장들의 기업으로 인해 말 그대로 (수동적으로)'받은 것'이기 때문에 수동태로 기록되었다. 반면 하나님께서 이집트에 내리신 재앙은 마땅히 그들이 받을 만한 것으로 정당하게 그들에게 재앙을 내리셨기 때문에 이 구절은 능동태로 기록되었다는 것이다.

선한 것이든 악한 것이든 자연의 법도를 변경하는 것이며 하나님의 방법을 나타내는 것이라면 우리는 이를 '기적', 즉 '네이트'(neis)라고 부른다. 또한 이 구절에서 언급하는 모든 재앙들은 하나님의 이름으로 그 규모가 확장된 것이기 때문에 이 재앙들 역시 '네이트', 즉 '기적'이라고 부를 수 있다.

람반은 하나님께서 이 재앙들로 이집트에게 세 가지 가르침을 주셨다고 기록하였다(출 13:16).

1) "이 땅에 주님이 계심을 너희가 알도록" – 이 세상은 하나님께 속하였다.

2) "나 주가 이 땅의 중심에 있음을 너희가 알도록" – 하나님께서는 이 세상에 적극적으로 개입하고 계신다.

3) "이 땅에 나와 같은 이가 없다는 것을 너희가 알도록" – 하나님께서 원하신다면 무엇이든 하실 수 있다.

뿐만 아니라 이스라엘 백성들 역시도 교훈을 얻었다. "네가 내가 애굽에서 행한 일들 곧 내가 그들 가운데에서 행한 표징을 네 아들과 네 자손의 귀에 전하기 위함이라 너희는 내가 여호와인 줄을 알리라"(출 10:2).

홍해에서의 열 가지 기적

람밤과 바르테누라의 랍비 오바디야는 성경의 구절들을 통해 홍해에서 어떤 열 가지 기적이 일어났는지를 기록하고 있다.

1) 물이 갈라졌다.
2) 바다가 장막이 되어 이스라엘 백성들이 들어갈 수 있게 되었다.
3) 해저가 완전히 말라 이스라엘 백성들이 딛을 수 있었다.

4) 그러나 이집트 군대가 지나갈 때에는 해저가 다시 습해져 발이 빠지게 되었고, 이집트 군대의 발이 빠지자 몰타르처럼 다시 굳어버렸다.

5) 바다 바닥에 엉겨있던 물이 유리와 같이 딱딱해져 벽돌처럼 되었으므로 이스라엘 백성들이 쉽게 걸어갈 수 있었다.

6) 이집트 군대가 돌처럼 딱딱해져버린 엉긴 물을 부수려 했다.

7) 바다가 열두 갈래로 갈라져 이스라엘 백성들이 각 지파대로 길을 따라갈 수 있었다.

8) 각 지파를 가로막은 물의 벽이 사파이어처럼 투명하여 불기둥의 빛을 통해 각 지파가 서로를 볼 수 있었다.

9) 바다에서 단물이 나와 이스라엘 백성들이 마실 수 있었다.

10) 백성들이 단물을 마시자 남은 물이 굳었다.

홍해에서의 열 가지 재앙

바르테누라의 랍비 오바디야는 이집트인들이 홍해에서 부른 찬양인 '아즈 야쉬르'[Az Yashir]의 구절들을 기초로 홍해에서 이집트 군대에게 닥친 열 가지 재앙을 기록하고 있다.

1) "(하나님께서)말과 기병을 바다에 넣으셨다."
2) "파라오의 병거와 그 군대를 바다에 던지셨다."
3) "(파라오의)빼어난 장교들이 홍해에 잠겼다."
4) "깊은 물이 그들을 덮쳤다."
5) "그들이 깊은 바다로 잠겼다."
6) "주님의 오른손이 그들을 쳐부수었다."
7) "(주님께서) 주님을 대적하는 사람들을 내던지셨다."
8) "(주님께서 분노를 일으키셔서) 그들을 검불처럼 살라버리셨다."

9) "바다가 그들을 덮었다."
10) "그들이 납덩이처럼 잠겨버렸다."

그러나 이 찬양에서는 '땅이 대적을 삼켜버렸습니다'라는 홍해 사건에 대한 열한 번째 기록도 발견된다. 그러나 랍비 오바디야는 이 구절이 이집트인들이 매장되었음을 뜻한다고 해석하였다. 이집트 군대의 유해가 기슭으로 떠내려왔기 때문에 이스라엘 백성들이 이 위대한 기적이 일어났음을 직접 두 눈으로 볼 수 있게 되었다는 것이다. 그러나 이후 그 유해들은 땅에 매장되었다.

이처럼 이집트 군대의 유해가 땅에 묻히도록 허락되었던 이유, 즉 그들이 이런 보상을 받을 수 있었던 이유에는 두 가지가 있다. 첫째, 이집트라는 국가의 대표가 요셉과 함께 하며 야곱을 이스라엘 땅에 장사지냈기 때문이다. 둘째, 재앙이 닥치는 동안 '주님만이 유일하신 분'이라는 것을 그들이 인정했기 때문이다.

미쉬나 6절   משנה ו

עֲשָׂרָה נִסְיוֹנוֹת נִסּוּ אֲבוֹתֵינוּ
אֶת הַקָּדוֹשׁ בָּרוּךְ הוּא בַמִּדְבָּר,
שֶׁנֶּאֱמַר (במדבר יד), וַיְנַסּוּ אֹתִי זֶה עֶשֶׂר פְּעָמִים
וְלֹא שָׁמְעוּ בְּקוֹלִי:

우리 조상들은 거룩하신 분, 복 받으실 그 분을

광야에서 열 가지 시험으로 시험하였다.

성경이 말하고 있는 바와 같이

"열 번이나 나를 시험하고 내 목소리를 청종하지 아니한

그 사람들은"(민 14:22) 하나님을 시험하였다.

미쉬나 6절

> 우리 조상들은 거룩하신 분, 복 받으실 그 분을
> 광야에서 열 가지 시험으로 시험하였다.
> 성경이 말하고 있는 바와 같이 '열 번이나 나를 시험하고
> 내 목소리를 청종하지 아니한 그 사람들은'(민 14:22)
> 하나님을 시험하였다.

열 가지 시험을 통과하며 자신이 복을 받아 마땅한 사람임을 증명한 아브라함과 달리 우리의 조상들은 하나님께서 "열 번이나 나를 시험하고 내 목소리를 청종하지 아니하였다"(민 14:22)라고 말씀하시기까지 열 번이나 하나님에게 대적했다.

그 중 이스라엘 백성들의 만행이 절정에 이르는 사건인 정탐꾼들의 죄는 티샤 버아브([Tishah B'Av], 티샤는 9를 버아브는 AV월을 말한다. AV월은 종교력 5월이며 민간력 11월을 말한다. 이날은 BC 586년 첫번째 성전이 무너진 날이며 또한 AD70년에 두번째 성전이 무너진 날이기 때문에 유대인들은 이날 금식한다-역자주) 저녁에 일어났다. 현자들은 이스라엘 백성들이 하나님에게 도전한 열 가지 시험을 '홍해에서의 두 시험', '물의 두 시험', '만나의

두 시험', '메추라기의 두 시험', '금송아지의 시험', '바란 광야에서의 시험'으로 나누고 있다.

홍해에서의 두 시험

1) 이집트 군대에게 쫓기던 이스라엘 백성들은 눈앞을 가로막은 홍해를 보자 모세에게 불평했다.

"애굽에 매장지가 없어서 당신이 우리를 이끌어 내어 이 광야에서 죽게 하느냐 어찌하여 당신이 우리를 애굽에서 이끌어 내어 우리에게 이같이 하느냐"(출 14:11).

그 당시 이스라엘 백성들의 의견은 네 개로 나누어져 있었다. 한 편은 이집트 군대와 맞서 싸우자는 것이었고, 또 한 편은 바다에 몸을 던져버리자는 것이었다. 어떤 이들은 다시 이집트로 돌아가자고 하였으며, 또 다른 한 편에서는 그저 하나님께 울며 기도할 뿐이었다.

맞서 싸우자는 사람들에게 모세는 이렇게 말하였다. "주님께서 당신들을 구하여 주시려고 싸우실 것입니다."

바다에 몸을 던지자는 사람들에게는 이렇게 말하였다. "두려워하지 마십시오. 당신들은 가만히 서서, 주님께서 오늘 당신들을 어떻게 구원하시는지 지켜보기만 하십시오."

이집트로 돌아가자는 사람들에게는 이렇게 말하였다. "당신들이 오늘 보는 이집트 사람을 다시는 볼 수 없을 것입니다."

또 울며 기도하는 사람들에게는 이렇게 말하였다. "주님께서 당신들을 구하여 주시려고 싸우실 것이니, 당신들은 진정하십시오"(메힐타[Mechilta], 얄쿠트 쉬모니[Yalkut Shimoni], 베샬라흐[Beshalach], 레메즈[remez] 233).

2) 유대인들이 홍해에서 걸어 올라갈 때에 그들의 믿음이 적었기 때문

에 열 가지 기적을 눈앞에서 보고도 두려워했으며(페샤힘[Pesachim] 118b), 자신들이 홍해에서 올라온 것처럼 이집트 군대도 함께 저편에서 올라올 것이라고 비관적으로 생각했다. 그러자 하나님께서는 바다의 천사에게 명령하셔서 이집트 군대의 유해를 마른 땅에 뱉도록 하셨다. "이스라엘 백성들이 이집트 군대의 유해를 기슭에서 보고" 나서야 그들은 "주님과 주님의 종 모세를 믿었다."

물의 두 시험

1) 이스라엘 백성들이 마라에 이르렀더니 그 곳 물이 써서 마시지 못하겠으므로, 모세와 이에 대해 논하는 대신 불경하게도 "모세에게 원망했다"(출 15:23-24)(메힐타[Mechilta]).

2) 이후 이스라엘 백성들은 "르비딤에 장막을 쳤으나 백성이 마실 물이 없는지라"(출 17:1). 이로 인해 모세가 "당신들은 어찌하여 나에게 대드십니까? 어찌하여 주님을 시험하십니까?"라고 그들을 책망하기까지 백성이 모세와 다투었다(출 17:2).

만나의 두 시험

1) 모세는 이스라엘 백성들에게 "아침까지 그것을 남겨두지 말라"는 하나님의 말씀을 전해주었으나, "그들이 모세에게 순종하지 아니하고 더러는 아침까지 두었더니 벌레가 생기고 냄새가 난지라"(출 16:19-20).

2) 또 모세는 백성들에게 안식일에는 만나가 내리지 않을 것이라고 했다. 그럼에도 "일곱째 날에 백성 중 어떤 사람들이 거두러 나갔다가 얻지 못하니라." 그러자 여호와께서 이르시되 "어느 때까지 너희가 계명과 내 율법을 지키지 아니하려느냐"라고 그들을 책망하셨다.

메추라기의 두 시험

1) 백성들이 이집트를 떠난 지 정확히 한 달 후, 그들은 만나에 질린 나머지 고기를 요구했다. "이스라엘 자손 온 회중이 그 광야에서 모세와 아론을 원망하여…(중략) '우리가 애굽 땅에서 고기 가마 곁에 앉아 있던 때와 떡을 배불리 먹던 때에 여호와의 손에 죽었더라면 좋았을 것을 너희가 이 광야로 우리를 인도해 내어 이 온 회중이 주려 죽게 하는도다'"(출 16:2-3). 백성들은 하나님께서 자신들을 죽게 하셨더라면 차라리 만족스럽게 죽을 수 있었을 것이라며 불평하였던 것이다(스포르노[Sforno]). "그뿐 아니라 하나님을 대적하여 말하기를 하나님이 광야에서 식탁을 베푸실 수 있으랴"(시 78:19)라며 하나님께서 광야에서 자신들의 필요를 충족시켜 주실 수 있으신 분이심을 믿지 못하였던 것이다.

2) 하나님께서 이스라엘 백성들을 빨리 거룩한 땅에 이르게 하시려고 삼일 길을 하루에 가게 하셨다. 그러자 이스라엘 백성들은 "여호와께서 들으시기에 백성이 악한 말로 원망하매…(중략) 그들 중에 섞여 사는 다른 인종들이 탐욕을 품으매 이스라엘 자손도 다시 울며 이르되 '누가 우리에게 고기를 먹게 하랴'"(민 11:1, 4)라고 원망했다. 이는 오로지 하나님을 시험하기 위한 것이었으므로, 모세는 하나님께 그 무엇으로도 이스라엘 백성들이 만족하지 못한다고 말했다. "주님께서 소를 주시면 그들은 양을 달라 할 것입니다. 주님께서 양을 주시면 그들은 소나 야생의 동물들이나 새나 물고기나 메뚜기를 달라 할 것입니다." 그러나 하나님의 답은 이러하였다. "나의 손이 짧아지기라도 하였느냐?" 즉 그들이 더 이상 배부르게 먹지 못한다고 불평할 여지 자체를 주지 않으시겠다는 것이었다.

금송아지의 시험

그 후 홍해에서 구원을 받고 "주님이 나의 하나님이시니, 내가 그를 찬송합니다"라고 자기 입으로 말한 지 3개월이 채 지나지 않은 날이었다. 타무즈월 17일, 이스라엘 백성들은 금송아지를 섬기며 "이스라엘아 이는 너희를 애굽 땅에서 인도하여 낸 너희 신이라"(출 32:8)라고 외쳤다.

바란 광야에서의 시험

이스라엘 백성들이 하나님께 도전한 열 번째 시험은 바로 정탐꾼들이 이스라엘 땅에서 악한 보고를 가져왔을 때에 일어났다. 이로 인해 백성들은 "우리가 애굽 땅에서 죽었거나 이 광야에서 죽었으면 좋았을 것을 어찌하여 여호와가 우리를 그 땅으로 인도하여 칼에 쓰러지게 하려 하는가"(민 14:2-3)라며 불평하였다.

감사

출애굽 당시의 기적과 홍해가 갈라지는 사건에 대해 이야기한 바로 직후 이 구절에서는 이스라엘 백성들이 하나님께 대적한 것을 가르치고 있는데, 이는 이집트의 열 가지 재앙과 홍해에서의 열 가지 기적을 본 세대라도 하나님을 계속해서 시험했다는 사실을 강조하기 위한 것이다.

이집트에서 이스라엘 백성들에게는 피로 변했던 물이 다시 마실 물이 되었으며, 개구리는 그들을 침범하지 못했고, 이가 그들을 방해하지 못하였으며, 야생동물들도 그 곳에 들어오지 아니하였고 역병이 이스라엘의 동물들을 치지 않았으며 우박도 이스라엘의 위에는 내리지 않았고, 메뚜기 떼가 그들의 작물을 먹지 않았으며, 이집트 전체에 어둠이 내린 동안에도 "그들이 거하는 곳에는 빛이 있었다." 또 마지막 재앙 때에는 이집트의 모든 장자가 죽었으나 이스라엘 백성들에게는 그 해가 미치지 않았다.

이 기적들이 얼마나 뚜렷하게 이집트에게만 나타났던지 "이스라엘 자손에게는 사람에게나 짐승에게나 개 한 마리도 그 혀를 움직이지 아니하리니"(출 11:7)라고까지 했다. 아주 작은 자연의 미물조차도 그 때 이스라엘에는 해를 끼치지 않았다.

이후 이스라엘 백성들은 홍해에서 열 가지 기적을 직접 목격했다. "바위 틈 낭떠러지 은밀한 곳에 있는 나의 비둘기"(아 2:14)를 독수리가 낚아채려 달려들 듯이 이스라엘 백성들을 향해 이집트의 군대가 그들을 추격하고 있었고, 여기서 벗어날 길은 전혀 없었다(쉐모트 라바[Shemos Rabbah] 21:5). 이 때 모세는 백성들에게 이렇게 말했다. "주님께서 당신들을 구하여 주시려고 싸우실 것이니, 당신들은 진정하십시오." 그리고 눈 깜짝할 새에 하나님의 구원의 역사가 일어났다.

바야흐로 기적을 두 눈으로 직접 본 세대였다. 그들은 하나님의 함께 하심을 생생히 느꼈고, "여호와는 나의 힘이요 노래시며 나의 구원이시로다 그는 나의 하나님이시니 내가 그를 찬송할 것이요"(출 15:2)라고 찬양하며 주님을 깊이 아는 데에까지 이른 세대였다. 현자들은 가르치기를 '그는 나의 하나님이시니'라는 말은 곧 그들이 손가락으로 함께 하시는 주님을 가리켰다는 것을 뜻한다고 하였다. 하녀도 에스겔과 선지자들이 본 것들보다 더 많은 것들을 홍해에서 보았던 것이다(메힐타[Mechilta]).

바로 우리 조상들의 죄와 조상들이 본 기적들이 여기에 기록된 이유이다. 즉 그들이 어떻게 이렇게까지 하나님의 선하심을 거부할 수 있냐는 의문을 불러일으키기 위한 것이라고 할 수 있다. 무엇 때문에 그들은 이렇게까지 주님께서 하신 일들을 다 잊을 수 있었는가? 이스라엘 백성들이 몸소 경험했던 기적들로도 부족했던 것인가?

이스라엘 백성들의 이런 죄의 뿌리에는 감사할 줄 모르는 자세가 있었다. 감사할 줄 모르는 사람은 피동적인 나르시시즘에 빠진 채 모든 것을 그저 당연히 받아들인다. 자기에게 내려진 축복이 얼마나 큰지 이해할 수 없으므로 받은 것에 대해 그 어떤 감사의 표현도 할 줄 모르기 때문에 이런 사람은 하나님의 계명을 실천하더라도 자의적으로 하는 것은 아니다.

반면 영적 위상의 원천은 바로 감사이다. 사람과 사람 사이의 계명, 하나님과 사람 사이의 계명을 실천하고자 하는 마음은 바로 하나님께서 주신 은혜에 감사하는 마음으로부터 나오는 것이다. 자신이 좋은 것들을 얼마나 많이 받았는지 깨닫는다면 상대방에게 크게 보답하면서도 그 어떤 어려움도 느끼지 못할 것이다. 토라를 배우고 기도하며, 식사 후 은혜의 기도를 읊으며 안식일을 지키는 등의 그 모든 계명들을 위하여 시간과 생각과 감정을 투자하는 데에 그 어떤 어려움도 겪지 못할 것이다.

감사는 이토록 많은 계명들의 핵심이요, 정수이다. 특별히 "이집트에서 너희를 구원하신" 하나님을 말하는 계명들이 그러하다.

모세는 세상을 떠나기 전 남긴 유언의 말미에서 이스라엘 백성들에게 이러한 점을 강조하였다. "너희는 어찌하여 주님께 이처럼 갚느냐? 그는 너희를 지으신 아버지가 아니시냐? 너희를 만드시고 일으키신 분이 아니시냐? 아득한 옛날을 회상하여 보아라. 조상 대대로 내려온 세대를 생각하여 보아라. 너희의 아버지에게 물어 보아라. 그가 일러줄 것이다. 어른들에게 물어 보아라. 그들이 너희에게 말해 줄 것이다…(중략) (하나님께서)광야에서 (이스라엘 민족을) 만나, 감싸 주고, 보호하고, 당신의 눈동자처럼 지켜 주셨다. 마치 독수리가 새끼들 위에서 퍼덕이며, 날개를 펴서 새끼들 위를 나르듯이 주님께서만 홀로 그 백성을 인도하셨다." 하나님께서는 이스라엘 민족에게 "밭에서 나온 열매를 먹게 하시며, 바위에서 흘러내리는 꿀을 먹게 하시며, 단단한 바위에서 흘러내리는 기름을 먹게 하셨다."

그러나 결국 "여수룬은 뚱뚱해지고 반역자가 되었다. 너는 뚱뚱해지고, 둔해졌으며, 비대해졌다." 유대 민족은 "창조주 하나님을 버리고 구원의 돌을 비방하였다."

이사야는 모세가 남긴 말의 뒤를 잇는다. "하늘이여 들으라 땅이여 귀를 기울이라 여호와께서 말씀하시기를 내가 자식을 양육하였거늘 그들이 나를 거역하였도다 소는 그 임자를 알고 나귀는 그 주인의 구유를 알건마는 이스라엘은 알지 못하고 나의 백성은 깨닫지 못하는도다"(사 1:2-3).

이 구절이 이사야의 첫 번째 예언인지는 불분명하나, 이 구절이 이사야서에서 나오는 첫 번째 예언임은 분명하다. 즉 하나님께서 주신 모든 좋은 것들을 감사해야 할 의무를 우리에게 알려주는 이 구절이 모든 선지서의 주제를 여는 개관인 것이다.

משנה ז　　　　　　　　미쉬나 7절

עֲשָׂרָה נִסִּים נַעֲשׂוּ לַאֲבוֹתֵינוּ בְּבֵית הַמִּקְדָּשׁ.
לֹא הִפִּילָה אִשָּׁה מֵרֵיחַ בְּשַׂר הַקֹּדֶשׁ,
וְלֹא הִסְרִיחַ בְּשַׂר הַקֹּדֶשׁ מֵעוֹלָם,
וְלֹא נִרְאָה זְבוּב בְּבֵית הַמִּטְבְּחַיִם,
וְלֹא אֵרַע קֶרִי לְכֹהֵן גָּדוֹל בְּיוֹם הַכִּפּוּרִים,
וְלֹא כִבּוּ גְשָׁמִים אֵשׁ שֶׁל עֲצֵי הַמַּעֲרָכָה,
וְלֹא נִצְּחָה הָרוּחַ אֶת עַמּוּד הֶעָשָׁן,
וְלֹא נִמְצָא פְסוּל בָּעֹמֶר וּבִשְׁתֵּי הַלֶּחֶם וּבְלֶחֶם הַפָּנִים,
עוֹמְדִים צְפוּפִים וּמִשְׁתַּחֲוִים רְוָחִים,
וְלֹא הִזִּיק נָחָשׁ וְעַקְרָב בִּירוּשָׁלַיִם מֵעוֹלָם,
וְלֹא אָמַר אָדָם לַחֲבֵרוֹ צַר לִי הַמָּקוֹם שֶׁאָלִין בִּירוּשָׁלָיִם:

열 가지 기적들이 성전에서 우리 조상들을 위해서 일어났다.
희생제물의 향기 때문에 어떤 여자도 유산하지 않았다.
희생제물이 결코 부패하지 않았다.
희생제물이 도살되는 장소에 파리가 보인 적이 없다.
대 속죄일에는 대제사장에게 정액 분출이 발생하지 않았다.
비가 제단 장작더미의 불을 끈 적이 없다.
바람이 제단의 직각으로 올라가는 연기 기둥을 흩뜨린 적이 없다.
어떤 결점도 오멜에서, 또는 떡 두 덩어리에서, 또는 진설병에서
발견된 적이 없다.
서 있는 채로 사람들이 함께 몰려들었지만,
그들이 모두 엎드릴 수 있었다.
독사나 전갈이 예루살렘에 있는
어느 누구에게도 결코 상처를 내지 못했다.
어떤 사람도 그의 동료에게 '예루살렘에서 밤새 머물기에는
나에게 장소가 충분하지 않다'고 말하지 않았다.

미쉬나 7절

열 가지 기적들이 성전에서 우리 조상들을 위해서 일어났다

이 구절에서는 성전에서 일어난 기적들에 대해 말하고 있기는 하나, 마지막 두 기적은 예루살렘 도시, 즉 성전 밖에서도 일어난 일이다. 다수의 주석가들은 이 두 기적들이 연중 세 번의 절기에 순례를 온 순례자들에게 일어난 기적들이므로 이들도 성전의 기적으로 여겨진다고 설명하고 있다.

또 다른 해석은 보통 '성전'으로 번역되는 히브리어 '미크다쉬'가 때로는 예루살렘 성벽 내 구역 전체를 이르기도 하며, 이는 예루살렘이 다른 모든 땅보다 더욱 거룩하기 때문이라는 점을 지적하고 있다.

일곱 번째 기적(오멜과 두 덩어리의 빵, 진설병이 상하지 않았다)을 각각 세 개의 독립된 기적으로 이해하는 다른 해석도 있다. 이 해석을 따르면 이 구절은 성전에서 일어난 열 개의 기적에 이스라엘 전반에서 일어난 두 개의 기적을 말하고 있는 것이 된다.

어떤 이들은 이 기적들이 오직 첫 번째 성전기에만 일어난 것이라고 주장한다(토사포트 예샤님[Tosafos Yeshanim], 요마[Yoma] ibid.). 그러나 라베이누 이삭 벤 랍비 슐로모는 이 기적들이 두 번째 성전기에도 일어났다고 주장하고 있다. 또 다른 학자들은 이 기적들이 실로와 광야에 성막이 설치되기 전에도 일어난 기적들이라고 해석하기도 한다.

기적이 일어난 이유

하나님께서 이런 기적을 일으키신 이유는 무엇인가? 또 왜 이 기적들은 도덕적, 윤리적 개선을 다루는 책인 피르케이 아보트의 이 자리에 위치하고 있는가? 더 나아가 이 기적들 중 거의 대부분이 성전 예배를 위한 기적이었지, 우리 조상들에게 직접적으로 도움이 되는 기적은 아니었다.

위 두 의문의 답은 이 구절에서 찾을 수 있다. "열 가지 기적들이 성전에서 우리 조상들을 위해서 일어났다"라는 이 말은 성전에서 예배를 드린 일반 대중들도 이 기적들의 수혜를 받았다는 것을 암시한다.

티페레트 이스라엘 등의 주석가들은 이 사람들, 특히 절기에 참여하기 위해 먼 거리를 떠나 찾아온 순례자들이 성전의 예배가 방해를 받는 것을 보고 크게 고통을 받았을 것이라고 하였다. 그러므로 이 기적들이 우리의 조상들을 위해 일어났던 것이다.

또 다른 주석에 의하면, 위에 언급한 대로 '기적'이라는 뜻의 히브리어 '네이트'를 통해 하나님께서 개입하심으로 사람들이 더 높은 수준에 이르렀다는 것이 암시되고 있다. 각각의 기적들에는 사람들이 능히 배울 수 있는 도덕적인 가르침이 담겨 있기 때문에, 이 기적들과 이를 통해 사람들이 수혜를 받았다는 사실이 피르케이 아보트에 기록된 것이다. 이제 아래에서 우리가 배울 수 있는 교훈들이 무엇인지를 알아보고자 한다.

희생제물의 향기 때문에 어떤 여자도 유산하지 않았다

현자들은 산모가 음식의 냄새를 맡고 그 음식을 원하면, 이를 먹지 않는 한 산모와 아이 모두의 건강이 상한다고 하였다. 제단에서 드려지는 고기의 냄새는 멀리서도 맡을 수 있었기 때문에, 예루살렘에 모인 회중들 사이에서 산모가 그 냄새를 맡고 위험해질 가능성이 컸다. 그러나 기적적으로 그 어떤 산모도 제사로 드린 고기를 먹고 싶어 하지 않았다(이 해석과 달리 라쉬는 산모들이 음식을 먹고 싶어 하였으나, 아프지는 않았다고 해석한다).

그러나 산모가 제사로 드려진 고기에 유혹을 받아 이를 먹고 싶어 할 경우에는 제사로 드려진 고기를 먹으면 안 된다는 금지 규정에서 예외가 되었다. 그렇다면 이 기적의 목적은 무엇이었는가? 바로 하나님의 율법이 부정적인 결과로 이어지지 않는다는 것을 가르치기 위함이다. 이런 맥락에서 현자들은 "계명을 실천하는 사자들은 해를 받지 않는다"라고 말했다(페사힘[Pesachim] 8b).

산모와 아이의 건강을 해치지 않도록 하기 위해 제사로 드려진 음식에 혹한 산모에게 강제로 고기를 먹인다면, 분명 이 고기를 먹은 산모도 깊은 슬픔에 빠지고 말 것이었다. 더 나아가 제사로 드려진 고기의 향기도 이러한 악영향을 끼칠 수 있으므로 산모가 예루살렘에 오는 것을 꺼려할 것이 분명했다. 그러므로 이 기적은 하나님의 세심한 배려심을 보여주는 것이며, 이같은 배려심은 비단 당시의 산모들에게만 아니라 우리에게도 보여주시고 계신다.

교육은 나기 전부터

현자들은 대속죄일에 음식의 냄새를 맡고 크게 유혹을 받은 두 산모의 이야기를 전하고 있다(요마[Yoma] 82b). 한 산모는 랍비 예후다 하나시에게 찾아갔는데, 그는 이 여인에게 오늘이 대속죄일이라는 말을 듣도록 했다. 이 말을 들은 여인은 곧 진정이 되어 음식을 더 이상 원하지 않았다. 이를 본 랍비 예후다 하나시는 말하기를 뱃속의 아이도 오늘이 대속죄일이라는 것을 듣고 진정되었다고 하였는데, 이 아이가 바로 이스라엘 땅의 위대한 아모라들 중 한 명인 랍비 요하난이다. 실제로 "비록 아이라도 자기의 동작으로 자기 품행이 청결한 여부와 정직한 여부를 나타내느니라"고 하였다(잠 20:11).

마찬가지로 다른 여인도 랍비 하니나의 말에 귀를 기울였는데, 랍비 하니나 역시도 그녀에게 오늘이 대속죄일이라는 것을 들어야 한다고 조언해주었다. 그러나 이 말을 듣고도 큰 소용이 없었으므로, 이 산모는 음식을 먹어야만 했다. 이 말을 들은 랍비 하니나는 이 아이는 어머니가 대속죄일에 음식을 먹게 하였으니, 악한 사람은 태중에서도 알아볼 수 있다고 하였다. 이 아이가 바로 곡식을 매점매석하여 큰 해를 끼친 악인 샤브사이[Shabsai]이다.

교육은 태어나기 전부터 시작된다. 어머니의 뱃속에 있을 때라도 아이가 선과 악 중 어느 편을 좋아하는지 볼 수 있다. 이러한 성품은 물론 바뀔 수 있으나, 분명 바꾸는 데에 엄청난 어려움이 수반된다. 그러므로 아이가 선한 성품을 가지고 자라길 바란다면 부모 스스로도 선한 성품을 배양하고 자신의 수준을 끌어올려 선한 성품을 가진 아이를 키울 만한 부모가 되어야 한다. 뿐만 아니라 부모 자신이 아이의 좋은 예가 되도록 노력하여야 한다.

희생제물이 결코 부패하지 않았다

덜 거룩한 제사(코다심 칼림, 코드셰 코다심이 가장 거룩한 제사고, 그보다 덜 거룩한 제사로 코다심 칼림이 있다 – 역자 주)로 드려진 제물은 이틀 하고도 반나절 안에 먹어야 했다. 이 기간에 누구도 그 제물을 먹지 않았다면 제물을 불살라야 했다. 이 기간에는 기적적으로 제물이 상하지 않았다.

미드라쉬 슈무엘은 '절대'라는 말을 통해 이 기적이 첫 번째 성전기와 두 번째 성전기뿐 아니라 광야에 성막이 설치되었던 때에도 일어난 기적이라고 주장했다. 장소의 거룩함이 아닌 제물의 거룩함에 적용된 기적이기 때문이다.

메이리[Meiri]는 이보다 더 큰 기적이 일어나기도 하였다고 기록했다. 고기가 상하지 아니하였을 뿐만 아니라 기름과 냄새가 아직 남아있는 보통 생고기도 상하지 아니하였으며, 하루 종일 고기를 만져도 제사장의 손이 더럽혀지지 않았다는 것이다.

이 기적을 통해 우리는 어떤 교훈을 얻을 수 있는가? 이스라엘 백성들이 하나님께 동물을 드리며 입으로 선포할 때에 제물은 거룩함을 입었다. 그러므로 (거룩한 영을 가진)이스라엘 백성들이 거룩하고 성결한 삶을 산다면 그 몸도 거룩함을 입는다는 것이다.

희생제물이 도살되는 장소에 파리가 보인 적이 없다

제사장들은 제단 근처에서 제물을 잡았는데, 제물로 드려진 동물들은 그 곳에서 도축되어 제사로 드려질 준비 과정을 거치게 되어 있었다(미도트[Midos] 3). 분명 이 곳에는 파리와 벌레가 들끓는 것이 당연했으나 파리나 벌레가 이 자리에 나타나지 않았는데, 이는 하나님께서 이 자리에 계시다는 표시였다. (마찬가지로 수넴 여인도 [현자들의 설명에 의하면]'그의 탁자에 파리를 전혀 찾을 수 없었으므로'[베라호트[Berachos] 10b] 엘리사가 거룩한 사람이란 것을 알았다[왕하 4:9]).

거룩하므로 파리가 올 수 없다

현자들은 악한 본성이 "파리와 같아서 마음의 두 입구에 앉는다"(베라호트[Berachos] 61a)고 말했다. 악한 본성은 파리와 같다. 혼자 떠나려 하지 않고 사람에게 계속해서 돌아오며 그 주위를 윙윙거리며 사람을 유혹한다. 사람이 손을 내저어 쫓아내면 파리는 그 근처를 돌다가 다른 전략과 다른 유혹을 들고 또 다시 찾아온다. 악한 본성은 "죄를 지어라! 원하는 것은 무엇이든 하라!"고 유혹하고, 사람은 이를 물리치며 "절대 그럴 수 없다. 금지된 것이다!"라고 외친다. 그럼에도 악한 본성은 절대 포기하는 법이 없다. 악한 본성은 살과 피로 이루어진 나약한 인간이 유혹을 끝까지 이겨낼 수 없음을 알고 감언이설을 멈추지 않는다.

성전에서 일어난 이 기적은 계속해서 떠오르는 악한 생각을 거룩함의 장벽 너머로 던져버림으로써 이겨낼 수 있다고 가르치고 있다.

또한 이 기적으로 인해 파리가 제사를 드리는 사람들을 괴롭히거나 제물을 상하게 하지 않았다는 점으로 보아 이 기적의 실용적인 가치 또한 있다고 할 수 있을 것이다.

대 속죄일에는 대제사장에게 정액 분출이 발생하지 않았다

대제사장(코헨 가돌)은 대속죄일 예배를 인도하는 역할을 맡았다. 기적적으로 그 어떤 대제사장도 대속죄일에 설정하여 부정케 되지 않았다. 사실 대제사장이 설정을 하였더라도 그를 대신할 사람은 언제든 준비되어 있었으므로 예배에는 아무런 차질이 생기지 않았을 것이다. 그렇다면 하나님께서는 왜 이런 기적을 일으키셨는가?

이 기적의 목적은 대제사장이 공개적으로 모욕을 당하지 않도록 보호하기 위한 것이었다. 하나님께서 대제사장의 명예를 지켜주시기 위하여 이 기적을 일으키신 것처럼, 우리 역시도 다른 사람들의 명예를 보호할 수 있다면 무슨 일이든 해야 할 것이다.

비가 제단 장작더미의 불을 끈 적이 없다

제단은 지붕이 없는 곳에 위치해 있었으며, 불은 낮밤을 가리지 않고 계속 피어올랐다. 비가 올 때도 이 불은 꺼지지 않았다. 비로 인해 불이 꺼졌다면 제사는 바로 중지되고 말았을 것이다. 뿐만 아니라 24시간 이상 불이 꺼져 있다면 제사장들은 제 시간에 속죄제(하타트)와 속건제(아샴)를 드릴 수 없었다. 이 경우 제사장은 제사로 바쳐진 음식을 먹을 수 없었으며, 사람들은 온전히 속죄를 받을 수 없었다(예바모트[Yevamos] 40a).

하나님을 섬기기 위해서라면 불과 물같이 서로 대립하는 것들이라도 평화를 이루었던 것이다. 그렇다면 우리가 하나님의 뜻을 실천하기 위해서는 얼마나 많은 망설임을 극복해야 하겠는가?(미드라쉬 슈무엘[Midrash Shmuel]). 하나님의 계명을 실천하고자 하는 열정을 받았다면 그 열정의 불을 꺼뜨리지 말고 끊임없이 타오르도록 지켜야 한다. "제단에서 계속 타오르는 불길이 꺼지지 아니하리라"(바이크라[Vayikra] 6:6). 이 정도에 이르도록 노력을 아끼지 아니한다면, 빗물(게셈, 철학적 의미로는 '물질성')이 그 마음의 불꽃을 꺼뜨리지 못할 것이다(노암 엘리멜레크[Noam Elimelech] 참고).

제단 위에서 직각으로 올라가는 연기 기둥을 바람이 흩뜨린 적이 없다

제단의 연기 기둥은 곧고 깊게 뻗어 올라갔기 때문에, 멀리서도 이를 볼 수 있었다. 이 연기 기둥은 기적으로 인해 바람이 세게 불어도 흔들리거나 흩어지지 않았는데, 이것은 이 연기가 거룩한 것으로부터 나온 것이었기 때문이었다.

자신의 삶을 성결케 하는 데 헌신할 때는 세상의 모진 풍파도 그 마음을 흔들지 못한다. 성전에서 솟아올라온 연기 기둥을 본 이스라엘 백성들의 마음은 유대교와 토라 위에 굳건히 서서 이방의 영향에 흔들리지 않았기 때문에, "세상의 모든 바람이 몰아쳐 불어도 그 땅에서 움직이지 아니하리라"(3:6)고 함과 같았다.

티페레트 이스라엘은 이 기적을 실용적인 관점에서도 보았는데, 이는 연기 기둥이 바람에 흔들려 흩어지면 제사장과 이스라엘 회중들의 예배에 방해가 되기 때문이었다.

어떤 결점도 오멜에서, 또는 떡 두 덩어리에서, 또는 진설병에서 발견된 적이 없다.

오멜은 제사로 드리기 위하여 그 해에 처음 수확한 보리로 만든 빵이었다. 니산월 16일(콜 하모에드 유월절) 저녁에 세 스아의 보리를 수확하여 성전으로 가져가 그 곳에서 갈아 채로 친 후, 고운 가루 한 이사론(계란의 2/43 정도의 양)을 모은다. 다음날 이를 민하(오후 예배) 제사 때에 가져온다.

오멜을 드리기 전에는 새로 수확한 곡물을 먹을 수 없었다. 만일 오멜에 벌레가 생기거나 부정한 것으로 인해 흠이 생겨 먹을 수 없다면, 계명을 제대로 실천할 수 없었을 뿐 아니라 그 해의 곡식을 먹을 수 없었다. 오멜에 흠이 있다면 안식일 첫날 저녁에 아주 조금만 수확할 수밖에 없었기 때문에 다른 제사를 드릴 수도 없게 되었을 것이다.

이런 문제를 미연에 방지하기 위해 오멜은 기적적으로 상하지 않았던 것이다.[5]

떡 두 덩어리는 그 해에 처음 수확한 밀로 만든 빵이었다. 오순절 전날 한 세아의 밀을 수확하여 갈아 채로 친 후, 걸러 두 떡을 굽는다.

오순절에는 이 떡 두 덩어리를 곡식제물(히브리어로는 '민하')로 바치는데, 이후에야 새로 수확한 작물들을 곡식제사로 드릴 수 있다. 이 떡 두 덩어리는 오순절이 시작되기 전에 굽는 것이므로, 이 떡이 상해버리면 오순절에 곡식제물을 드릴 수 없게 되는 것이다(페사힘[Pesachim] 69b, 메나호트[Menachos] 94b). 또한 그 전 해에 수확한 작물은 곡식제사로 드리는 것이 금지되어 있었다. 그러나 기적적으로 이 떡 두 덩어리는 절대로 상하지 않았다.

---

[5] 비록 필요에 따라 같은 날 두 번째로 수확한 작물을 제사로 드릴 수도 있었으나, 이 경우 아직 오멜이 바쳐지지 않은 채 새로 수확한 작물을 모르고 먹게 될 수도 있었다.

진설병은 제사장이 매주 금요일에 구운 열 두 덩어리의 빵으로, 성전의 금상 위에 올려지는 빵이었다.

매 안식일에 제사장은 전 주간에 놓여져 있던 빵을 치우고 새로운 빵을 상 위에 올려두어야 했다. 안식일에 진설병을 굽는 것은 금지되어 있었으므로, 빵이 상한 것이 발견된다 하더라도 다음 안식일까지는 빵을 교체할 수 없었다.

그러나 기적적으로 거룩한 빵은 절대로 상하지 않았다. 뿐만 아니라 일주일이 지난 거룩한 빵도 갓 구운 빵처럼 따뜻하고 신선하기까지 하였다 한다(요마[Yoma] 21a).

이런 기적들은 계명을 때맞춰 지켜야 한다는 가르침을 우리 조상들에게 가르치기 위하여 일어난 것들이다. 계명이 네 손에 있을 때에는 이를 무시하지 말라. 때를 놓치는 것만큼 돌이킬 수 없는 일은 없으므로 우리는 귀중한 시간을 낭비하지 말아야 한다.

더 나아가 옳은 결정을 할 때에 하나님의 손길이 도움을 주신다는 것을 이런 기적들을 통해 배울 수 있다. 거룩해지기 위하여 오는 사람은 도움을 받을지라(샤보트[Shabbos] 104a).

서 있는 채로 사람들이 함께 몰려 들었지만, 그들이 모두 엎드릴 수 있었다.

성전 뜰은 약 135 평방미터 정도의 크기였으며, 절기에 수많은 사람들이 모이는 것을 고려했을 때 이는 비교적 작은 규모였다. 모든 유대인 남자는 유월절, 오순절, 초막절이 되면 이스라엘 땅으로 모여야 했는데(출 23:17), 보통 순례자들의 가족들도 함께 이스라엘 땅으로 모였다. 물론 대

속죄일에도 수많은 군중들이 모였다. 때문에 이 날에는 성전 뜰에 수많은 인파가 몰려들게 되었는데, 라쉬바쯔[Rashbatz]는 말하기를 유대인들이 서로를 밀어내어 마치 붕붕 뜨는 것만 같았다고 기록하였다(라쉬는 '모이다'라는 뜻의 히브리어 '체푸프'의 어원이 차프(뜨다)임을 주목하고 있다).

대속죄일에 성전 뜰에는 이전보다 더 많은 사람들로 꽉꽉 찼다(요마[Yoma] 1:8). 그러나 대제사장의 고백에서 하나님의 이름이 선포되고 모든 사람들이 하나님께 자신의 죄를 고백하며 엎드릴 때에 각 사람들은 자신이 엎드릴 만한 공간이 충분히 남는 것을 알 수 있었다.

이를 통해 우리는 하나님께서 사람의 명예를 얼마나 귀하게 여기시는지를 알 수 있다. 회중들은 대제사장의 입에서 주님의 거룩한 이름이 나오는 것이 들리면 엎드려 자신의 죄를 속삭이며 고백했고, 기적이 일어나 그 누구도 다른 사람의 죄를 듣지 못했다.

이 기적은 다른 절기에도 일어났다. 이 때는 고백을 하지 않았지만, 회중들은 엎드려 자신의 개인적인 필요를 하나님께 간구하였고, 때로는 남이 들으면 불편해지는 필요도 입으로 나오게 되었다.

이 기적을 통해 우리는 다른 사람들의 명예를 존중하는 일이 얼마나 중요한지를 깨닫게 된다. 미드라쉬 슈무엘은 말하기를 이 기적은 이스라엘 백성들이 (고난을 당할 때에)비유적으로 함께 '모여서' 하나님을 향해 엎드릴 때에 주님께서 그들의 고통을 없애주시고 정신적, 정서적 '공간'을 주신다는 것을 가르친다 하였다.

코츠크의 선생님[rebbe of Kotzk]는 이 구절을 교훈적으로 해석하였다. '서 있는' 사람들은 곧 원하는 모든 것이 자신을 위한 것이며, 다른 사람과는 타협할 준비가 되지 않은 사람이다. 사람이 서 있을 때에 그들은 서로

'뭉쳐서' 끼어 있기 때문에 다른 사람의 공간을 인정하지 않는 한 자신의 공간도 인식할 수 없다는 것이다. 서로 공생하기 위해서는 상대방의 길을 열어주어야 한다. 겸손으로 머리를 낮추고 작은 것으로도 만족하며 살 줄 알아야 한다. 그 때에야 자신을 위한 공간을 마련할 수 있을 것이다.

독사나 전갈이 예루살렘에 있는 어느 누구에게도 결코 상처를 내지 못했다.

예루살렘은 바위 위에 세워진 도시로, 뱀이나 전갈과 같은 많은 동물들을 불러들였다. 기록된 바 "반석위로 기어 다니는 뱀의 자취와…"(잠 30:19). 그러나 예루살렘의 이 짐승들은 사람을 해하지 않았다. 이 기적으로 인해 거룩한 도성의 거주민들이 혜택을 받았으며, 예루살렘으로 오려는 순례자들도 뱀이나 전갈에게 물릴 걱정 없이 순례를 할 수 있었다.

볼로친의 랍비 하임[R' Chaim of Volozhin]은 루아흐 하임[Ruach Chaim]에서 이스라엘에서는 그 누구도 뱀이나 전갈에게 해를 입지 않았는데, 이는 사람들이 죄를 지은 채로 잠에 들지 않았기 때문이라고 하였다. 밤에 지은 죄는 아침 제사(타미드)로 속죄되었으며, 낮에 지은 죄는 오후에 드리는 제사로 속죄가 되었기 때문이었다(바미드바르 라바[Bamidbar Rabbah] 21:21). 하스데이 아보트[Chasdei Avos]에서는 뱀과 전갈을 악한 본성의 현현으로 보고 있다. 예루살렘의 거룩한 곳에서 사람은 이 악한 본성의 독을 이겨낼 힘을 얻었던 것이다.

악한 본성을 이겨내는 방법 중 주요한 것은 바로 토라를 배우는 것이다. 슈마 말씀에서는 "이 말을 너희의 마음과 뜻에 두고…"(신 11:18)라고 말하고 있다. '간직하다'(두다)라는 뜻의 히브리어 삼템[Samtem]은 '삼'과

'템'이라는 두 단어로 읽을 수도 있다. 이 두 단어를 따로 떼면 '완벽한 약'이라는 뜻이 된다. 즉 토라의 말씀은 악한 본성의 영향을 치유하는 완벽한 약이라는 것이다(키두쉰[Kiddushin] 30b).

더 나아가 이 기적은 현자들의 가르침과 마찬가지로 죽이는 것은 뱀이 아니요, 죄라는 것을 우리에게 전해주고 있다.

어떤 사람도 그의 동료에게 '예루살렘에서 밤새 머물기에는 나에게 장소가 충분하지 않다'고 말하지 않았다.

기적이 일어났으므로 예루살렘은 모든 시민들과 모든 방문객들을 충분히 수용할 만큼 넓었다. 그러나 누구에게 기적이 일어났는지에 대해서는 주석가들 간의 견해가 다르다.

라쉬는 이 기적이 예루살렘의 거주민들을 위한 기적이었다고 설명한다. 예루살렘에는 수원이 없었고 목초지도 적었으나, 하나님께서 예루살렘의 모든 거주민들에게 도움의 손길을 내미셔서 그 누구도 먹고 살 것을 걱정하거나 먹을 것을 구하기 위해 성을 떠나지 않도록 하셨다는 것이다. 이는 순례자들에게도 큰 혜택이 되었는데, 이는 순례자들이 황량한 도시가 아닌, 사람들로 붐비는 대도시에서 거주민들의 환대를 받으며 순례를 할 수 있었기 때문이었다.

미드라쉬 슈무엘은 이 기적을 통해 사람의 생계가 하나님께 달려있다는 가르침을 배울 수 있다고 하였다.

그러나 라베이누 요나[Rabbeinu Yonah]는 순례자들도 이 기적을 겪었다고 가르치고 있다. 수십만 명(때로는 수백만 명)의 유대인들이 예루살렘으로 찾아왔으나(페사힘[Pesachim] 64b), 그 모든 사람들이 묵을 곳이 마련이 되었다는 것이다. 랍비 모세 소페르[R' Moshe Sofer]는 더 나아가 도시가 사람들로 꽉 차더라도 그 누구도 불평하지 않았으며 그 누구도 예루살렘더러 가난하고 비천하다 하지 않았다고 한다. 그 누구도 이 복잡함을 느끼지 않았다는 것이 기적이며, 기쁨으로 기꺼이 성전에 나아갔다는 점에서 이스라엘 백성들은 이 기적을 누릴 자격이 있었다.

그러나 이 기적은 예루살렘의 거주민들이 보여준 호의로 인해 모든 사람들이 누울 곳이 충분했다는 단순한 의미 또한 가지고 있다. 예루살렘 거주민들은 손님들을 기쁨으로 맞이하고 절대로 짜증을 내지 않았다. 손님이 몇 주 동안이나 그 집에 거하더라도 기쁨으로 환대했다. 사람이 서로 크게 사랑하면 칼끝에도 함께 누울 수 있으나, 그 사랑이 시들어버리면 열 규빗이 되는 침대에도 서로 함께 눕지 못한다고 한 현자의 말(산헤드린[Sanhedrin] 7a)에서도 이러한 면을 발견할 수 있을 것이다.

이 기적을 통해 우리는 마음에 여유 공간이 있을 때에 집에도 여유 공간이 있다는 가르침을 얻을 수 있다. 사람들 사이에 사랑이 넘친다면 그 누구도 친구에게 묵을 곳이 없다고 하지 않을 것이다.

하나님께서는 다른 사건을 통해서도 이런 가르침을 전해주고 계신다. 하나님께서 거하실 처소로 광야에 성막을 지을 때에, 하나님께서는 "거기서 내가 너와 만나고 속죄소 위 곧 증거궤 위에 있는 두 그룹 사이에서 내가 이스라엘 자손을 위하여 네게 명령할 모든 일을 네게 이르리라"(출 25:22)고 하셨다. 그러나 하나님의 영광은 온 우주를 채우고 있거늘, 하나님께서 어떻게 한 자리에 계실 수 있다는 것인가? "하나님이 참으로 땅에 거하시리이까 하늘과 하늘들의 하늘이라도 주를 용납하지 못하겠거든…"(왕상 8:27, 대하 6:18).

이 의문에 대한 답은 다음과 같다. 곧 하나님께서 원하신다면 주님의 존재를 말 그대로 압축시키실 수도 있다는 것이다. 그렇다면 그 때는 언제인가? "네 어렸을 적 선함을 내가 기억할 때에, 네가 결혼할 때의 선함을 내가 기억할 때에, 네가 광야에서 나를 따를 때에 보여준 그 사랑을 내가 기억할 때에" 그렇다는 것이다.

반면 첫 번째 성전기 말기에 이스라엘 백성들이 죄를 지을 때, 이사야 선지자는 이렇게 선포하였다. "여호와께서 이와 같이 말씀하시되 하늘은 나의 보좌요 땅은 나의 발판이니 너희가 나를 위하여 무슨 집을 지으랴 내가 안식할 처소가 어디랴"(사 66:1) 즉 하나님께서는 '사람이 손으로 만든 건물에 내가 어떻게 거하겠느냐?'라고 말씀하신 것이다.

사랑이 있을 때에는 충분한 공간이 있다. 의문도, 불평과 불만도 없다. 사랑은 모든 것을 덮는다. 바로 예루살렘에 거하던 우리의 조상들이, "거기서 여호와께서 복을 명령하셨나니 곧 영생이로다"(시 133:3)라고 하신 도성에서 살던 우리의 조상들이 보여준 모습이다.

미쉬나 8절　　　　　　　　　　משנה ח

עֲשָׂרָה דְבָרִים נִבְרְאוּ בְעֶרֶב שַׁבָּת בֵּין הַשְּׁמָשׁוֹת,
וְאֵלּוּ הֵן, פִּי הָאָרֶץ, וּפִי הַבְּאֵר, וּפִי הָאָתוֹן,
וְהַקֶּשֶׁת, וְהַמָּן, וְהַמַּטֶּה, וְהַשָּׁמִיר,
וְהַכְּתָב, וְהַמִּכְתָּב, וְהַלּוּחוֹת.
וְיֵשׁ אוֹמְרִים, אַף הַמַּזִּיקִין, וּקְבוּרָתוֹ שֶׁל מֹשֶׁה,
וְאֵילוֹ שֶׁל אַבְרָהָם אָבִינוּ.
וְיֵשׁ אוֹמְרִים, אַף צְבָת בִּצְבָת עֲשׂוּיָה:

열 가지가 안식일 전날 해질 무렵에 창조되었다.

그것들은 다음과 같다.

땅의 입, 우물의 입, 당나귀의 입,

무지개[미래에 홍수가 일어나지 않을 것이라는 노아의 신호],

만나, 지팡이, 샤미르라 불리는 벌레,

문자, 특별하게 기록하는 방법, 돌판들,

또 다른 사람들은 파괴적인 영들, 모세의 무덤 그리고

우리의 조상 아브라함의 숫양을 첨가한다.

그리고 어떤 사람들은 화저(火箸)도 만들었다고 한다.

미쉬나 8절

**열 가지가 안식일 전날 해질 무렵에 창조되었다.
그것들은 다음과 같다.**

비록 이 구절에서 언급되는 존재들이 수 세기 후에 나타나는 것들이기는 하나, 이들은 하나님께서 창조의 마지막 순간에 만드신 것들이다. 예를 들어, 무지개는 노아의 시대까지 1,500년이 지나도록 나타나지 않았다. 라쉬는 이 구절이 단순 시제로 이루어져 있다는 점을 지적하였다. 즉 이 존재들은 시간의 황혼에 창조되었으며, 나타나야 할 때가 되기까지 숨겨져 있었다는 것이다. 그러나 람밤은 이 구절이 창조의 6일째에 이 세상이 이 모든 존재들을 제 때에 맞춰 나타나게 할 힘을 얻었다고 해석한다.

이 구절에서 말하는 안식일 전날 해질 무렵에 창조된 존재들은 다음과 같다.

1. 땅의 입
모세에게 대항한 고라와 그를 따르던 자들이 받은 징벌에 대한 것이다

(민수기 16장).

2. 우물의 입

미리암의 우물로, 광야에서 40년간 이스라엘 백성들과 함께 하며 물을 제공해주었다.

3. 당나귀의 입

발람의 당나귀에게 주어진 말하는 능력이다.

4. 무지개

하나님께서 대홍수 이후 다시는 세상을 멸하지 아니하시겠다는 증표로 주신 무지개이다.

5. 만나

광야에서 이스라엘 백성들에게 주어진 하늘에서 내려온 떡이다.

6. 지팡이

모세의 지팡이로, 주님의 이름이 새겨져 있으며 모세는 이 지팡이로 파라오의 앞에서 기적을 행하였고 홍해를 갈랐다.

7. 샤미르

벌레의 형상을 한 보리알 낱알만큼 작은 생물로, 돌 표면에 붙어 돌을 쪼갠다. 샤미르는 대제사장이 입는 에봇과 호센에 사용되는 보석을 자르는 데에 사용되곤 했다.

수년이 지난 후, 브나야후 벤 여호야다[Benayahu ben Yehoyada]는 솔로몬 왕에게 샤미르를 바쳤고, 솔로몬은 샤미르로 바위를 쪼개어 성전을 건축했다(기틴[Gittin] 68a). 성전 벽 건축에 사용된 돌은 철제 도구로는 자를 수 없었는데, 이는 성전이 (속죄를 하는 곳이므로)수명(壽命)을 나타내었기 때문이다. 반면 철은 무기를 만드는 것이었으므로 단명(短命)을 뜻하였다(미도트[Midos] 3:4). 때문에 성전 벽에 쓰일 돌을 자르는 데 샤미르가 사용된 것이다. 샤미르는 두 번째 성전기까지 나타나다가 이후에 자취를 감췄다(토사포트[Tosafos], 기틴[Gittin] ibid.).

8-10. 쓰는 것, 문자, 그리고 돌판

이들은 첫 번째와 두 번째 십계명 돌판을 뜻한다. 이들이 정확히 무엇을 뜻하는지에 대해서는 여러 가지 해석이 있으나, 그 중 가장 단순한 의견을 기재한다.

쓰는 것은 문자의 형태를 뜻한다.

문자는 문자들의 조합, 즉 단어를 뜻한다 (혹자는 문자를 돌판에 기록한 도구를 뜻한다고 해석한다).

돌판들은 돌판 자체를 뜻한다.

또 다른 사람들은 파괴적인 영들, 모세의 무덤 그리고 우리 조상 아브라함의 숫양을 첨가한다.
그리고 어떤 사람들은 화저(火著)도 만들었다고 한다.

더 나아가 이 구절은 당시에 위의 존재들과 함께 창조된 네 가지의 다른 존재들도 언급하고 있다.

1. 모세의 무덤

느보산에 위치한 모세의 무덤이다.

2. 우리의 조상 아브라함의 숫양

아브라함이 아들 이삭을 대신하여 잡은 숫양이다.

3. 파괴적인 영들

악한 영들과 귀신들이다. 람밤은 이들이 더 이상 존재하지 않는다고 했다(다른 해석들과 논란이 있다).

4. 화저(火著)

하나님께서는 사람들이 도구를 만들 수 있도록 첫 번째 도구를 만들어 주셨다. "천지와 만물이 다 이루어지니라...(중략) 만들기 위해 하나님께서 창조하신 것들을"(창 2:1, 뒷부분은 역자 재량 직역 – 역자 주) 이 마지막 문장은 하나님께서 사람이 다른 물건들을 제조할 수 있는 첫 번째 도구를 창조하셨음을 암시한다. 현자들은 이 당시에 창조된 다른 것들에 대해서도 언급하기도 한다(페사힘[Pesachim] 54a).

분리된 실재

이 존재들이 창조 사역의 말미에 창조된 이유는 무엇이며, 또 특별히 첫 안식일 전날 해질 무렵에 창조된 이유는 무엇인가? 람밤은 이 구절에 대한 주석을 통해 설명하기를 역사적으로 일어났던 대부분의 기적들이 창조 사역에 이미 내포되어 있다고 하였다. 즉 홍해를 가르는 기적은 물의 창조에 이미 내포되어 있다는 것이다. 반대로 이 구절에서 언급하는 신비로운 물건들은 분리된 실재로서 창조되었다. 예를 들면, 셋째 날에 땅이 창조될 때, 땅에는 입을 열어 고라를 삼킬 잠재력이 없었다. 즉 이 잠재력은 따로 창조된 '분리된 실재'인 것이다.

모든 세대에게 필요한 것은 아니다

미드라쉬 슈무엘은 이 구절에서 언급된 물건들이 창조의 순서대로 창조되지 않고 마지막 순간에 창조되기까지 남겨진 이유는 이들이 특별한 존재로써 특별한 상황에 특정 인물들을 위하여 창조된 것들이기 때문이라고 말하고 있다.

이 열 가지 존재는 창조의 기본 구조에 섞이지 않은 것으로, 영원히 필요한 것이 아니기 때문에 특별한 존재라 할 수 있다. 더 나아가 이 존재들은 이 세상이 유형의 존재가 된 이후에 창조된 것들이다. 예를 들면, 땅의 입은 단 한 번 열렸으며 이 때 삼켜진 것은 오직 고라와 그를 따르는 자들 뿐이었다. 우물은 광야의 세대를 따라다니며 물을 공급해주다가 사라졌다. 만나도 마찬가지로 더 이상 내리지 아니하였으며, 발람의 나귀 역시 말을 하였으나 그 때 뿐이었다.

무지개는 사람이 죄를 지을 때에 필요한 징표이다. 메시아의 시대가 와서 모든 사람이 고귀하게 될 때에는 더 이상 무지개도 없을 것이다 (랍비 시몬 바르 요하이의 시대에도 무지개는 나타나지 않았다. [베레이쉬트 라바 Bereishis Rabbah 35b]). 지팡이와 샤미르 역시 그 당시에 특별한 목적을 위하여 창조된 것으로, 지금까지 남아 있지 않다.

이런 원리는 두 돌판에도 적용된다. 토라는 영원하며, 영원히 변하지 않지만, 그 외형은 일시적이고 자연에 속한 것이다. 메시아의 시대에, 하나님께서 우리와 얼굴을 대면하여 말씀하실 그 때에, 토라는 다른 차원에서 받아들여지게 될 것이며 계명은 무효할 것이다(닛다[Niddah] 61b). 즉 토라는 흰 불 위에 검은 불과 같이 세상이 창조되기 이전의 모습으로 돌아갈 것이다(미드라쉬 탄후마 베레이쉬트[Midrash Tanchuma Bereishis] 1, 람밤[Rambam]의 토라 주석 서문).

파괴적인 영들은 이 땅에 죄인이 사라질 때에 영원히 사라질 것이며, 다시 나타나지도 않을 것이다.

우리의 위대한 스승 모세의 매장지는 오직 그만을 위해 창조된 것으로, 메시아가 올 때까지 계속 남아있을 것이다.

마찬가지로 아브라함의 숫양 역시도 특별히 이삭을 묶는 사건을 위하여 창조된 것이다.

첫 번째 집게 역시 다른 집게들을 만드는 데에 사용되도록 한시적으로 창조된 것이다.

이스라엘의 믿음의 본질을 가르치다

그러나 이외에도 홍해가 갈라진 사건 등 이 구절에는 기록되지 않았으나 단 한 번만 일어난 일회적 기적들도 있다. 그렇다면 이 기적들은 왜 창조의 구조에 편입된 것인가? 더 나아가 메이리는 이 열 개의 존재가 또 다른 특성을 공유하고 있다고 했다. 즉 이들은 믿음의 본질을 우리에게 가르치고 있다는 것이다. 이런 주장은 이 존재들이 유대교 신앙의 기초를 가르치는 피르케이 아보트에 기록된 이유를 뒷받침한다.

1. **땅의 입**은 토라가 자기 신의 말과 가르침을 들어 모세에게 대항한 고라를 징벌하기 위해 하늘에서 내려온 것이라고 가르친다.

2. **우물의 입**은 하나님의 임재를 증명한다. 하나님께서는 우물을 보내셔서 이스라엘 백성들이 광야를 지날 때에 그들과 함께 하도록 하셨다. 이는 하나님을 믿는 믿음의 중요성을 우리에게 전해준다.

뿐만 아니라 이 두 기적들은 보상과 징벌에 대한 믿음을 우리에게 가르치고 있다. 고라는 땅에 삼켜짐으로써 징벌을 당하였으며, 미리암은 우물이 유대인들과 함께 하도록 하였으므로 그것이 그녀의 기업이 되어 보상을 받았다.

3. **당나귀의 입**은 사람의 모든 능력이 하나님으로부터 온 것과 하나님께서 허락하실 때에만 사람이 능력을 발휘할 수 있음을 우리에게 가르친다. 자만심에 취한 발람은 자신의 말에 능력이 있으므로 하나님께 영향력을 끼쳐 능히 하나님이 이스라엘을 저주하시도록 할 수 있으리라 생각했다. 하나님께서는 발람의 당나귀에게 말하는 능력을 주심으로 이 악한 선지자에게 그의 입이나 당나귀의 입이나 다를 바 없다는 것을 나타내셨다. 하나님께서 원하신다면 당나귀까지도 발람과 같이 유창하게 말을 할 수 있으며, 발람의 입으로 저주 대신 축복을 내릴 수도 있으시다는 것이다.

4. **무지개**는 하나님께서 잠깐이라도 세상에 관심을 끄신다면 홍수가 바로 일어나 세상을 파괴해버리므로, 하나님께서 세상을 계속해서 다스리신다는 것을 우리에게 전한다. 또한 무지개는 온 세상이 사람의 기업이 아닌 하나님의 선하심으로만 존재한다는 것을 가르치고 있기도 하다.

5. **만나**는 우물과 같이 하나님을 믿는 믿음의 중요성을 전해준다. 마지막 날에는 만나가 남지 않았으며, 사람들은 이를 통해 하나님께서 다음 날도, 그 다음 날도, 그 모든 날을 허락해주신다는 믿음을 배우게 되었다.

6. **지팡이**는 이집트를 떠날 때 일어난 모든 기적들을 상징하므로, 출애굽의 중요성과 이를 계속 기억해야 하는 의무를 가르친다.

7. **샤미르**는 하나님을 향한 예배를 나타내는 표식이자 유대교의 기초이며 온 세상을 지탱하는 세 기둥 중 하나인 성전의 건축을 암시한다.

8-9. **쓰는 것**과 **문자**는 거룩한 토라의 말씀을 나타내는데, 온 세상에 토라를 위하여 창조되었을 뿐만 아니라 토라로 인해 온 세상이 그 존재를 유지하고 있다.

10. **돌판**은 토라를 준 사건을 나타내며, 이는 토라가 하늘에서 내려왔다는 증거이다.

더 나아가 이 구절에 언급된 다른 존재들도 각각 유대교 신앙의 본질에 관한 것이다.

1. **모세의 무덤**은 모세가 이 세상 모든 사람들 중에서도 가장 뛰어난 사람이었다는 점을 가르치고 있다. 모세는 하나님의 '입맞춤'과 함께 눈을 감았고, 하나님께서는 직접 그를 묻으셨을 뿐만 아니라 그의 매장지를 손수 숨기셨다.

2. **숫양**은 아브라함이 이삭을 묶은 사건을 암시한다. 이 사건을 통해 이스라엘 백성들은 그 모든 시험을 견뎌낼 힘을 얻었고, 그 보상으로 온 세대에게 보상이 주어졌다.

3. **파괴적인 영들**. 메이리의 주장에 따르면 이 피조물들은 악한 본성을 뜻한다. 이는 이 세상에서 사람의 역할이 곧 악을 이겨내는 것임을 우리에게 전하고 있다.

4. **도구들**. 도구들은 세상의 번영을 위해 필요한 손재주와 기술을 뜻한다.

비르카스 아보트에서 바그다드의 랍비 요셉 하임 이쉬 하이의 아들[R' Yosef Chaim of Baghdad, the Ben Ish Chai]은 이 열 가지 존재를 통해 우리가 윤리적 원리를 배울 수 있다고 했다. 일례로 고라는 분쟁과 증오를 일으켰으므로 땅이 그를 삼켰다. 반면 분쟁이 아닌 연합은 구원을 가져온다.

이 존재들이 금요일 황혼에 창조된 것과 같이, 우리도 지금 역사의 금요일 황혼기에 살고 있다. 세상은 6천 년간 존재하며(산헤드린[Sanhedrin] 97a), 매 천년은 창조의 하루에 대응한다. "주의 목전에는 천 년이 지나간 어제 같으며 밤의 한 순간 같을 뿐임이니이다"(시 90:4). 이제 우리는 여섯째 날 해질 무렵, 즉 육천 년의 마지막을 향해 달려가고 있는 것이다.

그러므로 힘을 다해 윤리를 배우는 것이 이런 우리의 시대에 걸맞는 일이라고 할 수 있을 것이다.

하나님의 손으로

메이리와 마찬가지로 랍비 요셉 이븐 아크닌[R' Yosef Ibn Aknin]은 이 열 가지 존재들이 마지막에 창조되었기 때문에 곧 창조의 정점을 찍는다고 주장하고 있다. 더 나아가 그는 하나님께서 특별히 섭리를 이끄셔서 이들을 창조하셨다고 말하고 있다.

실제로 이 존재들 중 몇몇은 하나님께서 손수 창조하셨다는 것이 외적으로 나타나고 있기도 하다.

땅의 입에 대하여 모세는 "만일 여호와께서 새 일을 행하사 땅이 입을 열어…"(민 16:30)라고 말했다.

우물의 입에 대해 하나님께서는 "백성을 모으라 내가 그들에게 물을 주리라"(민 21:16)고 직접 명령하셨다.

당나귀의 입에 대해 성경은 "여호와께서 나귀 입을 여시니…"(민 22:28)라고 말하고 있다.

만나는 "여호와께서 너희에게 주어 먹게 하신 양식이라"(출 16:15)고 말하고 있다.

지팡이는 "여호와께서 권능의 손으로 우리를 애굽에서 인도하여 내셨나니"(신 6:21)라고 했던 출애굽과 홍해의 기적을 암시한다.

돌판은 "그 판은 하나님이 만드신 것이요 글자는 하나님이 쓰셔서 판에 새기신 것이더라"(출 32:16) .

모세의 매장지에 대하여 하나님께서는 손수 "그를 묻었다"(신 34:6).

원죄의 결과

그렇다면 하나님께서 다섯 시간 동안 사람을 창조(산헤드린[Sanhedrin] 38b)하신 직후 바로 만들지 않으시고 여섯째 날 해질 무렵까지 기다리셨다가 이 존재들을 창조하신 이유는 무엇인가?

카를린의 랍비 아론 페를로[R' Aharon Perlow of Karlin]의 저서 '베이트 아론'[Beis Aharon]은 아담과 하와의 죄로 인하여 이런 기적들이 필요해졌다는 점을 들어 위의 의문에 답하고 있다. 하루 열 두 시간 중 열 번째 시간에 아담과 하와가 죄를 범하였고, 열한 번째 시간에 그들은 징계를 받았다. 그 후 악한 본성이 올라왔으므로, 하나님께서는 죄를 대항할 열 가지 존재들을 창조하셨던 것이다.

예로 **땅의 입**은 고라의 죄로 인해 그 입을 벌렸다. **우물의 입**도 이스라엘 백성들의 죄 때문에 창조된 것이었다. 만일 이스라엘 백성들이 죄를 짓지 않았다면, 가는 곳마다 어디든 넘쳐나는 물을 찾을 수 있었을 것이었다. 사사 삼손의 갈증을 해소하기 위해 당나귀 턱뼈에서 물의 근원이 생겨났다는 사실을 통해 이를 유추할 수 있다(삿 15:19).

더욱 일반적인 관점으로 보면, 아담은 자신이 받은 시험을 통과하지 못했으므로 그의 자손들이 그가 초래한 문제를 바로잡기 위해 시험을 받게 되었다. 이것이 바로 아담이 시험을 받은 이유이며, 하나님께서 **아브라함의 숫양**을 창조하셔서 아브라함이 그 시험을 궁극적으로 통과할 수 있도록 하신 이유인 것이다.

금요일 황혼, 그리고 이스라엘의 구원

미드라쉬 슈무엘은 하나님께서 이 열 가지 존재들을 창조하시기 위해 해질 무렵까지 기다리신 이유에 대해 다른 해석을 제시한다. 금요일 해질 무렵, 즉 해가 진 후 별이 뜨기 전까지의 시간은 유대인을 지켜줄 능력을 가진 매우 특별한 시간이다. 엄밀히 말해 안식일은 별이 뜬 후부터 시작하지만, 유대인들은 평일 역시도 경건하게 여겨 해가 진 때부터 안식일의 규례를 지켰다. 그러므로 금요일 해질 무렵에 하나님께서 유대인들을 돕는 열 가지 존재를 창조하시는 것이 합당한 것이다.

실제로 **아브라함의 숫양**의 뿔로 만든 뿔나팔 소리가 메시아의 도래와 함께 유대인의 최종 구원의 신호가 될 것이다. "그 날에 큰 나팔을 불리니…"(사 27:13).

미드라쉬 슈무엘은 아브라함이 몇 번이나 덤불에 걸린 숫양을 놓아

주었다가 마지막에 와서야 잡았다는 미드라쉬의 내용을 인용하고 있다. 이를 통해 우리는 이스라엘 역시도 여러 나라의 압제와 속박을 거칠 것이며, 숫양의 뿔나팔 소리와 함께 자유함을 얻게 될 것임을 배울 수 있다(피르케이 데랍비 엘리에제르[Pirkei DeRabbi Eliezer] 1, 얄쿠트 쉬모니[Yalkut Shimoni], 바예이라 레메즈[Vayeira remez] 101).

모세의 무덤 – 토라가 진리임을 증거하다

어느 날 누군가 랍비 요나산 아이베후쯔[R' Yonasan Eibeschutz]에게 질문하였다. 모세가 시내산에 있었다는 증거는 결국 본인의 증언뿐이므로, 그가 먹지도 마시지도 않은 채 사십 일 밤낮을 시내산 위에 있었다는 것을 우리가 어떻게 알 수 있냐는 것이었다.

이에 랍비 요나단은 이 말씀을 인용하였다. "모세는 죽어서…(중략) 오늘날까지 그 무덤이 어디에 있는지를 아는 사람은 아무도 없다." 만일 모세가 스스로 영광을 얻고자 하였더라면 자기가 다른 사람들과 마찬가지로 죽음을 맞았다는 것을 기록하지 않았을 것이었다. 에녹이나 엘리야처럼 하늘로 들려올라갔다고 기록할 수도 있었다. 그러나 그는 그렇게 기록하지 않았기 때문에, 모세의 증언이 믿을 만하며 시내산에서 그의 경험 역시도, 더 나아가 토라 전체가 진리라는 것을 유추할 수 있다.

사람의 일도 중요하다

해질 무렵 하나님께서는 토라의 돌판이나 출애굽의 지팡이, 성전의 건축을 위한 샤미르, 미래의 최종 구원을 위한 숫양과 같은 중요한 존재들을 창조하셨다. 그러나 동시에 하나님께서는 이들보다 훨씬 미천하고 낮은 도구들도 창조하셨다. 그 이유는 무엇인가?

이를 통해 우리는 "하늘나라를 두려워하는 사람보다 자기 손으로 일을 하여 유익을 얻는 사람이 더 크다"(베라호트[Berachos] 8a)는 가르침을 얻을 수 있다. 하나님께서는 사람이 일을 하여 자기 목적을 이루어야만 하는 곳으로 이 세상을 창조하셨다.

아담이 죄를 짓기 전 이러한 진리는 영적인 의미에서 적용되었다. 사람은 자기 본성을 바로잡고 영적인 성숙을 도모하기만 하면 되었다. 그러나 원죄 이후 사람은 육체적 노동을 함께 하여 아담의 죄를 바로잡아야만 했다. 이를 위해 사람에게는 도구가 필요하게 되었고, 도구를 만들기 위해서는 '첫 번째 도구'가 필요했다. 하나님께서 육체의 노동을 얼마나 크게 사랑하시는지를 보여주시고자 그 도구를 창조하셨다. 이에 현자들도 "일을 사랑하라"고(1:10) 가르쳤다.

땅의 입을 열었던 그 손이 만나를 하늘에서 내렸고, 이스라엘 백성들을 이집트에서 끌어내셨으며, 영원한 토라를 주시고, 또 도구를 주셔서 사람이 창조세계를 유지하도록 하셨다. 그리고 지금까지도, 그 손은 직접 그 일에 참여하고 계신다.

미쉬나 9절   משנה ט

שִׁבְעָה דְבָרִים בַּגֹּלֶם וְשִׁבְעָה בֶחָכָם.
חָכָם אֵינוֹ מְדַבֵּר בִּפְנֵי מִי שֶׁהוּא גָדוֹל מִמֶּנּוּ
בְּחָכְמָה וּבְמִנְיָן, וְאֵינוֹ נִכְנָס לְתוֹךְ דִּבְרֵי חֲבֵרוֹ,
וְאֵינוֹ נִבְהָל לְהָשִׁיב, שׁוֹאֵל כְּעִנְיָן וּמֵשִׁיב כַּהֲלָכָה,
וְאוֹמֵר עַל רִאשׁוֹן רִאשׁוֹן וְעַל אַחֲרוֹן אַחֲרוֹן,
וְעַל מַה שֶּׁלֹּא שָׁמַע, אוֹמֵר לֹא שָׁמָעְתִּי,
וּמוֹדֶה עַל הָאֱמֶת. וְחִלּוּפֵיהֶן בַּגֹּלֶם:

일곱 가지 특징들이 한 명의 교양 없는 사람과
일곱 명의 배운 사람들의 성격을 특징짓는다.
 배운 사람은
지혜로나 연배로나 그보다 위대한 사람 앞에서
말하기를 시작하지 않는다.
그는 그의 동료의 말을 방해하지 않는다.
그는 성급하게 대답하지 않는다.
그는 주제에 관련된 질문을 먼저 하고 정확하게 대답한다.
그는 첫 번째 일들을 먼저, 마지막 일들을 마지막에 토론한다.
그가 듣지 못한 어떤 것에 대해서 '나는 듣지 못했다'라고
그는 말한다.
그리고 그는 진실을 인정한다.
그리고 이러한 것들의 정반대가 교양 없는 사람의 성격을 규정한다.

미쉬나 9절

**일곱 가지 특징들이 한 명의 교양 없는 사람과
일곱 명의 배운 사람들의 성격을 특징짓는다.**

이 구절은 먼저 교양이 없는 사람의 특징을 언급하고 있으나, 그 후 바로 지혜로운 사람의 특징을 기술하기 시작한다. 이러한 구조적 특이성에 대한 가장 일반적인 해석에 따르면, 이 구절에서 교양이 없는 사람을 먼저 언급한 이유는 사람의 성장을 기술하기 위해서이다. 즉 사람이 처음에는 성숙하지 못하다가 점점 지혜롭게 자라나지만, 이 구절의 주요한 의도는 지혜를 얻는 방법을 가르치는 것이기 때문에 지혜로운 사람의 특징들을 그 다음에 설명하고 있다는 것이다.

이 구절은 다음과 같이 (성경과 구전 토라에서 일반적인 형태인) a,b,b,a 구조로 기록되었다.

A: "교양없는 자에게 일곱 가지 성질이 있다."

B: "지혜로운 자에게도 일곱 가지가 있다."

B: "지혜로운 자"

A: "이러한 사람의 반대를 교양 없는 사람이라 할 수 있다."

여섯 종류의 사람

이 구절에서는 배운 사람과 교양 없는 사람을 두 편으로 나누어 서로 대치시키고 있다. 그러나 람밤은 이 구절에 대한 주석에서 사람을 다섯 종류로 나누었는데, 바로 천박한 사람, 보통 사람, 교양 없는 사람, 지혜로운 사람, 경건한 사람이 그것이다. 여기에 메이리는 천박한 사람과 보통 사람 사이에 '머리가 빈 사람'을 추가했다.

이 여섯 종류에 대한 설명은 아래와 같다.

천박한 사람은 천성적으로 지식과 정중함이 없는 사람으로, 배우지도 가르치지도 못한다. 열매를 맺지 못하는 메마른 땅에 비교할 수 있을 것이다. 죄를 두려워하게 하는 가장 기본적인 내면의 도구들도 부족하기 때문에, "천박한 자는 죄를 두려워할 줄 모른다"(2:6).

머리가 빈 사람은 지혜와 좋은 성품을 얻을 천성을 가지고 있다. 그러나 절대로 배우거나 자신의 재능을 사용하지 않기 때문에, 경작하지 않은 땅과 같이 황량한 채로 내버려 둔다.

보통 사람은 이 사회를 사는 대부분의 사람이다. 생계를 유지하고, 사람들과 함께 더불어 살며 선한 성품도 가지고 있다. 그러나 토라의 지혜를 배우지 않았으므로 땅에 얽매어 살아간다.

교양 없는 사람은 지적으로 성숙하였으며 선한 성품을 얻은 사람이다. 그러나 그가 얻은 지식과 성품은 아직 완전하지 않으며 혼란스럽기까지 하다. 이런 사람은 아직 자신의 잠재력을 완전히 발휘하지는 않은 것이다. 히브리어에서는 이러한 사람을 '골렘'이라고 부르는데, 이는 '갖추어지지 않은'이라는 뜻이다. 기록된 바 "내 형질이 이루어지기 전에 주의 눈이 보셨으며…"(시 139:16)라 하였다. 주석가들의 해석에 의하면 이는 아직 불완전한 무언가를 뜻한다.

이 모든 사람들보다 더 뛰어난 사람이 바로 **지혜로운 사람**이다. 벤 조마[Ben Zoma]는 지혜로운 사람이란 "모든 사람으로부터 배움을 얻는 자"(4:1)라고 하였으며, 현자들은 또 이르기를 지혜로운 사람이란 "미래를 보는 자"(타미드[Tamid] 32a)라고 했다.

지혜로운 자보다 더 높은 사람이 바로 **경건한 사람**이다. 경건이란 자신이 해야 할 할라카보다 더 많은 것을 실천하는 사람이다. 이러한 사람은 지혜를 얻는 것만으로는 만족하지 않는다. 자신의 성품이 완전해지고 모든 불완전한 것들의 자취를 없애기를 바란다.

배운 자의 성품

람밤은 배운 사람을 완전하며 감정적인 성품과 지적 성품이 서로 분리되지 않은 사람이라고 하였다. 이 둘은 모두 이 구절에 언급되어 있다. 본 구절에 열거된 일곱 가지 성질 중에서 처음 두 성질과 마지막 두 성질은 고귀한 성품인 반면, 중간의 세 성질은 지식과 지혜의 올바른 방법에 대응하는 것이다. 그러므로 이 구절에 기술된 배운 자의 일곱 가지 성질은 마음의 이해와 머리의 지혜가 서로 통합되는 것을 나타낸 것이다.

메이르 네시브[Meir Nesiv]는 배운 사람을 자신의 토라 지식을 행동으로 옮기고, 삶으로 옮기는 사람이라고 표현했다. 지혜로운 자의 지식과 행실, 지식으로 충만한 지혜와 감정적 성품, 이 모든 것들이 서로 하나로 합쳐진다는 것이다.

이 구절에서 교양 없는 사람과 배운 사람은 서로 반대되는 것으로 표현되어 있는데, 이는 지혜와 선한 성품에도 불구하고 교양 없는 사람의 지혜는 드러나지 않기 때문이다. 지혜와 선한 성품으로도 자기 지식을 행동으로 이어나가지는 못한다. 비록 선한 성품을 얻었지만, 이를 행동으로 나타내지 않으므로 능력이 행동으로 연결되지 않는 것이다.

마지막으로 람밤은 또 다른 종류의 사람을 언급하고 있다. 바로 **경건한 사람**이다. 경건한 사람은 율법의 말씀을 넘어서는 사람이며, 그 행실이 지혜보다 더 큰 사람이다(3:12).

지혜로나 연배로나 그보다
위대한 사람 앞에서 말하기를 시작하지 않는다.

배운 사람은 충분히 먼저 나서서 말할 만한 사람임에도, 먼저 나서지 않고 듣는 것을 좋아하는 사람이다. 그 영혼이 남에게 인정받기보다는 지혜를 원하고 지식과 온전함을 갈망하기 때문이다.

어떤 문서에 의하면 이 구절은 배운 사람이 '지혜와 민얀[minyan]'에서 더 뛰어나다고 말하고 있는 것이라고 한다. 민얀은 학생의 나이나 숫자를 뜻할 수 있다. 미드라쉬 슈무엘은 접속사 바브를 '혹은'으로 해석하여 지혜나 민얀 둘 중 하나만 더 뛰어나도 지혜로운 사람으로 여김을 받는 데에 충분하다고 결론을 내리고 있다.

특정 히브리어 어법을 기초로 미드라쉬 슈무엘은 생각이 깊은 사람은 자기가 더 뛰어나다고 '믿는' 사람 앞에서도 말을 아낀다고 했다.

그 근거 구절인 '자기보다 더 큰 자 앞에서'라는 문장은 '비프네이', 즉 '앞에서'라는 단어를 사용하고 있다. 그러나 다른 문서에서는 그 동의어인 '리프네이'를 사용한다. 이 두 판본의 차이점은 '비프네이'가 공간적인 의미에서만 '앞에'라는 뜻을 가진다는 점에 있다. 즉 이 단어는 누군가의 앞이나 무언가의 앞에 공간적으로 서 있을 때에 사용하는 단어인 것이다. 반면 '리프네이'는 연대기적 의미에서도 '앞에'라는 뜻을 가진다. 그러므로 이 판본의 구절을 따른다면, 배운 사람은 자기보다 더 큰 사람이 먼저 말하게 하고, 그가 말을 마치면 배운 사람이 자신의 질문이나 견해를 말한다는 것이다.

피르케이 모세스[Pirkei Moses]의 저자는 이 구절이 배운 사람은 자기보다 더 높은 사람 앞에서 반드시 말을 삼가야 한다는 것은 아니라고 말하고 있다. 반대로 자기보다 더 배운 사람 앞이라 하더라도 그가 질문을 하지 않거나 견해를 밝히지 않으면, 그로부터 무엇을 배울 수 있겠는가? 즉 이 구절은 그보다는 배운 사람이란 자기보다 더 큰 사람 앞에 있을 때에는 예의를 차려 다른 사람에게 주의를 돌려 다른 말을 하지 않는다는 것을 뜻한다고 했다.

더 나아가 배운 사람은 자기보다 더 큰 사람이 근처에 있거나 쉽게 그 사람에게 상담을 받을 수 있는 상황에서는 자기 의견을 함부로 권하지 않는다. 예를 들어 형제 나답과 아비후가 죽은 후 살아남은 아론의 아들 엘라자르와 이다말은 제사로 바쳐진 음식을 먹지 않았다. 모세가 그들을 꾸짖을 때 그들은 자신들의 입장을 설명해야 했음에도 입을 열지 않았다. 라쉬는 그들의 아버지 아론이 근처에 있었기 때문에 엘라자르와 이다말은 아론이 자기 생각을 말하기 전까지는 입을 열지 않았다고 설명한다(레 10:19).

브두엘의 아들이자 리브가의 오빠인 라반에게서 정반대의 사례를 발견할 수 있다. 아브라함의 종 엘리에셀이 브두엘에 집에 와 리브가를 이삭의 아내로 데려가도 되겠냐는 허락을 구하였다. 토라는 이 때를 이렇게 말한다. "라반과 브두엘이 대답했다"(창 24:50). 즉 라반이 자기 아버지가 말을 할 수 있었는데도 나서서 말을 했다는 것이다. 얼마 지나지 않아 아버지 브두엘이 죽은 후 "리브가의 오라버니와(라반과) 그의 어머니가 이르되"(창 24:55) 또 라반은 자기 어머니가 답을 할 수 있는데도 이를 뛰어넘어 자기 말을 내세우고 있는 것이다.

그는 그의 동료의 말을 방해하지 않는다

배운 사람은 말하는 상대방이 자기 말을 끝낼 때까지 기다리며, 그 말을 방해하지 않는다. 이런 모습을 보여준 사람이 바로 아론인데, 아들들이 죽은 후 그는 답을 하기 전에 먼저 모세가 말을 끝낼 때까지 기다렸다. 아브라함에게 소돔의 거주민들을 위하여 간구할 때, 하나님께서는 아브라함이 길게 말하도록 내버려두시며 이런 성품을 직접 보여주셨다(창세기 18장).

이런 성품은 다른 사람이 말할 때에 참을성 있고 주의 깊은 태도를 유지하는 것을 의미한다고도 볼 수 있다.

그는 성급하게 대답하지 않는다

배운 사람은 '머릿속에 이미 모든 답이 다 있어서 질문을 할 때마다 바로바로 답이 튀어 나온다'라는 생각은 잘 알려진 오해이다. 진정한 지혜란 진리에 닿고자 하는 열망으로 오랜 시간에 걸쳐 깊이 생각하고 또 심사숙고한 후에 나오는 열매이다. 이런 사람은 항상 조심스럽게 생각하고, 또 그 영향까지 모두 분석한 후에야 답을 건넨다.

욥의 네 번째 친구였던 바라겔의 아들 엘리후에게서 이러한 성질을 발견할 수 있다. 그는 욥기가 32장에 이르기까지 말을 하지 아니하였으며, 말을 꺼낼 때에도 다른 사람들에게 "나는 연소하고 당신들은 연로하므로…(중략) 연륜이 많은 자가 지혜를 가르칠 것이라…" 그러나 그들이 욥에게 제대로 된 대답을 해주지 못하는 것을 보고 그는 "내가 말을 하여야 시원할 것이라 내 입을 열어 대답하리라"고 하며 말을 시작했다(욥 32:6-7, 20).

그는 주제에 관련된 질문을 먼저 하고 정확하게 대답한다

배운 사람은 답을 미리 예상하고 질문을 던진다. 그러므로 적절한 질문을 하면, 배운 사람은 이를 분명히 받아들이고 이에 알맞는 답을 한다.

이런 면에서 현자들은 제자에게 주제와 크게 관련 없는 질문은 하지 말라고 조언했다. 정신이 흐트러지지 않으면 주제와 주제를 건너뛰지 않으며, 이런 훈련은 바로 지혜를 얻기 위한 기초이다. 그러므로 랍비 히야는 동료 랍비에게 조언하기를 랍비 예후다 하나시가 모든 질문에 능숙하게 답을 한다 하더라도 그에게 대화의 주제와 관련 없는 질문은 하지 말라고 했다.

그는 첫 번째 일들을 먼저, 마지막 일들을 마지막에 토론한다

배운 사람은 대답할 때, 대답의 목적이 진리의 빛을 비춰주기 위함이기 때문에 요점을 정확하게 짚는다. 요점을 분명하게 전달하기 위해 보통 배운 사람은 "처음 말해야 할 것은 처음에, 마지막에 말할 것은 마지막에 말한다." 엘리에셀이 하란으로 떠나 리브가에게 "누구의 딸인가? 아버지 집에 하룻밤 묵고 갈 수 있는가?"라는 두 가지 질문을 건넸을 때, 리브가는 먼저 "저는 브두엘의 딸입니다"라고 답한 후 "우리 집에는 겨와 여물도 넉넉하고, 하룻밤 묵고 가실 수 있는 방도 있습니다."라고 함으로써 질문의 순서에 맞게 답을 했다(창 24:23-25).

마찬가지로 하나님께서 모세에게 불타는 떨기나무 앞에서 나타나셨을 때, 모세는 두 가지 질문을 하나님께 건넸고, 하나님은 그 질문의 순서에 맞게 답하셨다. 모세는 "내가 누구이기에 바로에게 가며 이스라엘 자손을 애굽에서 인도하여 내리이까"라고 물었다.

모세의 첫 번째 질문인 "내가 누구이기에 바로에게 가겠습니까?"라는 말은 즉, "제가 이 책임을 맡을 만한 사람입니까? 파라오가 저를 반역자라고 내쫓았는데, 제가 돌아와도 그가 저를 참아주겠습니까?"라는 말이다.

이에 대해 하나님께서는 이렇게 답하셨다. "(네가 다치지 않도록)내가 반드시 너와 함께 있으리라. 그것이(불타는 떨기나무가) 바로 내가 너를 보낸 증거니라."

모세의 두 번째 질문인 "제가 [정말로] 이스라엘 자손을 애굽에서 인도해 내겠습니까?"라는 말은 곧 "그들이 이 목적을 이룰 만한 기업을 가지고 있습니까?"라는 뜻이다.

여기에 하나님께서는 이렇게 답을 하셨다. "네가 그 백성을 애굽에서 인도하여 낸 후에 너희가 이 산에서 하나님을 섬기리라." 다르게 말하자면 "내가(하나님께서) 백성들을 이집트에서 이끌어내는 것은 곧 그들이 후일 산에 서서 토라를 받음으로 얻을 기업으로 인한 것이다"라고 말씀하신 것이다.

그러나 이런 원리에도 예외는 있다. 예를 들어 람밤의 말에 따르면 두 번째 질문에 먼저 답하는 것이 첫 번째 질문에 대한 대답을 더욱 분명하게 해주는 경우가 있다. 이 경우 응답자는 두 번째 질문에 먼저 답을 해야 한다. 배운 사람은 자신에게 주어진 질문에 대한 가장 알맞은 대답이 무엇인지를 잘 판단할 수 있다. 티페레트 이스라엘에서 말하는 대로, 구성이 탄탄하다는 것은 곧 거기에 지혜가 있다는 것을 나타낸다.

그가 듣지 못한 어떤 것에 대해서 '나는 듣지 못했다'라고 그는 말한다.

지식이 없다는 것을 시인하는 것은 오히려 지혜와 공손함을 나타내는 것이다. 의식법적으로 부정한 사람들이 유월절 제사를 드리기 원하여 모세에게 가능한지를 물었을 때, 우리의 위대한 스승 모세의 대답은 "기다리라 여호와께서 너희에게 대하여 어떻게 명령하시는지 내가 들으리라"(민 9:8)였다. 즉 현자들의 자세한 설명에 의하면, 이 대답은 "이를 아직 배우지 못하였소. 서서 주님의 답을 듣겠소."라는 뜻이라고 한다(시프레이[Sifrei] ibid.).

산헤드린의 시대에는 현자들을 보내어 디아스포라 공동체를 인도하도록 하는 것이 관습이었다. 랍비 예후다 네시아[R' Yehudah Nesiah]는 이런 디아스포라 공동체에 서신을 보낼 때에 이렇게 적었다고 한다. "그대들에게 한 위대한 사람을 보냅니다. 그의 위대함은 무엇인가? 바로 자기가 듣지 못했다는 것을 인정하면서도 전혀 부끄러움이 없는 사람이라는 것입니다"(예루샬미 하기가[Yerushalmi Chagigah] 1:8).

할라카는 우리에게 누군가를 인용할 때(특히 스승의 말을 인용할 때)에는 인용하는 자의 이름을 반드시 언급해야 한다고 명령하고 있다(6:6, 칼라[Kallah] 2).

더 나아가 이 구절은 견해나 할라카를 토라의 권위에 기대지 않는 잘못을 범하게 될 수도 있다며 경고하고 있다. 비록 그 말이 올바른 신앙과 옳은 행동을 전파하기 위한 것일지라도, 현자들은 말하기를 이런 잘못은 하나님이 이스라엘에서 떠나시게 하는 큰 죄이다(베라호트[Berachos] 27, 칼라[Kallah] 말미). 보다 지혜로운 사람은 자신의 생각을 밝힐 때에 '제 부족한 견해로는', '제가 보기에는', '제가 생각하기에는'이라는 말을 항상 붙인다.

토사포트 욤 토브[Tosafos Yom Tov]는 이 구절이 이토록 자명한 명제를 굳이 가르쳐야 하는 이유가 무엇인지에 대해 묻는다. 랍비 야아코브 엠덴[R' Yaakov Emden]은 이에 대해 설명하기를, 현자들은 다른 곳에서는 정반대의 것을 가르쳤기 때문이라고 했다. 즉 자기 말이 받아들여질 수 있도록 진리에서 벗어날 수도 있다는 것이다. "네 말을 남들이 듣게 만들고 싶거든 위대한 사람의 말로 돌려라"(페사힘[Pesachim] 112a, Rashi).

이 구절은 예외적인 상황에 처했을 때 이런 행동이 필요하다는 제약으로 이어진다. 즉 분란을 피하기 위해서, 즉 평화를 위해 어떤 때에는 진실에서 벗어날 수도 있다는 것이다(예바모트[Yevamos] 65b). 혹은 스승에게서 할라카를 배웠고 그 주장의 진실성에도 확신이 서지만, 출처가 불분명하다면, 이 경우 확실한 출처가 있다고 말할 수도 있다는 것이다.

그러나 대부분의 경우 이런 행동은 금지된다.

그리고 그는 진실을 인정한다

배운 자의 일곱 번째 성질은 바로 가장 얻기 어려운 것, 즉 자기 제자를 포함한 여러 사람들 앞에서 자신의 실수를 인정하는 능력이다.

그러므로 유다가 다말에게 매춘을 했다는 이유로 죽이려 할 때 다말이 그의 아이를 임신했다고 말하자, 유다는 사람들 앞에서 "그는 나 보다 옳도다"(창 38:26)이라고 시인했다. 이 말은 "나로부터 [그녀가 임신했다]; 그녀가 옳다"라고 해석될 수도 있다.

모세에게서도 이런 모습의 전형을 발견할 수 있다. 나답과 아비후가 죽은 후 그들의 형제인 엘라자르와 이다말이 제사로 바쳐진 고기를 먹지 않는 것을 꾸짖을 때, 아론은 그들이 이런 행동을 한 이유를 설명하였고 "모세는 그 말을 듣고…(중략) 보기에 좋았다." 다시 말하면 자신이 할라카를 잊고 있었다는 것을 시인하는 데에 전혀 거리낌이 없었던 것이다(제바힘[Zevachim] 101b).

반면 교양 없는 사람은 자신의 실수를 인정하기 힘들어한다. 실수가 실패임과 동시에 자신의 불명예라고 판단해버리기 때문이다. 하지만 진실은 정반대이다. 솔직함이 거짓 위에 세워진 명예보다 더 크다. 실수를 인정함으로써 반대로 존경을 얻고 사람들에게 이 사람이 진실로 옳다는 신뢰를 줄 수 있다.

배운 사람은 감사할 줄 안다

미드라쉬 슈무엘은 '진실을 인정한다'라는 구절에서 '인정'이라는 뜻의 히브리어 '모데흐'[modeh]를 '감사하다'로 해석하고 있다([모데흐 아니 레파네하—주님께 나의 감사를 표합니다]를 근거로 한다). 배운 사람은 자신이 얻은 지혜에 감사할 줄 알며, 스승과 부모에게 그 영광을 돌린다. 이러한 면에서 "[다윗 왕은]아히도벨에게 두 가지만을 배웠으나, 그를 랍비요, 스승이요, 선생이라 불렀다"(6:3).

반대로 교양이 없는 사람은 자신이 가진 것이 당연히 받을 만하기 때문에 받은 것으로 여기며, 다른 사람으로부터 배운 것들은 상대방의 개인적인 나약함으로 받아들인다. "아버지, 어머니, 스승과 자기보다 더 지혜롭고 수가 많은 사람보다 더 뛰어난 사람으로부터 배운 후에 그들을 물리치지 말라"(베라호트[Berachos] ibid.). 감사는 지혜를 얻는 길의 토대이다. 감사가 부족한 사람에게는 그 모든 교육과 가르침도 무용지물이다.

지혜에 이르는 일곱 단계

이 구절이 순서대로 지혜에 이르는 단계를 보여주고 있다는 티페레트 이스라엘의 설명을 마지막으로 본 장을 마치고자 한다.

첫째, 먼저 들어야 한다.

둘째, 들음으로써 상대의 말을 방해하지 말아야 한다.

셋째, 상대방이 자기 말을 끝낸 후에는 들은 것을 충분히 이해하여야 하며, 성급하게 답하지 말아야 한다.

넷째, 상대의 주장을 이해하지 못했다면 이에 맞춰 적절하게 대화에 참여해야 한다.

다섯째, 주제가 복잡하다면 질문을 모두 떠올린 후 첫 번째 요점은 처음에 말하고 마지막 요지는 마지막에 말해야 한다.

여섯째, 확신이 서지 않는다면, 자신의 무지를 인정해야 한다.

마지막으로 자신의 실수를 발견했다면, 그 실수를 인정해야 한다.

미쉬나 10절 — משנה י

שִׁבְעָה מִינֵי פֻּרְעָנִיּוֹת בָּאִין לָעוֹלָם
עַל שִׁבְעָה גוּפֵי עֲבֵרָה.
מִקְצָתָן מְעַשְּׂרִין וּמִקְצָתָן אֵינָן מְעַשְּׂרִין,
רָעָב שֶׁל בַּצֹּרֶת בָּאָה,
מִקְצָתָן רְעֵבִים וּמִקְצָתָן שְׂבֵעִים.
גָּמְרוּ שֶׁלֹּא לְעַשֵּׂר,
רָעָב שֶׁל מְהוּמָה וְשֶׁל בַּצֹּרֶת בָּאָה.
וְשֶׁלֹּא לִטּוֹל אֶת הַחַלָּה, רָעָב שֶׁל כְּלָיָה בָּאָה.

일곱 종류의 형벌이 일곱 종류의 범죄 때문에 이 세상에 왔다.

1. 만약 어떤 사람은 십일조를 하고 다른 사람들은 하지 않는다면,
   비의 부족으로 인한 기근이 계속해서 일어나고
   몇몇은 굶주리고 다른 사람들은 배부르게 된다.
2. 만약 모두가 십일조를 하지 않기로 결정한다면,
   무장한 무리들과 가뭄으로 야기된 거대한 기근이
   계속해서 일어난다.
3. [만약 그들이 또한] 안식일 빵을 구분하지 않기로 결정한다면,
   파괴적인 가뭄으로 야기된 기근이 계속해서 일어난다.

미쉬나 10절

일곱 종류의 형벌이 일곱 종류의 범죄 때문에 이 세상에 왔다

이전에 우리는 악인이 평안을 누리고 의인이 고난을 받는 이유를 인간으로서는 알 수 없다고 했다(4:15). 시편의 말씀뿐만 아니라 이 주제를 다루고 있는 책인 욥기에서 보듯, 역사상 가장 위대했던 현자들조차도 이 문제는 봉인된 책과 같이 알 수 없는 영역이었다.

우리는 트랙을 달리는 이어달리기 선수와 같다. 경기는 70년, 80년 동안 계속 이어진다. 이전 세대로부터 바톤을 받아 달리다가 다음 세대에게 이를 건네주어야 할 책임이 있다. 이 트랙이 어디까지 이어져있는지, 주위에서 무슨 일이 일어나는지는 경기에 참가한 선수가 알 수 없기 때문에, 하늘나라의 심판을 우리는 이해할 수 없다. 또한 우리 앞에 닥치는 악한 것들의 의미를 이해할 수도 없다. 그러나 단 하나, 우연은 없다는 것은 잘 알고 있다.

토라에서 수없이 말하는 것과 같이, 하나님의 뜻을 실천하는 사람에게는 보상이, 주님의 뜻을 어기는 자에게는 징벌이 약속되어 있으며, 유대인들은 역사를 통해 이러한 진리를 경험해왔다. 하나님께서는 그저 임

의로 선과 악을 여기저기 뿌려대시지 않으신다. 우리가 하나님으로부터 받는 모든 것은 우리의 선택의 결과이다. 주님께서 우리에게 내리시는 징벌은 복수를 위해서가 아닌, 우리의 빚을 청산하기 위한 것이다. 그러므로 이 구절에서 '징벌'이라는 의미로 사용하고 있는 단어 '푸라누스'라는 어원이 '피아론'[pia'ron], 즉 '갚음'인 것이다. 징벌은 우리가 죄를 용서받을 수 있는 수단이며, 우리는 징벌을 받고 죄를 떨쳐낼 수 있으며 보상을 받을 계명을 실천할 수 있다. 즉 이런 원리는 하나님께서 보여주시는 위대한 선하심이다.

이에는 이, 눈에는 눈

일곱 가지 죄에 대응하는 일곱 가지 징벌에 대해 말하는 이 구절은 토라의 꾸짖음을 상기시킨다. 토라에서는 일곱 가지의 징벌에 대해 말하고 있으며, 각각의 징벌은 특정 죄에 연결되어 있는데 이러한 내용은 토라에 반복적으로 나타나고 있다(레 26:18, 라쉬[Rashi]의 주석).

이 구절에 기록된 일곱 가지 징벌은 다음과 같다.
1) 가뭄으로 인한 기근
2) 가뭄과 전쟁의 소란으로 인한 기근
3) 모든 것을 앗아가는 기근
4) 역병
5) 검
6) 야생의 짐승들
7) 추방

그러나 이 구절은 일곱 가지의 죄를 더 말하고 있기 때문에, 실제로는 열네 가지의 죄를 나열하고 있는 것이 된다.

1) 어떤 이는 십일조를 드리고 어떤 이는 드리지 않음
2) 모든 사람이 십일조를 드리지 않음
3) 모든 사람이 안식일 빵을 구분하지 않음
4) 사형을 받아 마땅한 죄가 심판대 앞에 서지 않음
5) 안식년의 장물을 부정하게 사용함
6) 정의가 늦춰짐
7) 정의가 왜곡됨
8) 할라카에 따라 토라를 가르치지 않음
9) 헛된 맹세를 함
10) 하나님의 이름이 더럽혀짐
11) 우상을 숭배함
12) 금지된 관계를 맺음
13) 피를 흘림
14) 안식년의 법을 무시함

이 열네 가지 죄는 일곱 가지 범주로 나뉘어 위의 일곱 가지 징벌에 대응한다. 다음은 일반적으로 받아들여지는 구조이다.

1) 어떤 이는 십일조를 드리고 어떤 이는 드리지 않으면 가뭄으로 인해 기근이 찾아온다.
2) 모든 사람이 십일조를 드리지 않으면 가뭄과 전쟁의 소란으로 인해 기근이 찾아온다.
3) 모든 사람이 안식일 빵을 구분하지 않으면 모든 것을 앗아가는 기근이 찾아온다.
4) 토라에 의거하여 사형을 받아 마땅한 죄가 심판대 앞에 서지 않으

면 역병이 찾아온다.

　5) 정의가 늦춰지고 왜곡되며, 할라카가 제대로 가르쳐지지 않으면 검(전쟁)이 찾아온다.

　6) 거짓 맹세를 하고 하나님의 이름을 더럽히면 야생의 짐승들이 일어난다.

　7) 우상을 숭배하고 금지된 관계를 맺으며 피를 흘리면 땅에서 추방된다.

　그러나 라쉬는 이 열네 가지 죄를 다르게 구분했다. 라쉬의 범주는 다음과 같다.

　1) 십일조와 할라카를 구분하지 않음
　2) 사형에 처해야 마땅한 건이 유대교 법정에 서지 않음
　3) 안식년에 수확한 작물을 부당하게 사용하며 땅을 안식하게 하라는 율법을 지키지 않음
　4) 정의를 늦추고 왜곡하며 할라카를 올바르게 가르치지 않음
　5) 거짓 맹세를 함
　6) 주님의 이름을 더럽힘
　7) 우상숭배, 금지된 관계, 피 흘림

　일부 주석가들은 우상숭배와 금지된 관계, 피 흘림을 세 가지의 다른 범주로 구분하고 강력사건이 기소되지 않는 것과 거짓 맹세를 모두 하나님의 이름을 더럽힌 것으로 간주하고 있다.

> **만약 어떤 사람은 십일조를 하고 다른 사람들은 하지 않는다면,
> 비의 부족으로 인한 기근이 계속해서 일어나고
> 몇몇은 굶주리고 다른 사람들은 배부르게 된다.**

이 구절에서 언급되는 첫 번째 죄는 십일조의 율법의 일부를 어기는 것으로, 테루마와 마아셀[terumah and ma'aser], 제사장과 레위인에게 주는 소득의 일부의 계명에 관련된다. 이 구절의 의미는 '일부는 십일조를 드리고 일부는 안 드리는 것', 혹은 '어떤 때에는 십일조를 드리고 어떤 때에는 안 드리는 것'을 뜻한다.

테루마와 마아셀은 무엇인가?

농부가 작물을 모두 수확하고 모으면 제사장에게 테루마를 주어야 한다. 그 분량은 토라에서 정해지지 않았다. 그러나 현자들은 보통 너그러운 사람은 수확물의 40분의 1을, 보통은 50분의 1을 주며 인색한 사람은 60분의 1을 테루마로 준다고 했다(테루마[Terumah] 4:3) (오늘날에는 제사장이 테루마를 받지 않으므로 이렇게 테루마를 나누지는 않는다).

그 후에는 마아셀 리숀[ma'aser rishon], 즉 소득의 십분의 일을 레위인들을 위해 따로 구분한다(안식년은 제외한다). 더 나아가 또 십분의 일을 떼어야 하는데, 안식년 주기인 7년 중 첫 해, 둘째 해, 넷째 해, 다섯째 해에 뗀 곡식의 십분의 일을 마아셀 쉐이니[ma'aser sheini], 즉 자신이 먹고 사는 땅인 예루살렘에 그 해에 얻은 곡식(혹은 동등한 가치의 돈)을 내는 것이다. 셋째 해와 여섯째 해에는 가난한 자를 위해 마아셀 아니[ma'aser ani]로 십분의 일을 뗀다.

모든 사람이 십일조를 하지 않는다면(혹은 어떤 때에는 십일조를 하지 않으면) 가뭄으로 인한 기근으로 징계를 받을 것이다. 비는 이스라엘 땅 일부에만 내릴 것이다. 이로 인해 물가가 올라 사람들은 충분한 식량을 사

지 못할 것이며, 이로 인해 '몇몇은 굶주리고 다른 사람들은 배부르게'될 것이다.

이 징벌은 제사장과 레위인들이 자신의 소득을 빼앗겼기 때문에 찾아오는 것이다. 제사장과 레위인들은 이 땅의 기업을 받지 못하였으므로, 경작을 할 수도 없다. 그들의 역할은 농사가 아니라 하나님께 드리는 거룩한 제사와 예배에 헌신하는 것이다. 제사장들은 성전에서, 레위인들은 제사장들을 섬김으로써 "주의 법도를 야곱에게 주의 율법을 이스라엘에게 가르친다"(신 33:10). 토라는 일을 하지 못하는 그들에게 테루마와 마아셀이라는 선물을 주고 있는 것이다.

> **만약 모두가 십일조를 하지 않기로 결정한다면, 무장한 무리들과 가뭄으로 야기된 거대한 기근이 계속해서 일어난다.**

모든 사람들이 십일조를 드리지 않기로 미리 마음을 먹는다면 그에 대한 징계로 무장한 무리들과 가뭄으로 야기된 기근이 계속해서 찾아온다. 그 죄가 보편적이므로 굶주림도 보편적으로 일어날 것이다. 모든 사람이 도움이 필요한 사람에게 마땅히 도움을 주지 않았기 때문에 그들 역시도 도움과 생계를 충분히 얻지 못할 것이다. 조국의 땅을 침략하고 땅 위에 선 것들을 모조리 파괴하는 외세의 군대가 일으키는 소란으로 인해 농부들은 밖에 나가 농사를 짓지 못할 것이므로, 가뭄으로 인한 굶주림은 더욱 심화될 것이다.

라쉬는 이런 상황에서는 목숨을 부지할 만큼의 충분한 음식이 있을지라도 배고픔과 부족함을 느낄 것이라고 말하고 있다.

라베이누 요셉 벤 수산[Rabbeinu Yosef ben Shushan]에 의하면, '소란'

은 마음의 소동을 뜻한다고 했다. 국토가 외세의 군대에게 짓밟힐 때는 사회 온 계층의 사람들이 뒤집히기 때문에, 모든 사람들이 적을 물리치자는 마음 하나로 뭉치게 된다. 그렇게 할 때에야 십일조를 내지 않은 죄를 바로잡게 되고, 마침내 옆에 선 사람이 자신의 형제였으며, 다른 사람의 도움이 없이는 자신의 풍요로운 삶도 없다는 것을 깨닫게 되는 것이다.

온 나라 사람들이 십일조를 내지 않는 것이 어떻게 가능할까?

미드라쉬 슈무엘은 이것이 바로 "한 명의 죄가 다른 죄로 이어진다"는 원리라고 설명한다. 처음에는 몇몇 소수의 사람들만 십일조를 내지 않는데, 그동안 사람들은 눈이 가려져 다른 사람을 꾸짖으라는 계명을 실천하지 않는다. 그렇게 시간이 지나면 모든 사람들이 이런 상황에 익숙해지기 때문에, 계명을 지키는 사람들조차도 더 이상 다른 사람들이 할라카를 어기는 데에 큰 관심을 기울이지 않게 된다. 그렇게 되면 모든 사람이 십일조 정도는 그냥 드리지 않는 상태로 빠져드는 것이다.

[만약 그들이 또한] 안식일 빵을 구분하지 않기로 결정한다면, 파괴적인 가뭄으로 야기된 기근이 계속해서 일어난다.

토라는 우리에게 "너희의 처음 익은 곡식 가루 떡을 거제로 타작 마당의 거제 같이 들어 드리라"(민 15:20)라고 명령하고 있다. 즉 제사장을 위해 자신의 먹을 것의 일부를 따로 떼어놓으라는 것이다. 토라에서는 정확히 얼마를 떼라고 말은 하지 않으나, 현자들은 24분의 1을 따로 떼라고 말하고 있으며, 특히 빵 굽는 자는 48분의 1을 떼어야 한다고 규정하고 있다. 모든 사람들이 안식일 빵을 따로 떼지 않는다면, 모든 것을 앗아가는 기근이 찾아온다. 비도 내리지 않으며, 작물도 자라지 않을 것이다.

"내가 너희의 세력으로 말미암은 교만을 꺾고 너희의 하늘을 철과 같게 하며 너희의 땅을 놋과 같게 하리니"(레 26:19).

이처럼 안식일 빵을 구분하지 않음으로 받는 징벌이 십일조를 드리지 않음으로 받는 징벌보다 더 무거운 이유는 무엇인가?

테루마와 마아셀은 땅에서 난 것이면 무엇이든 떼어야 하는 것이다. 테루마와 마아셀을 조금 드린다 하더라도 인색한 사람이든지, 테루마와 마아셀을 낼 때에 믿음이 조금 흔들렸든지 등의 이유로 이해할 수 있다. 그러나 안식일 빵을 구분하라는 계명은 최소 1킬로그램 이상의 반죽에만 적용되므로, 일부러 반죽을 1킬로그램보다 더 작게 만들면 쉽게 이 계명을 피할 수 있다. 이 구절은 이처럼 의도적으로 반죽을 작게 만들어 안식일 빵을 구분하라는 계명을 회피하려는 사람들에게 적용되는 말씀인 것이다. 이런 사람들은 그에 따라 특히 가혹한 징계를 받게 될 것이다.

더 나아가 하나님께서 주신 먹을 것에 대한 작은 보답으로 제사장에게 자신의 것을 조금 나누어주는 일을 굳이 피하려 한다면, 이는 감사할 줄 모르는 것으로 반드시 교정이 필요하다.

미쉬나 11절   משנה יא

דֶּבֶר בָּא לָעוֹלָם עַל מִיתוֹת הָאֲמוּרוֹת בַּתּוֹרָה
שֶׁלֹּא נִמְסְרוּ לְבֵית דִּין, וְעַל פֵּרוֹת שְׁבִיעִית.
חֶרֶב בָּאָה לָעוֹלָם עַל עִנּוּי הַדִּין,
וְעַל עִוּוּת הַדִּין, וְעַל הַמּוֹרִים בַּתּוֹרָה שֶׁלֹּא כַהֲלָכָה.
חַיָּה רָעָה בָּאָה לָעוֹלָם עַל שְׁבוּעַת שָׁוְא,
וְעַל חִלּוּל הַשֵּׁם.
גָּלוּת בָּאָה לָעוֹלָם עַל עוֹבְדֵי עֲבוֹדָה זָרָה,
וְעַל גִּלּוּי עֲרָיוֹת, וְעַל שְׁפִיכוּת דָּמִים,
וְעַל הַשְׁמָטַת הָאָרֶץ.

4. 치명적인 질병은
   안식년의 열매를 불법적으로 사용하는 것이 죽음에 이르는
   범죄이기 때문에 나타난다.
   또한 사형에 이르는 죄를 범하였는데도 불구하고
   법원이 바르게 판단하지 않음으로 인하여
   치명적인 질병이 세상에서 발생한다.
5. 전쟁의 칼은
   정의의 지연, 정의의 악용 그리고
   토라가 가르치는 법에 반대로 토라의 결정을 해석하기 때문에
   세상에 나타난다.
6. 야생의 짐승들은
   헛된 명세와 하나님의 이름을 욕되게 하는 것 때문에
   세상에 나타난다.
7. 국외 추방은
   우상숭배, 부도덕함, 피흘림 그리고 안식년 동안 땅을 경작하는 것
   때문에 생겨난다.

미쉬나 11절

> **치명적인 질병은 안식년의 열매를 불법적으로 사용하는 것이
> 죽음에 이르는 범죄이기 때문에 나타난다.
> 또한 사형에 이르는 죄를 범하였는데도 불구하고 법원이 바르게
> 판단하지 않음으로 인하여 치명적인 질병이 세상에서 발생한다.**

본 구절은 치명적인 질병으로 징계를 받을 수 있는 두 가지 죄를 나열하고 있는데, 바로 사형에 처해져야 마땅한 죄가 법정에 송사되지 않는 죄와 안식년의 열매를 불법적으로 사용하는 죄이다.

주석가들은 이에 대해 두 가지 해석을 제시하고 있다. 첫 번째 해석은 이 구절의 대상이 하늘나라의 권한으로 죽임을 당해야 하며 그 죄가 법정에 송사될 만하나, 판사가 실질적으로 실형을 선고할 수는 없는 죄를 범한 죄인에 대한 것이라는 것이다. 예로 거짓 증언을 하고 경고를 하지 않은 죄를 지은 죄인을 들 수 있다.

또 다른 해석에 따르면 이 구절은 판사가 불법으로 판결을 미루는 것을 뜻한다. 판사가 그 의무를 다하지 않을 때 그 책임은 공동체에게로 돌

아가며, 죄를 저지른 판사는 공동체에 죄와 징벌을 가져다주는 존재가 되어버리고 마는 것이다.

안식년의 열매를 불법적으로 사용하는 것

이 구절에 따르면, 치명적인 질병이 찾아오는 두 번째 이유는 바로 안식년 해의 열매를 부정하게 사용하는 것이다. 토라는 안식년에 밭과 포도원을 쉬게 하라고 명하고 있다. 개인의 필요를 위해 원하는 작물을 취할 수 있도록 땅이 부자든 빈자든 상관없이 모두를 위한 작물을 낼 수 있도록 하는 것이다.

안식년은 우리에게 사람은 자기 자신의 주인이 아니며 그 성공 역시도 자신의 노력의 결과일 뿐인 것은 아니라는 사실을 전해준다. 오히려 온 세상의 주인은 바로 하나님이시다. 사람이 자기 땅을 포기한다는 것은 곧 그 땅이 자신의 것이 아닌, 하나님의 것이라는 것을 나타내는 것이다.

안식년에 작물을 내어 그 작물로 일을 한다면 곧 하나님의 법을 어기는 것일 뿐만 아니라, 자신의 인생이 하나님께 달려있다는 것을 믿지 않는다는 것이다. 둘째로는 사회에 대하여 죄를 짓는 것이기도 한데, 이는 그가 가난한 자들에게 돌아가야 할 것을 도적질하는 셈이기 때문이다.

치명적인 질병은 농부가 토라에서 마땅히 가난한 자에게 주어야 한다는 부분, 즉 토라에서 부족한 사람에게 남겨두라고 명령한 비교적 작은 부분인 '레케트, 시케하, 페아, 마아셀 아니'(아보트 데랍비 노쏜[Abos DeRabbi Nosson] 38:2)를 주지 않을 때에도 찾아온다.

전쟁의 칼은 정의의 지연, 정의의 악용 그리고 토라가 가르치는 법에 반대로 토라의 결정을 해석하기 때문에 세상에 나타난다.

전쟁의 칼은 전쟁을 뜻하며, 세 가지 죄로 인한 징벌로써 찾아온다. 그 세 가지 죄란 바로 정의의 지연, 정의의 악용, 토라가 가르치는 법에 반대로 토라의 결정을 해석하는 것이다. 판사가 정확한 판결이 무엇인지 알면서도 이를 유예할 때에 정의는 지연된다. 그러나 이보다 더욱 심각한 것은 바로 정의를 악용하는 것인데, 판사가 성경에서 "밝은 자의 눈을 어둡게 하고 의로운 자의 말을 굽게 하느니라"(출 23:8)고 한 뇌물(꼭 돈일 필요는 없으며, 당사자로부터 칭찬의 말을 듣는 것도 이에 해당한다)을 받을 때 발생한다. 혹은 그 판사가 개인적인 편견에 의해 흔들릴 때에도 정의가 악용될 수 있다.

이사야 선지자는 사법 시스템의 붕괴로 인해 성전이 파괴되고 이스라엘 백성들이 땅에서 쫓겨나게 될 것이라고 했다. "우리가 소돔 같고 고모라 같았으리로다"(사 1:9). 현자들은 이르기를 이 사람들이 정의를 악용하는 데에 천부적인 사람들이라고 말했다(산헤드린[Sanhedrin] 109). "네 은은 찌꺼기가 되었고 네 포도주에는 물이 섞였도다…(중략) 고아를 위하여 신원하지 아니하며 과부의 송사를 수리하지 아니하는도다"(사 1:22-23).

정의의 지연

열 명의 순교자 중 처음 두 명은 대제사장인 랍비 이스마엘[R' Yishmael]과 이스라엘의 의인(나시)이었던 랍반 쉬므온 벤 가말리엘[Rabban Shimon ben Gamaliel]이다(메힐타라[Mechilta], 출 22:22, 스'마코트[S'machos] 8). 죽음을 맞기 직전, 랍반 쉬므온은 랍비 이스마엘에게 울부짖었다. "선생님, 이제 제가 죽게 되었습니다만, 아직도 제가 죽는 이유를 모르겠습니다!" 그러자 랍비 이스마엘이 답하였다. "어쩌면 고아나 과부가 찾아와 판결이나 질문의 대답을 바랐으나, 자네가 마시거나, 신발이나 망토를 신는다고 그들을 기다리게 했을 수도 있네. 정의를 지연한 것으로, 토라는 '너는 과부나 고아를 해롭게 하지 말라…나의 노가 맹렬하므로 내가 칼로 너희를 죽이리니 너희의 아내는 과부가 되고 너희 자녀는 고아가 되리라'(출 22:22-24)고 하였네."

이에 랍비 쉬므온이 답하였다. "선생님이 절 안심시켜 주시는군요. 이제 제가 죽게 된 이유를 알겠습니다."

뇌물

뇌물은 바로 정의의 왜곡을 일으키는 주요 이유로, 그 영향은 눈에 잘 보이지는 않으나 널리 퍼진다. 이는 판사로 섬겼던 랍비 요시 벤 할라프타[R' Yosi ben Chalafta]의 아들 랍비 이스마엘[R' Yishmael]의 이야기에서 나타난다.

랍비 이스마엘은 농지를 가지고 있었는데, 이를 농부들에게 빌려주어 매주 금요일에 작물의 일부를 가져오게 하였다. 언젠가 한 농부가 목요일에 작물을 가져오며, 당일에 법정에서 송사를 하게 되었기 때문에 목요일에 작물을 가져오는 것이 더 편할 것 같다고 설명했다. 그 당시에 법정은 근교의 사람들이 도성으로 모이는 시장이 열리는 날인 월요일과 목요일에 개회했다. 랍비 이스마엘은 농부에게 작물을 받기를 거부하였을 뿐 아니라 더 이상 판사로 섬길 수 없다고까지 말했다.

그는 대신 두 명의 다른 현자들을 지명하여 이 농부의 사건을 심판하게 했다. 재판을 참관하며 랍비 이스마엘은 그 농부를 어떻게 더 현명하게 변호할 수 있을지 계속 고민하고 있는 자신을 발견하였다. 이를 깨달은 그는 뇌물을 받는 사람들을 저주하며 이렇게 말하였다. "나는 아무 것도 받지 아니하였으며, 설령 작물을 받았더라도 원래 그 작물은 내 것이었다. 그러나 내가 이 농부의 편을 들기 위해 취한 모든 것은 그가 내가 받았어야 할 곡물을 하루 일찍 받은 것뿐이다. 이로써 분명하게 알게 되었다. 뇌물의 영향이 얼마나 치명적이고 위험한지를 말이다"(케투보트[Kesubos] 105b).

잘못된 지도

하지만 이보다 더 심각한 것은 바로 자격이 없는 사람이 할라카를 제정하는 것으로, 드물게 실수로 일어나기도 하는 일이다. 자기 마음의 흔들림이나 좁은 사리사욕을 따라 판결을 하는 자는 곧 유대 민족의 기반인 토라의 법을 해하는 것이다.

전쟁과 같은 심각한 징벌이 무지한 몇몇 사람들이 잘못된 법을 제정함으로 일어난다는 것은 겉으로 보기에는 낯설게 느껴질 수도 있을 것이다. 그러나 이런 사실은 우리에게 올바른 정의 체계가 그 무엇보다도 더 중요하다는 것을 알려준다. 일부 몇몇의 자격 없는 판사들의 부족함으로 인해 일어나는 사태를 공동체가 비난할 수는 없다. 제대로 된 판사를 지명하는 것은 유대 민족 전체의 의무이기 때문이다. 또한 본 구절에 언급된 징계만 따로 일어나는 것은 아니다. 이전 구절에 언급된 징계와 더불어 이 구절의 징계가 함께 찾아오는 것이다(샤보트[Shabbos] 33a).

단 약과 쓴 약

루바비츠의 랍비 요셉 이삭 슈네르손[R' Yosef Yitzchak Schneersohn of Lubavitch]은 징계란 하나님께서 사람의 영적인 활기를 다시 회복시키도록 주시는 쓴 약이라고 했다. 그러나 만일 하나님께서 우리가 악해지는 것을 원치 않으신다면, 주님께서는 '선한 길'로 우리를 인도하지 않으시고 도리어 징계를 통해 우리를 회개토록 하시는 이유가 무엇인가?

어떤 약은 달고, 또 어떤 약은 쓰다는 데에 그 답이 있다. 아이가 단 약을 먹으면 자기 몸이 아프더라도 그것이 나쁜 것인 줄 모른다. 반대로 약을 더 먹고 싶어 할 것이다. 반면 아픈 아이가 병이 낫기 위해 쓴 약을 먹어야만 한다면 자신이 지금 병을 앓고 있다는 것을 확실히 깨닫고 다시 건강을 회복하기를 간절히 바라게 될 것이다.

헛된 맹세란 무엇인가?

어떤 주석가들은 헛된 맹세를 하는 것과 주님의 이름을 욕되게 하는 것이 하나의 죄의 범주에 속한다고 했다(토사포트 욤 토브[Tosafos Yom Tov] 인용). 이런 관점에 의하면 '헛된 맹세'란 올바르지 않은 목적으로 하나님의 이름을 말하며 하는 맹세를 뜻한다. 예를 들면 불필요한 맹세나 명백히 거짓된 맹세이다. 람밤은 헛된 맹세의 두 가지 종류를 더 말하고 있는데, 바로 반드시 지켜야 하는 계명을 지키지 않는다는 맹세와 불가능한 것을 하겠다는 맹세가 바로 그것이다(힐코트 샤부오트[Hilchos Shevuos] 1:4-7).

또한 '하나님의 이름을 욕되게 하는 것'은 거짓된 맹세를 뜻한다. 사람이 돈을 빌리지 않는다고 거짓된 맹세를 할 때 그렇다. 하나님의 이름을 이런 목적으로 사용하는 것은 주님의 이름을 심히 욕되게 하는 것이다.

그러나 대다수의 주석가들은 토사포트 욤 토브[Tosafos Yom Tov]의 견해에 동의하지 않는다. 주석가들은 이 구절이 말하는 '헛된 맹세'에는 거짓된 맹세가 포함되는 것이라고 설명한다. 출애굽기의 아랍어 탈굼 번역본에서 우리는 이 두 주장이 서로 융합되는 것을 발견할 수 있다. "너는 네 하나님 여호와의 이름을 망령되게 부르지 말라 여호와는 그의 이름을 망령되게 부르는 자를 죄 없다 하지 아니하리라"(출 20:7).

주석가들에 따르면 하나님의 이름을 욕되게 하는 죄는 주님의 영광을 모독하는 것과 전반적으로 관련이 있다고 한다.

헛된 맹세의 심각함

라베이누 요나[Rabbeiunu Yonah]는 "헛된 맹세가 법정에서 처벌받는 범죄는 아닐지라도, 하늘나라에서 내리는 더욱 큰 징계를 받는 죄이다. 거짓으로 맹세하는 자는 곧 (주님의)그 이름을 더럽히는 것이기 때문이다"(샤아레이 테슈바[Shaarei Teshuvah] 3:45).

현자들의 가르침에서 이에 관한 한 이야기를 발견할 수 있다. 어느 때 가뭄이 들었는데, 한 남자가 자기 수중에 든 모든 재산인 금화 한 디나르를 자신이 사는 마을의 과부에게 주며 이를 숨겨 달라고 했다. 과부는 그 금화를 밀가루 항아리에 숨겨두었다.

시간이 흐른 후, 그 여인은 금화를 숨겨 두었다는 사실을 까맣게 잊고 그 항아리에 담긴 밀가루로 빵을 구웠다. 이 때 금화가 반죽 안에 들어가고 말았으나, 여인은 이 사실을 까맣게 몰랐다. 그 때 한 가난한 사람이 와서 음식을 달라고 하기에 여인은 그 빵을 건네주었다. 얼마 후, 금화를 맡겼던 남자가 돌아와 자신의 돈을 돌려 달라 했다. 그 말을 들은 여인이 이렇게 맹세했다. "당신의 금화로 사익을 취하였다면 죽음의 천사가 제 아들들을 데려갈 것입니다."

그 후 얼마 지나지 않아 한 명의 자녀가 죽음을 맞았다. 이 일이 알려지자 현자들은 그녀가 거짓 맹세를 했기 때문에 이런 일이 일어난 것이라고 하였다. 하지만 정말로 그녀가 사익을 취하였던가? 사실 그녀가 가난한 사람에게 그 빵을 주었을 때, 빵 속에는 금화가 들어 있었으므로 다른 빵들보다 더욱 커 보였다. 때문에 큰 빵을 준 그녀는 원래보다 더욱 너그러운 사람으로 보이는 이익을 얻었던 것이다. 또 현자들은 이에 대해 말하기를 "진실을 맹세하고자 하였음에도 이리 징벌을 당하거늘, 거짓으로 맹세하는 자에게는 얼마나 큰 징벌이 따르겠는가"라고 했다(기틴[Gittin] 35a).

무엇이 주님의 이름을 더럽히는가?

현자들은 속죄를 받을 수 없는 죄가 하나 있다고 하였으니, 바로 주님의 이름을 욕되게 하는 것이다. "만일 사람이 (주님의)그 이름을 더럽히면, 회개도 그의 죄를 취소할 수 없을 것이요, 대속죄일도 이를 속죄할 수 없을 것이며, 고난으로도 그 죄를 씻을 수 없을 것이다. 오직 죽음만이 그 죄를 취소할 수 있으리라. 그러므로 기록된 바 '이 죄악은 너희가 죽기까지 용서하지 못하리라'(사 22:14)라 함과 같으니라"(요마[Yoma] 86a). 더 나아가 람밤은 "만일 사람이 고의로 계명을 어기면 곧 (주님의)그 이름을 더럽히는 것이다"라고 했다.

더 넓은 의미에서는 뛰어난 사람이 저지르는 수많은 행위들이 주님의 이름을 욕되게 하는 것으로 간주될 수 있다. 예를 들어 랍비는 기록하기를 명성이 높은 사람이 정육점에서 고기를 사고 바로 그 값을 지불하지 않으면 곧 하나님의 이름을 욕되게 하는 것이라고 했다. 그 이유는, 만일 고기를 사고 바로 그 값을 지불하지 않으면 토라 학자라는 지명을 오용하여 제 값을 지불하지 않으려는 모습으로 비추어지기 때문이라는 것이다. 이로 인해 그 모습을 보는 사람들은 토라 현자들을 폄하할 것일 뿐 아니라 물건을 훔치지 말라는 계명을 하찮은 것으로 여기고 말 것이며, 토라 학자가 제 값을 안 주고 물건을 받아오는 것을 직접 보았다고 주위에 말하고 다니게 될 것이다.

마찬가지로 랍비 요하난 역시 토라 학자가 명성이 높음에도 네 규빗 이상을 토라를 공부하지 않은 채 걸어가면 곧 하나님의 이름을 욕되게 하는 것이라고 말했다. 그 모습을 언뜻 본 사람들은 그 상황의 이유를 모른 채 위대한 랍비 요하난마저도 배움을 무시한다고 생각하여 토라를 배우는 것이 그리 중요한 것은 아니라고 여기게 될 것이기 때문이다.

또 람밤은 "경건함으로 잘 알려졌고, 또 토라로 저명한 사람의 행동은 사람들에게 적잖이 영향을 미치므로, 이로 인해 하나님의 이름을 더럽히게 된다. 물건을 사고도 바로 그 값을 치르지 않으며, 바로 크게 웃어버리고, 무지한 자와 먹고 마시며, 불쾌한 말을 나누고, 남을 호의로 맞이하지 않으며, 화를 내며 남과 논쟁하는 그 사람이 다른 사람의 본보기일 수도 있다"(힐코트 에소데이 하토라[Hilchos Yesodei HaTorah] 5:10-11)라고 하였다.

비록 현자들이 주님의 이름을 욕되게 하는 죄는 속죄를 받을 수 없다고 하였으나, 라베이누 요나는 "만일 (하나님의 도움으로)토라를 거룩케 하며 또 사람들에게 하나님의 전능하심과 주님의 영광스러운 하늘나라를 가르치면 (영적으로)회복될 수 있다"고 하였으며, 이렇게 함으로써 "(이전에 행하였던)어리석은 행동과 죄악을 상쇄할 수 있다"고 했다(샤아레이 테슈바[Shaarei Teshuvah] 4:5).

야생의 짐승들은 헛된 명세와
하나님의 이름을 욕되게 하는 것 때문에 세상에 나타난다.

단순한 의미로 야생동물은 육식동물들을 뜻한다. 오늘날 거의 대부분의 사람들은 야생동물의 위협에서 멀리 떨어져 있다. 그럼에도 불구하고 이 징벌에 대한 두려움을 떨쳐낼 수는 없는 것은, 주석가들이 '야생동물'

의 다른 정의[definition], 슬프게도 우리에게 너무나 친숙한 다른 정의를 제시하기 때문이다.

마하랄[Maharal]은 야생동물이 곧 외국의 압제를 뜻한다고 했다(테레크 하임[Derech Chaim]). 예를 들면, 다니엘의 꿈에서 왕국들은 다양한 모습의 짐승으로 비유된다(다니엘 7장). 현대 시대에 우리는 여전히 나치라는 야생동물이 남긴 거대한 상처로 고통 받고 있으며, 현재도 이 거룩한 땅뿐 아니라 전 세계에서 일어나는 테러리스트들의 공격과 전쟁, 집단학살을 목격하고 있다.

더 나아가 메이어 네시브[Meir Nesiv]는 야생동물이 바이러스와 박테리아를 의미하기도 한다고 말했다. 헛된 맹세를 하는 죄와 하나님의 이름을 욕되게 하는 죄가 야생동물로 징계를 받는 이유는 무엇인가? 바로 이 세상은 피라미드 구조로 이루어져있기 때문이다. 이 세계라는 피라미드의 맨 위에는 사람이 위치하고 있으며[6] 그 아래에는 동물의 영역, 식물의 영역, 그리고 무생물의 영역이라는 세 영역이 존재한다. 만일 사람이 자신의 사명을 완수하지 못하면서도 이 피라미드의 최상위층에 계속 앉아있다면 이 세계의 구조를 해치는 것이다. 이로 인해 야생동물 역시 이런 창조의 구조에 매이지 않게 되어 사람을 두려워하지 않게 되는 것이다. 야생동물이 세계의 통치권에 대응한다는 견해에 의하면, 우리가 하늘의 왕국을 두려워하지 않게 될 때에 피와 살의 제국이 우리를 지배하게 될 것이다.

---

[6] 랍비 예후다 하레비[R' Yehudah Halevi]는 쿠자리[Kuzari]에서 이스라엘이 이 피라미드에서 사람보다 더 높은 범주에 속한다고 하였다.

국외 추방은 우상숭배, 부도덕함, 피 흘림 그리고 안식년 동안 땅을 경작하는 것 때문에 생겨난다.

현자들은 추방이 모든 징벌 중에서도 가장 큰 징벌이라고 말하는데, 징벌에 모든 고난들이 포함되어 있기 때문이다(바바 바스라[Bava Basra] 8b). 우리가 이 구절에서 배우는 네 가지 죄, 곧 우상 숭배와 부도덕함, 피흘림과 안식년 동안 땅을 경작하는 것을 어기는 죄는 추방으로 그 징벌을 받을 것이다.

이 죄들 중 처음 세 가지 죄는 사람이 자기 목숨을 바쳐서라도 피해야 하는 가장 기본적인 죄이다(람밤[Rambam], 예소데이 하토라[Yesodei HaTorah] 5:2). 우상숭배에 관하여 토라는 분명히 "너는 마음을 다하고 뜻을 다하고 힘을 다하여 네 하나님 여호와를 사랑하라"(신 6:5)고 명령하고 있다. 우리는 하나님을 사랑해야 하며, 그 자리에 다른 존재를 놓아서도 안 된다. 우리의 영혼을, 우리의 목숨을 바쳐서라도 그 자리는 지켜야 한다(베라호트[Berachos] 54a, 산헤드린[Sanhedrin] 74a).

살인에 대한 것은 논리적으로 이해할 수 있는데, 우리가 남의 목숨을 소중히 여기지 않으면 다른 사람도 우리의 목숨을 취할 것이다. 현자들의 표현을 빌리면 "네 피가 다른 사람의 피보다 더 붉다고 여기지 말라. 오히려 그 반대가 더 맞는 말이리라"(산헤드린[Sanhedrin] ibid.)고 하였다.

부도덕한 관계에 대해서 토라에는 분명히 결혼한 여자와 관계를 가지는 것이 살인과 같이 여겨질 것이라고 말씀하고 있다(신 22:26). 남을 죽이기보다는 죽음을 받아들여야 하며, 마찬가지로 부도덕한 관계를 가지지 말라는 법을 어기기보다는 차라리 순교를 택하여야만 할 것이다.

이런 죄들에 더하여, 주님의 이름을 더럽히기보다는 차라리 자기 목숨을 포기하는 편을 선택해야만 할 것이다. 만일 사람들 앞에서 대놓고 주님의 계명을 어기고 하트 버샬롬[Chas v'shalom], 즉 토라의 이름을 더럽히도록 강요받는다면 이에 승복하기보다 차라리 죽음을 택해야 한다는 것이다(람밤의 예소데이 하토라[Yesodei HaTorah] 5:2를 참고하라).

이 세 가지 악독한 죄들을 저지르기보다 차라리 목숨을 포기해야 한다는 의무는 하늘나라의 그 이름을 (더럽히지 말고)높이라는 의무에서 나온 것이다. 람밤은 기록하기를 "만일 이 기본 죄들 중 하나를 범한다면 곧 주님의 이름을 더럽히는 것이다. 뿐만 아니라 열 명의 유대인들이 보는 앞에서 이 죄를 저지른다면 그는 공개적으로 주님의 이름을 더럽힌 것이다. 주님의 이름을 높이라는 긍정계명을 취소한 것일 뿐 아니라 주님의 이름을 더럽히지 말라는 금지계명도 범한 것이다"(ibid. 4)라고 하였다.

왜 추방을 당하는가?

우상 숭배와 부도덕한 관계, 그리고 피흘림이라는 이 세 가지 기본 죄는 이스라엘 땅의 거룩함을 훼손하는 것과도 연관되어 있다. 그러므로 이 죄들로 인하여 그 땅에서 추방을 당하게 되는 것이다. 우상 숭배에 대하여 토라에서는 "그가 그의 자식을 몰렉에게 주어서 내 성소를 더럽히고 내 성호를 욕되게"하는 자(레 20:3)에 대해 말하고 있다. 부도덕한 관계에 대해서 하나님께서 직접 명령하시기를 "각 사람은 자기의 살붙이를 가까이 하여 그의 하체를 범하지 말라 나는 여호와이니라…(중략) 그 땅도 스스로 그 주민을 토하여 내느니라"(레 18:6, 25)고 말씀하셨다. 마지막으로 피흘림에 대하여는 또 성경이 말하기를 "너희는 너희가 거주하는 땅을 더럽히지 말라 피는 땅을 더럽히나니 피 흘림을 받은 땅은 그 피를 흘리게 한 자의 피가 아니면 속함을 받을 수 없느니라 너희는 너희가 거주하는 땅 곧 내가 거주하는 땅을 더럽히지 말라 나 여호와는 이스라엘 자손 중에 있음이니라"(민 35:33-34)고 말씀하고 있다.

또한 위와 같이 거룩한 땅을 더럽히는 세 가지 죄의 징계로 그 땅에서 쫓겨나게 될 것이다.

쉐미타의 법을 무시하는 죄 역시 추방이라는 징벌로 이어질 것이다. "너희가 원수의 땅에 살 동안에 너희의 본토가 황무할 것이므로 땅이 안식을 누릴 것이라 그 때에 땅이 안식을 누리리니"(레 26:34).

유대 민족이 땅에서 추방될 때에 황폐하게 되었던 그 땅은 안식을 누리게 될 것이다. 바로 이 구절에서 "쉐미타를 무시함으로"라고 표현하기보다는 문자 그대로 "땅을 쉬게 하라는 쉐미타를 어김으로… 추방이 찾아올 것이다"라고 표현하고 있는 이유이다. 즉 땅이 안식년을 얻을 수 있도록 그 땅의 사람들이 추방을 당하게 된다는 것이다(마겐 아보트[Magen Avos]).

라쉬는 70년간의 바빌론 포로기가 유대인들이 그전까지 거룩한 땅에 거주하면서 지켰어야 할 70년의 안식년과 정확히 대응한다는 점을 지적한다.

하나님께서 떠나시다

슈마 구절의 두 번째 절은 우리에게 이렇게 경고한다. "너희는 스스로 삼가라 두렵건대 마음에 미혹하여 돌이켜 다른 신들을 섬기며 그것에게 절하므로…(중략) 너희가 여호와께서 주신 아름다운 땅에서 속히 멸망할까 하노라"(신 11:16-17)는 말씀같이 하나님께서는 우상숭배로 인해 유대 민족을 떠나실 것이다. 말 그대로 하나님께서 약속의 땅에서 떠나셔야 하시기 때문에, 이에는 이 눈에는 눈이라는 원리에 따라 이스라엘 백성들도 역시 약속에 땅에서 떠나야만 한다.

뿐만 아니라 유대인들이 우상 숭배에 참여한다면 하나님께서는 이렇게 말씀하실 것이다. "너희가 우상을 숭배했으므로, 우상을 숭배할 만한 곳으로 너희를 추방시킬 것이다"(아보트 데랍비 노쏜[Avos DeRabbi Nosson] 38:4).

그러나 이 징계는 그 자체로 하나님의 축복을 숨기고 있다. 유대 민족은 우상을 받아들일 때에야 자신들이 섬겼던 우상의 얄팍함과 우상 숭배자들의 잘못된 삶을 깨닫게 될 것이며, 이로 인해 자신들의 삶이 그들의 삶과 다를 바 없다는 것을 되돌아보고 회개하게 될 것이다.

부도덕한 관계에 참예하는 죄 역시 하나님께서 이스라엘 백성들을 떠나시도록 하는 죄이다. 토라에 기록된 대로, 이스라엘 백성들은 거룩한 땅에 들어가기도 전에 이 사실을 이미 알고 있었다. "네 앞에서 벗은 몸을 보이지 말지어다. 그리하지 아니하면 [하나님께서]네게서 돌이키실 것이니라"(신 23:14). 이를 통해 현자들은 "유대 민족이 잘못된 관계에 빠지면 하나님께서 그들을 떠나신다"(아보트 데랍비 노쏜[Avos DeRabbi Nosson] ibid.)는 것과, 이에는 이 눈에는 눈의 원리에 따라 이스라엘 백성들도 거룩한 땅에서 추방될 것이라는 가르침을 깨닫게 되었다.

이에 관하여 현자들은 두 번째 성전시대 말에 살았던 한 목수의 이야기를 전하고 있다. 이 목수 밑에는 한 견습생이 있었는데, 그 견습생은 목수의 아내에게 홀딱 반해 있었다. 어느 날 목수가 급전이 필요하게 되었는데, 마침 견습생에게 충분한 돈이 있었다. 그 상황을 이용해 견습생은 목수에게 자신이 돈을 빌려 줄 테니 그 역시 아내를 빌려 달라는 제안을 하였다.

목수는 이에 동의했고, 자기 아내를 견습생에게 보내어 그와 함께 있도록 했다. 3일이 지난 후, 목수는 견습생의 집으로 돌아와 아내를 돌려달라 했다. 교활한 견습생은 그녀를 목수에게 받자마자 바로 떠나보냈으나, 젊은이들이 그녀를 데리고 가버렸다고 대답했다. 이후에도 견습생은 목수가 아내를 다시 데려가길 주저하도록 유도했다. 결국 정신이 혼미해진 목수가 물었다. "그럼 이제 어떻게 해야 하겠습니까?" 그러자 견습생이 이렇게 대답했다. "아내분과 이혼하시는 것이 좋을 것 같습니다."

하지만 목수는 반대하며 "이혼은 고려할 만하지만, 내게는 돈이 없네"라고 말했다. 이에 견습생이 말하였다. "걱정 마십시오. 돈을 빌려드리겠습니다." 목수가 그 돈을 받고 아내와 이혼하자, 견습생은 그녀와 바로 결혼했다.

이제 목수는 자기가 갚을 수도 없을 만큼 큰 빚을 견습생에게 지게 된 것이었다. 그에게 견습생이 찾아와 말하였다. "제 집으로 오셔서 종으로 일하시면 빚을 탕감해 드리겠습니다." 목수는 내키지 않았지만 이에 동의할 수밖에 없었다. 견습생과 아내가 앉아 먹고 마시는 동안 목수는 서서 그들을 섬겼다. 목수의 눈에서 흐른 눈물이 견습생과 아내가 마시는 잔 위로 떨어져 내렸다. 그 순간을 이르러 현자들은 말하길 성전을 파괴하라는 칙령에 직인이 새겨졌다고 하였다(기틴[Gittin] 58a).

살인을 하면 영혼을 육체에서 벗어나게 하는 것이기 때문에, 이에는 이 눈에는 눈의 원리에 따라 살인자는 그 땅에서 추방된다. 역사 상 첫 번째 살인자였던 가인의 운명이 추방자의 삶이었던 것이 이런 이유에서이다. 더 나아가 살인자로 인하여 하나님께서는 이스라엘 백성들을 떠나시는데, "피흘림은 땅을 더럽히고 하나님께서 이스라엘 백성들을 떠나시게 한다"(요마[Yoma] 85a)고 기록된 바와 같으며, 하나님께서 떠나시면 이스라엘 백성들도 그 땅에서 추방을 당하게 된다.

쉐미타와 믿음

쉐미타(안식년)의 해에 관한 율법을 어기는 것은 곧 믿음이 부족함을 나타내며 과도한 자만심을 보여준다. 쉐미타(안식년)를 무시하는 죄의 징벌 역시 추방인데, 이는 자기 땅에서 추방당한 사람은 더 이상 땅의 주인이 아니며 자기가 땅의 주인이라는 자만심을 떨쳐내게 되기 때문이다.

반대로 믿음이 있다면 추방을 당할 필요가 없다. 예레미야 선지자가 말한 바 "너희는 예루살렘 거리로 빨리 다니며 그 넓은 거리에서 찾아보고 알라 너희가 만일 정의를 행하며 진리를 구하는 자를 한 사람이라도 찾으면 내가 이 성읍을 용서하리라"(렘 5:1)고 한 것과 같다.

토라를 무시함과 추방

쉐미타(안식년)의 율법은 토라를 배우는 시간을 늘리는 데에 그 목적이 있다. 6년 동안 농사일로 바빴던 농부는 한 해 동안 토라를 배울 수 있는 충분한 시간을 가지게 된다. 그러므로 쉐미타(안식년)의 율법을 거부하는 것은 곧 토라를 거부하는 것으로, 첫 번째 성전시대에 일어났던 이스라엘 백성들의 추방이 이로 인해 일어났다. "내가 예루살렘을 무더기로 만들며 승냥이 굴이 되게 하겠고 유다의 성읍들을 황폐하게 하여 주민이 없게 하리라 지혜가 있어서 이 일을 깨달을 만한 자가 누구며 여호와의 입의 말씀을 받아서 선포할 자가 누구인고 이 땅이 어찌하여 멸망하여 광야 같이 불타서 지나가는 자가 없게 되었느냐"(렘 9:11-12).

현자들은 가르치기를 "찬양받아 마땅하신 거룩하신 주님, 우상숭배와 부도덕한 관계를 가짐과 피 흘림은 용서하시나 토라의 배움을 무시하는 죄는 용서하지 않으신다"(예루살미 하기가[Yerushalmi Chagigah] 1:7, 에이하 라바[Eichah Rabbah], 페시카토트[Pesichasos] 2). 이스라엘 백성들이 쉐미타(안식년)의 율법을 섬겨 일하는 대신 앉아 토라를 배운다면 하나님께서는 그 아무리 무거운 죄일지라도 용서해 주신다. 이런 토라의 능력은 무엇으로 인한 것인가? 미드라쉬에 따르면 하나님께서는 이렇게 선포하셨다. "백성들이 나를 버리더라도 나의 토라를 지키는 한 괜찮을 것이니, 이는 다시 돌이킬 수 있는 빛이 그 안에 있기 때문이라."

사람이 잘못된 길로 빠질 때, 토라는 옳은 길을 비추는 빛이 되어 사람을 바르게 인도한다. 그러므로 토라를 배우는 한은 지혜가 이스라엘 백성들의 갈 길을 인도하고 있는 것이다. 그러나 토라를 배우지 않는다면 이리저리 떠돌아다니다가 결국 되돌아갈 길마저 잃어버린 채 어둠의 길로 빠져버리게 될 것이다. 때문에 자신의 잘못이 얼마나 큰 지를 깨닫게 하는 데에는 추방의 징계만으로 충분하다.

미쉬나 12절   משנה יב

בְּאַרְבָּעָה פְרָקִים הַדֶּבֶר מִתְרַבֶּה.
בָּרְבִיעִית, וּבַשְּׁבִיעִית, וּבְמוֹצָאֵי שְׁבִיעִית,
וּבְמוֹצָאֵי הֶחָג שֶׁבְּכָל שָׁנָה וְשָׁנָה.
בָּרְבִיעִית, מִפְּנֵי מַעְשַׂר עָנִי שֶׁבַּשְּׁלִישִׁית.
בַּשְּׁבִיעִית, מִפְּנֵי מַעְשַׂר עָנִי שֶׁבַּשִּׁשִּׁית.
וּבְמוֹצָאֵי שְׁבִיעִית, מִפְּנֵי פֵרוֹת שְׁבִיעִית.
וּבְמוֹצָאֵי הֶחָג שֶׁבְּכָל שָׁנָה וְשָׁנָה
מִפְּנֵי גֶזֶל מַתְּנוֹת עֲנִיִּים:

[7년 주기의 안식년 동안에]

네 기간에 걸쳐 치명적인 재앙이 증가한다.

바로 그 네 기간은 네 번째 해를 시작할 때, 일곱 번째 해를 시작할 때,

안식년 다음 해 그리고 매년 초막절 절기 다음 기간이다.

네 번째 해에는 세 번째 해에 가난한 사람들을 위한

십일조[를 게을리 했기] 때문에,

일곱 번째 해에는 여섯 번째 해에

가난한 사람들을 위한 십일조[를 게을리 했기] 때문에,

안식년 다음 해에는 안식년 생산[에 대한 법을 어겼기] 때문에,

매년 초막절 절기를 결정할 때에

가난한 사람들로부터 그들의 선물을 강탈하기 때문이다.

미쉬나 12절

[7년 주기의 안식년 동안에] 네 기간에 걸쳐
치명적인 재앙이 증가한다. 바로 그 네 기간은 네 번째 해를
시작할 때, 일곱 번째 해를 시작할 때,
안식년 다음 해 그리고 매년 초막절 절기 다음 기간이다.

이전의 구절에서는 사형을 당할 만한 죄가 법정에 송사되지 않음으로, 또 안식년 해에 수확된 작물을 부당하게 사용함으로 이 세상에 역병이 찾아온다고 가르치고 있다. 어떤 견해에 의하면 가난한 사람들에게 주어야 할 것을 빼앗는 것 역시 안식년 해의 작물을 부당하게 사용하는 것으로 간주되며(아보트 데랍비 노쏜[Avos DeRabbi Nosson] 38), 특별 십일조를 가난한 이들에게 주어야 하는 시기인 네 번째 해와 일곱 번째 해에 대해 말하고 있는 본 구절이 이 같은 견해를 지지하고 있다.

그러나 다른 주석가들은 가난한 이들에게 나누어주는 작물이 안식년이 아닌 십일조에 포함되므로, 이를 어기는 행위는 가뭄으로 그 징벌을 받는다고 주장한다. 그렇다면 이 경우, 가난한 이에게 돌아갈 것을 빼앗는 죄가 역병으로 이어지는 이유를 어떻게 설명할 것인가? 이 말씀은 역병이 이미 찾아왔음을 전제로 하고, 그럼에도 농부들이 가난한 자들에게 돌아갈 것을 빼앗는다면 그 역병이 더욱 심해질 것이라는 의미라고 해석하는 것이 이 의문에 대한 답이 될 수 있을 것이다.

"내가 보응할 날에는 그들의 죄를 보응하리라"(출 32:34). 즉, 하나님께서 죄를 지은 이스라엘을 벌하실 때는 이전에 지은 죄를 함께 고려하신다는 것이다. 그 후 "하나님은 모든 행위와 모든 은밀한 일을 선악 간에 심판하시리라"(전 12:14).

추방이라는 징계에 관하여 이전 구절과 본 구절의 또 다른 점을 발견할 수 있다. 이전 구절에서는 십일조를 늦춤으로 이스라엘 백성 모두에게 찾아오는 기근에 대하여 말하고 있는 반면, 이 구절에서는 가난한 이를 도우라는 의무를 다하지 않은 개인에 대하여 말하고 있다는 것이다. 그러므로 이 말씀은 단 한 명의 죄일지라도 하나님의 심판을 불러올 수 있으며 그 징계는 모두에게 임한다는 가르침을 우리에게 전해주고 있다고 할 수 있다(키두쉰[Kiddushin] 40b).

네 번째 해에는 세 번째 해에 가난한 사람들을 위한 십일조[를 게을리 했기] 때문에, 일곱 번째 해에는 여섯 번째 해에 가난한 사람들을 위한 십일조[를 게을리 했기] 때문에, 안식년 다음 해에는 안식년 생산[에 대한 법을 어겼기] 때문에, 매년 초막절 절기를 결정할 때에 가난한 사람들로부터 그들의 선물을 강탈하기 때문이다.

아래의 기술하는 네 기간에는 가난한 자를 도우라는 계명을 무시하는 경향이 더욱 심해지며, 이에 따라 역병이 더욱 심해질 가능성이 높아진다.

1) 안식년 주기의 네 번째 해, 즉 가난한 자에게 자신의 소득 일부를 지원할 의무가 있는 해의 이듬해

2) 안식년 주기의 일곱 번째 해, 즉 가난한 자에게 십일조[마아셀 아니]를 주어야 하는 의무가 있는 해의 이듬해

3) 안신년의 해 이후 안식년 주기의 첫 번째 해, 즉 자기 소득을 가난한 자들에게 주어야 하는 해

4) 초막절 절기의 다음 기간(토라에서 초막절은 단순히 '절기'로 표현된다, 신 16:14), 즉 가난한 자들에게 그들의 모든 '선물'을 주어야 하는 기간

초막절은 그 해의 모든 소작물을 거두어들이는 한 해의 끝 무렵으로 나타난다(출 23:16). 이 봄에 농부들은 밀과 보리를 수확한 후 포도와 과실을 따고, 가을이 오기 전까지 그 모든 작물을 모아놓는다.

농부는 자신의 소작물을 모을 때에 가난한 자들이 주울 수 있도록 일부를 남겨놓게 된다.

첫째는 페아[peah]로, 밭의 구석을 수확하지 않고 그대로 남겨두는 것을 말한다. 그 이후 '레켈'[lekel]이 있는데, 이는 농부들이 수확 중에 땅에 떨어진 것을 줍지 않는 것을 뜻한다. 또 쉬케하[shichechah]는 곡식 단을 거둔 후 모르고 밭에 남겨둔 곡식 단을 뜻하는 것이다.

마찬가지로 포도밭에서도 가난한 자들이 가져가야 하는 분량인 페레트[peret], 올라오트[olaos] 등이 있다.

절기의 마지막에 지켜야 할 이러한 율법을 지키지 않는다면 역병이 더

욱 심해질 것이다. 그러나 하나님께서는 절기의 기쁨을 누릴 수 있도록 절기가 끝난 후에야 역병을 일으키실 것이다.

가난한 자에게 주는 선물

미드라쉬 슈무엘은 이 구절의 모순을 지적하고 있다. "가난한 자에게 돌아갈 선물을 빼앗는다면..." 선물을 어떻게 빼앗을 수 있는가?

이 말씀을 우리는 다음의 경우와 비교할 수 있다. 한 아버지가 두 아들 중 한 명에게 소득의 일부를 형제에게 나누어 주어야 한다는 조건으로 밭을 선물해 주었다. 비록 밭을 아버지께 선물로 받은 것일지라도, 나누어주기로 한 분량을 나누지 않는 것은 곧 소득을 형제로부터 훔친 것과 같다.

마찬가지로 하나님께서는 농부들에게 땅을 주시고 그 땅에서 난 작물의 일부를 가난한 자들에게 나누어줄 수 있도록 하셨다. "약한 자를 그가 약하다고 탈취하지 말며 곤고한 자를 성문에 압제하지 말라"(잠 22:22). 가난한 자에게서 무엇을 빼앗는다는 것인가? 라베이누 요나는 설명하기를 이것이 바로 땅에서 난 선물, 즉 농작물이라고 하였다.

현자들은 "[하나님의]것을 주님께 드리라, 너와 네 모든 것은 다 주님의 것이니"(3:7)라고 가르치고 있다. 가난한 자에게 우리의 것을 나눌 때에 우리는 하나님께 주님의 것을 돌려드리는 것이다. 우리가 가진 것은 결국 주님께서 우리의 손에 맡기신 것일 뿐이며, 주님께서는 우리가 이를 가난한 자들과 나누기를 원하시기 때문이다.

미쉬나 13절 משנה יג

אַרְבַּע מִדּוֹת בָּאָדָם.
הָאוֹמֵר שֶׁלִּי שֶׁלִּי וְשֶׁלְּךָ שֶׁלָּךְ,
זוֹ מִדָּה בֵּינוֹנִית.
וְיֵשׁ אוֹמְרִים, זוֹ מִדַּת סְדוֹם.
שֶׁלִּי שֶׁלָּךְ וְשֶׁלְּךָ שֶׁלִּי, עַם הָאָרֶץ.
שֶׁלִּי שֶׁלָּךְ וְשֶׁלְּךָ שֶׁלָּךְ, חָסִיד.
שֶׁלִּי שֶׁלִּי וְשֶׁלְּךָ שֶׁלִּי, רָשָׁע:

사람들 가운데에는 네 가지 성격의 성향이 있다.
1. '나의 재산은 나의 것이고 너의 것은 너의 것이다'라고
   말하는 사람은 평범한 성격의 성향이다.
   그러나 몇몇은 이것이 소돔의 특징이라고 말한다.
2. '나의 것은 너의 것이고 너의 것은 나의 것이다'라고
   말하는 사람은 배우지 못한 사람이다.
3. '나의 것은 너의 것이고 너의 것은 너의 것이다'라고 말하는
   사람은 빈틈없는 신앙심이 있는 사람이다.
4. '나의 것은 나의 것이고 너의 것도 나의 것이다'라고 말하는
   사람은 사악한 사람이다.

미쉬나 13절

사람들 가운데에는 네 가지 성격의 성향이 있다

이 구절과 다음의 다섯 구절은 사람의 종류를 구별하고 있다. 처음 두 구절은 돈과 분노를 다루는 모습을 사람과 관련지어 말하고 있는데, 가진 돈과 분노로(그리고 마시는 것으로) 사람을 알 수 있다는 현자들의 가르침을 상기시키고 있다(에이루빈[Eiruvin] 65b).

마지막 네 구절은 인간의 네 단계인 학생, 가난한 이를 돕는 자, 학당에 가는 자, 그리고 현자로부터 배우는 자에 대해 다루고 있다.

'나의 재산은 나의 것이고 너의 것은 너의 것이다'라고 말하는 사람은 평범한 성격의 성향이다.

이 구절에서 언급되는 첫 번째 부류는 '빌리지도, 빌려주지도 말라', 즉 다른 사람의 것을 오용하지도 말고 자기 소득을 다른 사람이 오용하는 것도 거부하라는 신조와 이어진다. 이런 사람은 경건하다는 이야기도,

악하다는 소리도 듣지 않을 것이다. 그러므로 이 구절은 이런 사람을 평범한 성격의 사람이라고 말하고 있는 것이다.

그러나 이 구절에서는 이러한 행동이 소돔의 행위를 떠올린다는 다른 견해를 함께 제시하고 있다.

미드라쉬 슈무엘에 따르면 이 구절은 이런 행위에 대한 두 가지 상반된 견해를 제시하고 있는 것이 아니다. 오히려 이 행위가 두 모습을 모두 나타낼 수 있다는 것을 알려주고 있는 것이다. 만일 자기 마음을 따라 다른 사람의 재산을 오용하지 않는다면(특별히 '뇌물을 싫어하는 자는 살게 되느니라'(잠 15:27)는 말씀으로 그렇게 한다면) 평범한 성격의 사람이라고 할 수 있다. 반면 어떤 사람들은 자신의 것을 나누기 싫은 마음에 남의 것을 받아들이지 않는다. 다른 사람의 재산을 오용하지 않음으로써 받은 만큼 나누어야 한다는 두려움, 즉 진의를 순전히 가려버리는 것이다. 이것을 두어 소돔의 모습이라고 하는 것이다.

이런 행동의 내면에는 더러운 진심이 숨어 있다. 그러므로 현자들은 만일 남편이 아내에게 빌리지도, 빌려주지도 말라고 할 때에는 이혼을 요구할 권리가 아내에게 있다고 판결하였다(케투보트[Kesubos] 72a).

바르테누라의 랍비 오바디야는 보통의 사람이라는 판단과 소돔의 모습이라는 판단 사이의 어떤 불일치도 발견하지 못했다. 오히려 그는 적당한 정도의 도덕적 민감성에서 소돔의 악함으로 변해가는 과정을 이 구절이 말하고 있는 것이라고 보았다. 소돔 전체가 어떻게 이러한 타락을 자행할 수 있었는가? 소돔 사람들이 태어날 때부터 악한 것은 아니었다. 오히려 보통의 사람들과 다르지 않았다. 그들의 도덕적 타락은 바로 자기 소유에 대한 과도한 집착의 결과였다.

먼저 소돔 사람들은 순전히 자기 소득을 다른 사람들에게 나누지 않았다. "네 아우 소돔의 죄악은 이러하니 그와 그의 딸들에게 교만함과 음식물의 풍족함과 태평함이 있음이며 또 그가 가난하고 궁핍한 자를 도와주지 아니하며"(겔 16:49). 소돔은 풍요로운 저지대로 "요단 지역을 바라본즉 소알까지 온 땅에 물이 넉넉하니 여호와께서 소돔과 고모라를 멸하시기 전이었으므로 여호와의 동산 같고 애굽 땅과 같았더라"(창 13:10). 그러나 현자들은 가르치기를, 그들은 이웃 가나안이 마른 땅에 거주하며 가뭄으로 고통을 받으므로 소돔에 내려와 자신들의 것을 빼앗을까 걱정했다고 하였다.

이를 막기 위해 소돔 사람들은 이방인들이 자기 땅을 지나가지 못하도록 법을 만들었다. 예를 들면, 나그네에게 돈을 주는 것은 허용되지만 음식을 주거나 파는 것은 금지하였던 것이다. 그렇게 나그네가 굶어 죽도록 내버려둔 후에, 자기들이 주었던 돈을 다시 빼앗는 방식으로 자신들의 소유를 지키는 것이었다.

그들의 악함은 날이 갈수록 커졌고, 결국 나그네들을 습격하거나 죽이는 데에까지 이르렀다. 나그네를 먹이기 위하여 어린 소녀를 끔찍한 죽음으로 몰고 감으로써 그들의 죄악은 절정으로 치달았다. 어느 날 한 소녀가 굶주림에 지쳐 기절한 나그네를 발견하고 그를 안전한 곳으로 옮겨 도와주었다. 소녀는 항아리 속에 빵을 숨긴 채 쓰러진 나그네를 지나치며 그 항아리를 바닥에 떨어뜨렸다. 몰래 바닥에 미끄러져 빵을 흘린 척 하며 쓰러진 나그네를 도우려는 것이었다. 이런 식으로 이 소녀는 나그네에게 매일 빵을 주었다. 소돔 사람들은 이 나그네가 굶주림으로 죽지 않는 것을 보고 이상하게 여기고 몰래 사람을 보내어 감시하게 하였다. 결국 소녀의 책략은 들통이 나고 말았고, 그 처벌로 사람들은 소녀를 기둥에 묶은 후 꿀을 발라 죽을 때까지 벌에게 쏘이게 하였다. 하나님께서는 소녀의 울부짖음을 들으시고 마침내 소돔을 멸망시키시기로 결심하셨다(산헤드린[Sanhedrin] 109a).

얄쿠트 하게르슈니[Yalkut HaGershuni]는 이 구절의 처음 부분을 색다르게 번역하고 있다. "만일 어떤 사람이 '내 것은 내 것이요, 네 것은 네 것이다'라고 한다면, 이는 평범한 성향을 가진 사람의 모습이다. 그러나 많은 사람들이 이렇게 말한다면 이는 소돔의 모습이다." 즉 한 개인이 이기적인 행동을 하면 그저 세상의 일반적인 모습과 다를 바 없지만, 사회의 전체가 이러한 식으로 행동한다면 곧 선함과 너그러움은 어디서도 찾을 수 없는 소돔의 모습과 다름없다는 것이다.

유대교와 상반되는 소돔의 이기주의적 행태가 심각했기 때문에 법정에서는 강제로 사람들이 이웃을 받아들이도록 하거나, 주인의 재산은 물론 타인의 사유재산을 대중들이 누릴 수 있도록 판결하는 경우도 있었다.

누가 누구에게 말하는가?

코즈니츠의 마지드인 랍비 이스라엘은 이 본성이 일반적인 사람의 모습인지 소돔의 모습인지는 화자와 청자에 달려있다고 하였다. 만일 서로 비슷한 재산을 보유한 두 사람이 서로에게 "내 것은 내 것이고 네 것은 네 것이다", 즉 "호의를 기대하지도 말고 호의를 베풀지도 말라"고 한다면, 이는 일반적인 모습이다. 그러나 부유한 사람이 이 말을 가난한 사람에게 한다면, 이는 소돔의 모습이라는 것이다.

보르키의 랍비 이스라엘 이츠하크[R' Yisrael Yitzchak of Vorki]는 일반적인 모습과 소돔의 모습을 구분 짓는 다른 방식의 이해를 제안하고 있다. 때로 부유한 사람에게 기부를 요청할 때에는 이미 자기가 가난한 친척을 도왔다며 선례를 보인다(바바 메찌아[Bava Metzia] 71a). 이 경우 '내 것은 내 것이다'(내 친척은 내 책임이다)라고, 또 '네 것은 네 것이다'(네 사람들을 네가 도우라)고 말하게 될 것이다.

만일 그의 말이 거짓이 아니라면, 이 사람은 자신이 평범한 성격의 성향을 가진 사람이라는 것을 스스로 나타낸 것이다. 만일 그의 말이 거짓이라면, 그 사람의 행위는 소돔의 행위라고 할 수 있을 것이다.

랍베이누 요나[Rabbeinu Yonah]는 이에 반대되는 의견을 제시하며, 단순히 '내 것은 내 것이다'라는 모토를 가진 사람은 어떠한 경우에도 남을 돕거나 자선을 하지 않는 사람이라고 말했다. 이런 태도가 결코 보통의 정상적인 모습으로 간주될 수는 없으며, 오히려 순전히 악한 모습이라고 할 수 밖에 없다. 그보다 요나는 이 구절에서 다루고 있는 사람이 선행을 실천하고 자선을 '하는' 사람이기는 하지만, 다른 사람들의 평판을 위해서만 하는 사람이라고 주장한다. 그 행동으로 인해 이러한 삶은 보통의 사람이라고 할 수는 있으나, 속에는 소돔의 모습이 도사리고 있다는 것이다.

하시드 야베츠는 이런 사람도 어려운 이들을 위해 자선을 베풀고 기쁨으로 선행을 반복한다면 선한 모습을 자신의 본성으로 만들 수 있다고 했다. 솔로몬 왕이 "사람의 선물은 그의 길을 넓게 하며…"(잠 18:16)라고 말한 바와 같다. 남에게 주는 행위는 사람의 마음을 넓게 열어주는 것이다.

때문에 람밤은 아보트 주석(3:15)에서 한 명에게 큰 돈을 주는 것보다 백 명의 사람에게 백 개의 동전을 주는 것이 선한 마음을 기르는 데에 더욱 좋다고 했던 것이다.

'나의 것은 너의 것이고 너의 것은 나의 것이다'라고 말하는 사람은 배우지 못한 사람이다.

본문의 다음 대상은 "내 것은 네 것이고, 네 것은 내 것이다"라고 하는 사람이다. 이런 사람은 자기 재산이라는 개념이 없다. 자기가 보기에는 모든 것이 공동의 것이다. 누구에게 속한 것이든지, 모든 사람은 모든 것을 영위할 권리가 있다고 믿는 것이다. 이런 사람에 대하여 이 구절은 배우지 못한 자라고 말하고 있다.

주석가들은 배우지 못한 자라는 말에 대하여 긍정적 해석과 부정적 해석이라는 두 가지의 해석을 제시하고 있다.

긍정적인 해석에 따르면 사람들이 함께 일하며 건강한 사회를 만들어 갈 때에야 공동의 목표를 이룰 수 있기 때문에 이런 사람은 재원의 공공성과 나눔을 장려하는 사람이라고 할 수 있다. 이런 사람을 나타내는 히브리어 '암 하아레츠'(문자 그대로의 의미는 '땅의 사람')는 '임 하아레크', 즉 '땅과 함께'로 발음할 수도 있다. 즉 이런 사람은 이 세상의 삶을 함께 할 동료이자 공동체를 세우고 공동체의 삶의 질을 증진시키는 사람이라는 것이다.

그러나 이런 사람의 선함에도 한계가 있기 마련이다. 이런 사람은 결국 깨어있는 이기주의의 전형이라고 할 수 있다. 그의 이타심도 결국 이기심의 한 요소라는 것이다. 더 나아가 이런 사람도 결국 "뇌물을 싫어하는 자는 살게 되느니라"(잠 15:27)는 경지에까지는 이르지 못한 것이라고 할 수 있다. 그럼에도 불구하고 이런 사람이 사회에 긍정적인 기여를 한다는 것은 분명한 사실이다.

그러나 대다수의 주석가들은 '암 하아레츠'가 어리석음을 뜻하는 것이라고 해석하고 있다. 라쉬는 이런 사람의 특징으로 적당한 경계를 모르고, 개인 재산의 필요성을 깨닫지 못하는 것을 들었다. 원하는 것이라면 무엇이든 가질 수 있고, 그 누구도 이를 막을 수 없다. "나의 것은 너의 것이다"라는 말은 그의 원래 목적, 즉 "너의 것은 나의 것이다"라는 목적을 이루는 수단으로서만 그 의미를 가진다. 이런 접근방식은 결국 무정부주의로 이어진다.

　메이리는 한 걸음 더 나아가 이런 사람의 동기가 자신의 것을 나누는 것이 아닌 다른 사람의 것을 얻는 것이라고 하였다. 똑똑한 사람은 자신이 가진 것에 감사한다. 반대로 배우지 못한 사람은 다른 사람이 가진 것에 더 큰 가치를 둔다. 그러므로 이런 사람은 자신이 탐내는 다른 사람의 것을 얻기 위해 자기 것을 무가치한 것으로 여기고 기꺼이 내어주려는 것이다.

　크즈니츠의 마지드는 이 구절을 교훈적으로 해석하였다. 하나님께 "나의 것은(내가 실천하는 모든 계명과 선행은) 너의 것(주님의 것)이다"라고 하는 사람이 있다. 즉, "나는 오직 주님을 위해 이 모든 것을 한다." 그 이유는 무엇인가? 바로 "주님의 것은 나의 것이므로, 주님이 내게 보상해주실 것이기 때문이다"라는 것이다.

　지혜로운 자라면 하나님께서 사람의 행실을 필요로 하지 않으신다는 것을 이미 알고 있으므로, 이런 모습은 배우지 못한 자의 모습이라고 할 수 있을 것이다. "모든 것이 주께로 말미암았사오니 우리가 주의 손에서 받은 것으로 주께 드렸을 뿐이니이다"(대상 29:14). 뿐만 아니라, 진실로 경건한 사람은 보상을 기대하지 않고 순전히 하늘나라를 위하여 행동한다. "보상을 받기 위해 자기 주인만을 섬기는 종과 같이 행동하지 말라. 주인을 사랑하기 위해 보상은 생각조차 하지 않고 자기 주인을 섬기는 종과 같이 행동하라"(1:3).

　페시스카의 랍비 부님[R' Bunim of Peshis'cha]은 이 구절을 동일한 맥락에서 해석하며 이 구절이 사람의 경건함을 나타내고 있다고 하였다. 현자들은 "하늘나라를 경외하는 것 외에는 모든 것이 하늘나라의 손에 달려 있느니라"(베라호트[Berachos] 33b)고 가르치는데, 이는 하나님께서 강제로 주님을 두려워하도록 하지 않으신다는 것을 뜻한다. 이런 면에서 모든 사람은 선택의 자유를 가진다. 그러나 이런 사람은 하나님께 "나의 것은 주님의 것입니다"(제가 하늘나라를 두려워하고 말고는 주님의 손에 달려있습니다)라고 하고, 또 "주님의 것(진실로 하나님의 선물인 풍요와 부요)은 나의 것(제가 제 힘으로 얻은 것)입니다"라고 말할 것이다.

'나의 것은 너의 것이고 너의 것은 너의 것이다'라고 말하는 사람은 빈틈없는 신앙심이 있는 사람이다.

세 번째 부류의 사람은 빈틈없는 신앙을 소유한 경건한 사람으로, 자신의 소유가 다른 사람들을 돕기 위한 것이라는 생각으로 자신의 것을 남들과 나누지만, 남들의 것을 나눌 수 있는 권리를 자랑하지는 않는 사람이다. 이런 사람은 자기 재산에 욕심이 없다. 선한 성품이 돈보다 비교할 수 없이 크다는 것을 알고 있으므로 질투에 흔들리지 않는다.

이런 점에서, 판관은 소송을 한 사람에게 법 판결문 이상의 조언을 해주어야 한다. 그러므로 이드로가 모세에게 이스라엘 백성들 사이에서 사법 체계를 세우자고 제안하며 "그들에게 율례와 법도를 가르쳐서 마땅히 갈 길과 할 일을 그들에게 보이고"(출 18:20)라고 말한 것이다. 현자들은 여기서 '할 일'이라는 단어가 토라의 법을 뜻하며, '마땅히 갈 길'이라는 말은 곧 법 판결문 이상의 행동들을 뜻한다고 해석했다(바바 카마[Bava Kamma] 100a).

사무엘 선지자는 유대 민족을 위해 헌신하는 데에 있어 법조문에 제한되지 않는 모습을 보여준 지도자였다. 사무엘은 자신의 집안일을 포기하고 이스라엘 온 땅을 두루 다니며 이스라엘 민족을 대표하였다. "그가 가는 곳이 곧 그의 집이었다"(베라호트[Berachos] 10b). 그럼에도 사무엘은 다른 사람의 소유를 절대 개인적으로 사용하는 법이 없었다. 때문에 그는 이스라엘 백성들에게 이렇게 말할 수 있었던 것이다. "내가 여기 있나니 여호와 앞과 그의 기름 부음을 받은 자 앞에서 내게 대하여 증언하라 내가 누구의 소를 빼앗았느냐 누구의 나귀를 빼앗았느냐 누구를 속였느냐 누구를 압제하였느냐 내 눈을 흐리게 하는 뇌물을 누구의 손에서 받았느냐 그리하였으면 내가 그것을 너희에게 갚으리라 하니…(중략) 사무엘이 백성에게 이르되 모세와 아론을 세우시며 너희 조상들을 애굽 땅에서 인도하여 내신 여호와이시니"(삼상 12:3-6).

반면, 두 번째 성전기의 예루살렘이 파괴된 이유는 "법정에서 토라를 강제로 지키도록 했기 때문"이었다. 즉, 법 판결문 이상의 것을 보여주지 못했다는 것이다.

일부 주석가들은 경건한 사람은 그 행동이 지혜를 증명한다고 보고 있다. 경건한 사람은 "뇌물을 싫어하는 자는 살게 되느니라"는 사실을 잘 알고 있다. 다른 사람의 도움을 받기 위해서는 먼저 아첨을 하며 눈을 올려다보고는 자기를 싫어할 만한 것이 있는지를 살펴야 한다. 그렇게 함으로써 다른 사람의 후덕함에 기대게 되는 상황을 피하는 것이다.

'나의 것은 나의 것이고 너의 것도 나의 것이다'라고 말하는 사람은 사악한 사람이다.

네 번째 부류의 사람은 바로 사악한 사람으로, 자기 것은 주지 않으면서 언제나 받기만 하려는 사람이다. 이런 사람은 어떻게 하면 남을 속일 수 있을지 고민하는 데에 일생을 허비하고, 탐욕스러운 목표만을 쫓아 달려감으로써 자기 손에 짓밟히는 사람에 대해서는 전혀 신경을 쓰지 않는다. 남을 위해 한 푼도 나눌 준비가 되지 않았으면서, 상대방이 자신과 똑같이 행동하면 참지 못한다.

합법적으로 이득을 얻을 수 있다면, 이런 사람도 당연히 법을 따라 이득을 취할 것이다. 만일 합법적이지 못한 일이라면 강제로 원하는 것을 취할 것이다. 이런 사람은 돈을 줄 수 있더라도 남의 소유를 빼앗으려 하지 말라는 말씀인 "간음하지 말라"(출 20:14)는 계명을 어기는 것이다. 주인의 허락 없이 소유를 가져 간다면, 비록 그 값을 지불했더라도 "착취하지 말라"(레 19:13)는 계명을 어긴 것이다. 남을 속여 물건을 취하였다면, "도둑질하지 말라"(레 19:11)는 계명을 어긴 것이고, 또 이웃을 억압하지 말라는 계명(레 19:13)을 어긴 것이며, 거짓말을 하지 말라는 계명(레 19:12) 등을 모두 범한 것이다. 뿐만 아니라 이런 사람은 자기가 원하는 만큼 탐욕과 질투를 채우고자 하는 악한 본성이 그 마음에 가득하다.

코즈니츠의 마지드는 이 구절을 교훈적으로 해석하여 이 말씀이 하나님과의 관계에 대한 내용이라고 해석했다. '나의 것'라는 말은 음식, 잠 등과 같은 사람의 육체적인 필요를 뜻한다. 경건한 사람은 이런 '나의 것'을 '너의 것'(주님의 것)으로 돌려 자신의 일생을 하나님을 섬기는 데에 헌신한다. 또 순전히 '나의 것'(주님의 것, 즉 계명과 선행)은 '너의 것'(주님의 것)으로, 자기 자신이나 자신의 필요를 생각하지 않고 하나님을 섬기는 데에 스스로를 헌신한다.

그러나 사악한 사람은 '나의 것은 나의 것이다'라고 하는데, 이것은 오로지 자기가 원하는 것만을 채우겠다는 것이며, 더 나아가 '너의 것은 나의 것이다'라는 말은 계명을 실천하였더라도 자신의 개인적인 이득으로 생각하겠다는 말이다.

경건한 사람과 사악한 사람 - 두 가지 예

경건한 사람은 하나님과 주님의 세계에 대한 책임감을 지고 살아가므로, 끊임없이 타인에게 선을 베풀 기회를 찾는다. 설령 상대방에게서 얻을 것이 없더라도 그렇게 한다.

이런 사람의 예로 랍비 하니나 벤 도사[R' Chanina ben Dosa]를 들 수 있는데, 그에 대하여는, 하늘의 음성이 매일 호렙산에서 울려 퍼지기를 "온 세상이 내 아들 하니나를 위해 존재하는 것이니, 이는 그가 쥐엄나무의 카프(히브리어 알파벳 - 역자 주) 하나만으로도 주일부터 금요일까지 살기 충분하기 때문이다"라고 기록되어 있다(베라호트[Berachos] 17b).

반면, 드넓은 제국의 왕이었던 마케도니아의 알렉산더는 수많은 나라들을 지배하고 세계의 반을 다스리기까지 했으나, 거기서 그 어떤 안식과 만족을 찾을 수 없었으므로 이 세상을 떠나기까지 끊임없이 정복전쟁을 계속했다.

현자들의 말에 따르면 알렉산더가 원정 중 굶주릴 때 케찌아[Ketzia]라는 나라에 가서 그 땅의 왕에게 황금 그릇을 주었다. 그 황금 그릇에 빵 모양을 한 금덩이를 담아서 함께 주었는데, 현자들은 이를 두고 권력과 부를 향한 그의 만족할 줄 모르는 욕망이라고 지적하고 있다.

케찌아의 왕이 백성들을 어떻게 다스리는지 배우고 싶었던 알렉산더는 왕의 옆에 앉아 왕에게 상소된 재판을 지켜 보았다. 때마침 한 사내가 찾아왔다. 이 사내는 부서진 집을 샀는데, 집을 산 후 잔해더미 아래에서 보물을 발견했다. 그는 보물을 주인에게 돌려주고자 했고, 자신은 보물이 아닌 '집'을 산 것이라고 주장했다. 그러나 그 집을 판 사람은 그 건물에 보물이 포함된 것이라고 주장하며 그 보물을 받지 않으려 했다는 것이다. 두 상소자가 각각 아들과 딸이 있다는 사실을 알게 된 케찌아의 왕은 다음과 같은 판결을 내렸다. "두 자녀는 서로 결혼하고, 보물은 결혼 지참금으로 주어라."

이 판결을 내린 후 케찌아의 왕이 고개를 돌리자, 옆에서 당황해하는 알렉산더 왕을 볼 수 있었다. "제 판결이 잘 된 것 같소?" 케찌아의 왕이 물었다.

"그렇지 않습니다."

그러자 케찌아의 왕은 이렇게 물어보았다. "그렇다면 왕께서 이러한 상소를 받으셨다면, 어떻게 판결하셨겠소?"

알렉산더 왕이 답하였다. "저였다면 두 사람을 모두 처형하고 보물과 그들의 모든 것을 다 가져갔을 것입니다."

이에 케찌아의 왕이 물었다. "그대의 나라에는 비가 내립니까?"

"예."

"그대의 나라에는 햇빛이 비칩니까?"

"예."

"그대의 나라에는 양이 있습니까?"

"예."

이 말을 들은 케찌아의 왕이 말하였다. "제가 보기에 그대의 나라에 비가 내리고 해가 비치는 것은 바로 그 양이 있기 때문인 것 같군요." 알렉산더의 나라에서는 "너의 것은 나의 것이요, 나의 것도 나의 것이다"라는 생각이 지배적이었으므로(베레이쉬트 라바[Bereishis Rabbah] 33:1), 그 나라 사람들이 하나님의 너그러움을 입을 만한 자격이 없었다.

미쉬나 14절   משנה יד

אַרְבַּע מִדּוֹת בַּדֵּעוֹת.
נוֹחַ לִכְעוֹס וְנוֹחַ לִרְצוֹת,
יָצָא שְׂכָרוֹ בְהֶפְסֵדוֹ,
קָשֶׁה לִכְעוֹס וְקָשֶׁה לִרְצוֹת,
יָצָא הֶפְסֵדוֹ בִשְׂכָרוֹ
קָשֶׁה לִכְעוֹס וְנוֹחַ לִרְצוֹת חָסִיד.
נוֹחַ לִכְעוֹס וְקָשֶׁה לִרְצוֹת רָשָׁע:

기질의 네 가지 성향이 있다.
1. 쉽게 화내고 쉽게 진정되는 사람.
   그의 이득은 그의 손해에 의해서 상쇄된다.
2. 어렵게 화를 내고 진정되는 것이 어려운 사람.
   그의 손해는 그의 이득에 의해서 상쇄된다.
3. 화내는 것은 어렵고 진정되는 것은 쉬운 사람.
   신앙심이 있는 사람이다.
4. 쉽게 화를 내고 진정되기는 어려운 사람.
   사악한 사람이다.

미쉬나 14절

기질의 네 가지 성향이 있다

이 구절은 네 부류의 '성향'이 있다고 언급하며 화에 대한 담론을 시작한다. 그러나 분노는 인식의 영역에 속한 '성향'이 아니라, 감정의 한 종류이다. 화가 커지면 커질수록 사람은 비이성적이고 비논리적으로 변한다. 그렇다면 이러한 분노가 어떻게 '성향'으로 불릴 수 있다는 것인가?

이토록 깜짝 놀랄만한 표현을 통해 이 구절은 우리에게 분노의 원천에 대한 통찰력을 제공해주며, 화에 대한 해석에 따라 화를 다루는 방법까지도 달라진다는 사실을 알려주고 있다. 화로 인해 나타나는 감정적 반응은 이성적으로 제어할 수 없을지라도, 이로 인해 내리는 결정의 책임은 결국 본인에게 있다. 더 나아가 이는 곧 분노가 충분히 제어가 가능하며 정복할 수 있는 성질의 것이라는 사실을 나타내므로, 이를 깨닫는 것이 매우 중요한 시작점이라고 할 수 있다. 솔로몬 왕이 "급한 마음으로 노를 발하지 말라 노는 우매한 자들의 품에 머무름이니라"(전 7:9)고 한 바와 같다.

분노에 대한 민감함의 정도는 그가 받은 교육과 환경에 달려 있다. 람밤은 기록하기를 "처음에 사람은 그 어떤 좋은 본성도, 저급한 본성도 가지고 있지 않았다. 어릴 적 주변의 사람들을 따라하며 그 본성을 내면화한다"고 했다(피르케이 아보트[Pirkei Avos] 4장 서두).

이 구절이 특별히 분노를 지칭하고 있기는 하지만, 그 가르침은 다른 감정들과 본능에도 동일하게 적용될 수 있다. 또한 마하람 스취크[Maharam Schick]는 "살아 있는 사람은 자기 죄들 때문에 벌을 받나니 어찌 원망하랴"(애 3:39)는 말씀을 징벌을 받은 사람은 죄를 지을 때 스스로를 제어할 수 없었다고 변호할 수 없다는 말로 해석했다. 이미 그 사람에게는 죄를 짓지 않을 힘이 있었기 때문이다.

쉽게 화내고 쉽게 진정되는 사람.
그의 이득은 그의 손해에 의해서 상쇄된다.

쉽게 화내는 사람은 자신과 함께 사는 사람의 인생을 비참하게 만든다. 이런 나쁜 성질은 언제든 쉽게 터져버릴 수 있으며, 사소한 자극에도 터져버리기 일쑤이고, 다른 사람들에게도 충격을 주며, 이런 행동에 부끄러움을 이기지 못한 사람들은 떠나버리고 만다. 어쩌면 그 화는 쉽게 가라앉겠으나, 분노로 인해 남은 아래와 같은 상처들을 모두 덮을 수는 없다.

첫째, 다른 사람들이 이런 사람과 함께 사는 것을 힘들어한다.

둘째, 스스로에게 고통을 준다. 언제나 짜증이 나 있고, 모든 상황 속에서 좋은 면이나 웃을 만한 것들을 전혀 찾지 못하기 때문이다.

셋째, "사람은 화가 나면 (이유를 불문하고)그 지혜가 떠나간다"(페사힘

[Pesachim] 66b).

마지막으로, 비록 본인은 그 화가 가라앉았다 하더라도 주위 사람들은 어떻게 할 것인가? 타인의 마음에 상처를 주지 않았다고 장담할 수 있는가? 두 사람이 싸우면, 다른 사람들과 직장에서 매번 부딪치면, 그 때마다 사이를 갈라놓는 마음의 벽은 점점 더 커지고, 그만큼 무너뜨리기도 어려워진다. 어쩌면 이것이 가장 심각한 상처일지도 모른다.

분노라는 감정은 특별히 아이들에게 큰 악영향을 준다. 부모나 교사의 분노에 가득 찬 말 한 마디가 아이의 마음에는 깊은 상처로 남는다. 설령 아이 스스로 이를 알아채지 못하더라도, 그 상처는 오랫동안 남는다. 또 약을 발라 치료할 수 있는 몸의 상처와는 다르게 분노로 생긴 마음의 상처는 거의 치료할 수 없을 만큼 깊이 남는다.

**어렵게 화를 내고 진정되는 것이 어려운 사람.
그의 손해는 그의 이득에 의해서 상쇄된다.**

두 번째 성품은 바로 강인한 성품을 가진 사람으로, 참을성이 있으나 한 번 화가 나면 그 화가 쉽게 가라앉지 않는 사람이다. 이전의 성품과는 달리, 이런 사람은 다른 사람에 대한 존중을 잃지 않으며 타인과 쉽게 관계를 유지한다. 특별히 강한 자극에만 그 감정이 반응한다.

그러나 이 구절에서 비록 이런 사람이 잃은 것보다 더 큰 것을 얻는다 할지라도, 그 잃은 것의 중함을 무시할 수는 없다. 이런 사람도 화를 낼 때에는 "원망하지 말라"(레 19:18)는 계명을 어기는 것이며, "너는 네 형제를 마음으로 미워하지 말라"(레 19:17)는 계명을 어기는 죄를 범하기 쉽기 때문이다.

원한을 쉽게 잊지 못하는 사람은 이스라엘 민족의 특징인 연민이 부족한 사람이다. 다윗 왕의 시대에 기브온 사람들이 품었던 성품이 바로 이 잊히지 않는 증오이다. 삼 년간의 지독한 가뭄이 찾아왔을 때, 다윗 왕은 우림과 둠밈을 통해 하나님께 이스라엘 백성들이 고통을 받는 이유를 알려달라고 간구했다(사무엘하 21장). 이에 하나님께서는 그 답을 다윗에게 알려주셨다. 곧 사울이 왕이었을 때에 일곱 명의 기브온 사람들이 제사장의 성인 놉 땅에서 나무꾼과 물 긷는 자로 일하고 있었는데, 사울이 놉에서 제사장들을 죽일 때 이 기브온 사람들의 생계가 파괴되었으므로 유대인들이 가뭄으로 그 벌을 받는다는 것이었다(예바모트[Yevamos] 78b).

다윗은 즉시 기브온 사람들을 불러 그들의 요구를 들어주려 했다. 그러나 성경은 이 기사에서 "기브온 사람은 본래 이스라엘 백성의 자손이 아니다"(즉 연민이 없으며 용서할 마음도 없다)고 했다. 그러므로 기브온 사람들은 그 때에 죽은 일곱 명의 기브온 사람들을 대신하여 사울의 일곱 아들을 죽여 달라고 했다. 이 기사는 쉽게 달래지지 않는 사람들이 곧 이스라엘 백성들의 성품인 연민이 부족하다는 것을 잘 보여주고 있다.

더 나아가 티페레트 이스라엘은 남을 용서하지 않는 사람은 자기 죄도 용서받지 못한다고 했다(로쉬 하샤나[Rosh Hashanah] 17a). 그러나 세파트 에메트[Sefas Emes]는 화가 쉽게 가라앉아버리면 가해자가 자기 잘못이 얼마나 심각한지를 깨닫지 않게 되기 때문에, 쉽게 가라앉는 성품도 그 책임에 따라 시시각각 다르다는 견해를 제시한다.

화의 영향

이 구절의 다른 버전에서는 쉽게 화내고 쉽게 가라앉는 사람이 잃는 것보다 얻는 것이 더 크며, 더디 화내고 더디 가라앉는 사람이 얻는 것보다 잃는 것이 더 크다고 기록하고 있다. 표면적으로 볼 때 이 구절은 원문의 가르침에 동의하지 않는 것으로 보이지만, 실제로는 이 두 버전의 가르침은 서로 일치하고 있다. 원문은 분노라는 감정 그 자체에 대해서 다루고 있다. 더디 화내는 사람이라면 그 화가 쉽게 가라앉지 않는 것이 더 낫다는 말이다. 반대로 두 번째 버전은 화의 결과에 대해서 다루고 있다. 이 두 번째 버전의 관점에서는, 쉽게 화내는 사람이라면 차라리 그 화가 쉽게 가라앉는 것이 낫다는 것이다. 이 구절의 두 번째 버전에 따르면, 화가 쉽게 가라앉으면 그 화가 속에 오래 남아서 곪지 않으므로 주위 사람들도 그 화가 쉽게 가라앉으리라는 것을 알 수 있다. 그러나 화가 쉽게 가라앉지 않으면 참을성이 있어 쉽게 화를 내지 않는다는 사실도 그 빛이 바래지고 만다. 원래 마음이 따뜻한 사람일지라도, 분노는 마음 속 깊은 곳에서 우러나오는 그 따뜻한 마음을 걸러내고 분위기를 차갑게 만들어 주위 사람들의 마음에까지 성에를 끼게 한다.

이 구절의 두 번째 버전에 따라 라쉬바쯔[Rashbatz]는 말하길 상황을 판단하는 것은 결국 결과라고 하였다. 화가 쉽게 가라앉지 않는다면 결국 그 화가 주위 사람들과의 관계를 좀먹고 파괴시키며 부정적인 영향을 오랫동안 남기고 말 것이다.

화내는 것은 어렵고 진정되는 것은 쉬운 사람. 신앙심이 있는 사람이다.

이 구절에서는 화를 거의 내지 않으며, 엄청난 도발이 있을 때에만 화를 내고, 설사 화가 나더라도 빠르고 쉽게 가라앉는 성품이 최고라고 가르치고 있다. 더 나아가 이 구절은 이런 사람을 이르러 '경건한 사람[신앙심이 있는 사람]'이라고까지 말하며 이런 사람이 일반 사람들보다 더욱 뛰어나다는 것을 나타내고 있다. 실로 이는 모든 사람이 현실적으로 존경해 마지않는 수준이다. 무릇 사람이란 세상을 더욱 넓게 보도록 스스로를 훈련할 수 있으므로 세상 모든 사건들이 사실 따지고 보면 그렇게 심각한 일이 아닐 수도 있다는 것을 깨닫게 되는 것이다.

그렇다면 이 구절에서 '경건[신앙심]'이라는 말을 '절대 화내지 않는 사람'에게 사용하지 않는 이유가 무엇인가? 바로 인간으로서는 완전히 화를 없앨 수 없으며, 오직 천사만이 절대로 화를 내지 않는 경지에까지 이를 수 있기 때문이다. 사람은 인내해야 하나, 자기 권리와 존엄성이 짓밟히는 순간까지 인내할 수는 없는 법이다(람밤[Rambam], 아보트[Avos] 서문에서, 페레크[Perek] 4).

화가 일어나면 지혜를 잃는다. 우리의 선생 모세가 가끔 그렇게 했던 것과 같다. 미디안과의 전쟁이 끝난 후 "모세가 군대의 지휘관 곧 싸움에서 돌아온 천부장들과 백부장들에게 노하니라"(민 31:14). 그들이 대제사장 엘르아살이 가르친 그릇을 정결케 하라는 법(민 31:21)을 잊은 것 때문이었다.

마찬가지로 모세는 희생제물을 먹지 않았다는 이유로 성소를 세울 때에 엘르아살과 이다말에게 화를 낸 적이 있는데, 이 때 아론은 모세에게 이와 관련된 전통(할라카)을 알려주어야만 했다(레위기 10장).

마지막으로 물을 달라고 하는 이스라엘 백성들을 꾸짖고 도리어 그들더러 반역자라고 한 후, 모세는 지팡이로 바위를 내려치는 실수를 범하였는데, 람밤은 말하기를 이는 그가 화가 났기 때문이었다고 말했다(민수기 20장).

실제로 "선지자도 (화가 나면)예언이 그를 떠난다"(페사힘[Pesachim] ibid.)라고 했다. 현자들은 선지자 엘리야의 제자인 엘리사 선지자의 이야기를 통해 이런 가르침을 깨달았다.

어느 날, 북이스라엘의 왕과 남유다의 여호사밧 왕, 그리고 에돔의 왕이 연합하여 모압과 전쟁을 했다(열왕기하 3장). 병사들에게 줄 물이 다 떨어지자, 왕들은 엘리사에게 하나님께 물을 달라고 간구하도록 요청했다. 그러자 엘리사는 요람에게 이렇게 말했다. "엘리사가 이스라엘 왕에게 이르되 내가 당신과 무슨 상관이 있나이까 당신의 부친의 선지자들과 당신의 모친의 선지자들에게로 가소서 하니 이스라엘 왕이 그에게 이르되 그렇지 아니하니이다 여호와께서 이 세 왕을 불러 모아 모압의 손에 넘기려하시나이다 하니라 엘리사가 이르되 내가 섬기는 만군의 여호와께서 살아계심을 두고 맹세하노니 내가 만일 유다의 왕 여호사밧의 얼굴을 봄이 아니면 그 앞에서 당신을 향하지도 아니하고 보지도 아니하였으리이다"(왕하 3:13-14).

엘리사는 화가 났으므로 하나님은 그의 곁을 잠시 떠나셨으며, 이로 인해 그는 제대로 예언을 할 수 없었고 어쩔 수 없이 악사를 불러 화를 달래야만 했다. 그리고 악사가 거문고를 타니, 주님의 권능이 엘리사에게 내렸다. 즉 화가 누그러진 후에야 예언을 할 수 있었다는 것이다.

현자들은 또 가르치기를 "사람은 화가 나면 하나님께서 위대함을 내리실지라도 그 위대함이 떠나가 버리고 만다"고 하였다. 이는 이새의 첫째 아들인 엘리압의 사례를 기반으로 한 것이다. 하나님께서는 사무엘을 보내셔서 이새의 여덟 아들 중 한 명을 이스라엘의 다음 왕으로 택하도록 하셨다. 사무엘이 처음 본 사람은 엘리압이었는데, 그는 엘리압에게 마땅히 왕의 권위를 받을 만한 사람이라고 선언하며 "여호와의 기름 부으실 자가 과연 주님 앞에 있도다 하였더니"라고 말했다. 그러나 "여호와께서 사무엘에게 이르시되 그의 용모와 키를 보지 말라 내가 이미 그를 버렸노라 내가 보는 것은 사람과 같지 아니하니 사람은 외모를 보거니와 나 여호와는 중심을 보느니라"(사무엘상 16장)고 말씀하였다.

분명히 사무엘은 엘리압의 겉모습만을 본 것이 아닌, 그의 영적인 면모 역시도 보았다. 그럼에도 불구하고 하나님께서는 "그는 내가 세운 사람이 아니다"라고 말씀하셨는데, 현자들은 말하길 하나님께서 하신 이 말씀은 엘리압이 자기 성질을 버리기 전까지는 그가 충분히 왕이 될 만한 사람이 아니라는 뜻을 나타낸다고 했다.

이새의 세 아들이 나이순으로 사울의 군대에 들어가 팔레스타인과 전쟁을 할 때였다. 이새는 다윗을 보내어 형들에게 음식과 물을 가져다주도록 했다. 그러나 엘리압은 진영에서 다윗을 보자마자 동생이 양치기 일을 버려두고 왔다고 생각하여 화를 내며 그를 꾸짖었다. 어떻게 오게 된 것인지 묻지도 않고, 그저 성을 내며 "네가 어찌하여 이리로 내려왔느냐 들에 있는 양들을 누구에게 맡겼느냐 나는 네 교만과 네 마음의 완악함을 아노니 네가 전쟁을 구경하러 왔도다"(삼상 17:28)라며 동생을 혼냈다. 이 일로 엘리압은 자신이 이스라엘 백성들의 지도자가 될 만한 사람이 아니란 것을 스스로 증명하게 된 것이다.

화를 내야만 할 때

하지만 때로는 하나님의 이름을 지키기 위해 화를 낼 수밖에 없는 경우도 있다. 시므온 지파 사람 살루의 아들 시브리가 이스라엘 백성들이 보는 중에도 미디안 우두머리의 딸 고스비와 죄를 지었을 때 비느하스가 취했던 행동이 이러한 경우라고 할 수 있을 것이다. "제사장 아론의 손자 엘르아살의 아들 비느하스가 보고 회중 가운데에서 일어나 손에 창을 들고"(민25:7).

비느하스는 자신의 영광을 위해서가 아닌, 하나님의 영광을 위하여 이 같은 일을 한 것이었고, 하나님은 이로 인해 비느하스를 제사장의 위치에까지 올려주셨으며, 마침내 그는 대제사장이 되기까지 했다. 하나님께서 모세에게 "제사장 아론의 손자 엘르아살의 아들 비느하스가 내 질투심으로 질투하여 이스라엘 자손 중에서 내 노를 돌이켜서 내 질투심으로 그들을 소멸하지 않게 하였도다 그러므로 말하라 내가 그에게 내 평화의 언약을 주리니"(민25:11-12)라고 말씀하시기까지 하셨다.

화를 내야 할 때에 참아서는 안 된다. 때문에 사랑으로 가득한 시와 노래를 불렀던 다윗 왕(샤보트[Shabbos] 116a를 참고하라)마저도 이스라엘 민족을 잘못된 길로 끌고 들어갔던 이들에 대해서는 "여호와여 내가 주를 미워하는 자들을 미워하지 아니하오며 주를 치러 일어나는 자들을 미워하지 아니하나이까"(시 139:21)라고 했다.

인내만이 능사가 아닌 경우는 또 찾을 수 있다. 예를 들어 왕은 자기에게 주어진 권리를 포기할 수 없다. 왕 자신이 모욕당하는 것은 곧 왕실에 대한 모욕이요, 더 나아가 민족에 대한 모욕이기 때문이다.

사울이 왕으로 선택받았을 때, "어떤 불량배는 이르되 어떻게 우리를 구원하겠느냐 하고 멸시하며 예물을 바치지 아니하였으나 그는 잠잠하였더라"(삼상 10:27). 이 불량배들은 처벌을 받아 마땅하였으나, 사울은 '못 들은 척하였다.' 이로 인해 그는 결국 자신의 왕위뿐만 아니라 자기 자식들의 왕위까지 잃어버리고 말았다(요마[Yoma] 22b). 사실 이 때 모욕을 당한 것은 겸손한 사람 사울이 아닌, 하나님께서 기름 부으신 민족의 지도자 사울이었다.

바로 본 구절에서 경건한 사람[신앙심이 있는 사람]을 '절대로 화내지 않는 사람'이 아니라, '더디 화내는 사람'이라고 하는 이유이다. 때로는 화를 내야만 할 때가 있다는 것이다.

죄인들에게나 하나님의 이름을 더럽히는 자들에게는 화를 내야하며, 그것이 하나님의 계명이라면, 이 구절에서는 화를 내는 것이 경건의 표시라고 말하고 있는 것일까?

　죄악을 바로 코앞에 두고서도 그저 바라만 보고 있는 것은 잘못된 일이지 않을까?

　이 구절에서 이 의문에 대한 답을 찾을 수 있다. '화내는 것은 어렵고 진정되는 것은 쉬운 사람', 즉 비록 화를 내더라도 정당화되는 상황일지라도, 또한 비록 하나님의 이름을 더럽힌 사람을 처벌해야 하는 상황일지라도, 자기 본성에 반대되는 감정인 화를 내기를 더디하는 사람이라는 것이다. 이런 사람은 화를 내야 할 때에는 화를 '내려고' 하겠으나, 정작 본인에게는 화를 내는 일이 쉬운 일이 아닌 것이다. 마찬가지로 죄인이 자기가 저지른 악한 길을 회개한다면 경건한 사람은 쉽게 그 화를 누그러뜨리고 빠른 시일 내에 그를 용서한다.

쉽게 화를 내고 진정되기는 어려운 사람은 사악한 사람이다

　이 구절에서 언급하고 있는 네 번째 부류의 사람은 바로 쉽게 화를 내면서도 주위 사람들이 진정시키려 함에도 불구하고 쉽게 그 화가 가라앉지 않는 사람이다.

　화가 난 사람은 자기 자신을 통제할 수 없으므로 수많은 죄를 저지르게 되는데 이런 사람을 이르러 사악한 사람이라고 부른다. 그러므로 현자들은 말하기를 "화를 내어 죄를 짓지 않도록 하라"(베라호트[Berachos] 29b, 라쉬[Rashi])고 가르쳤다.

　조하르는 또 말하기를 "누구든지 화를 내는 자는 우상을 섬기는 것으로 여겨지리라"고 했는데, 이는 자기 스스로를 제어하지 못하는 사람은 우상을 숭배하는 자리에까지 갈 수도 있기 때문이다. 또 그는 "자기 화에

사로잡힌 사람은 옷을 찢고 그릇을 깨며 돈을 찢어 우상을 숭배하는 자들과 비견될 만하다"(샤보트[Shabbos] 105b)고 말했다. 자기 화를 스스로 제어할 수 없으면 결국 그 화에 집어삼켜지고 옳은 길에서 완전히 돌아서버릴 수도 있다는 것이다.

화로 인해 우상을 숭배하는 정도에까지 이르지는 않더라도 화로 인해 일어나는 행동이 우상의 영을 이 세상으로 불러올 수 있다. 현자들은 두 탄나의 이야기를 통해 이같은 교훈을 전해주고 있다. 두 탄나가 티베리아스(디베랴)의 회당에 앉아 토라를 배우던 중 논쟁을 하게 되었는데, 논쟁의 열기가 너무 격해진 나머지 토라 두루마리를 찢어버리고 말았다. 랍비 요시 벤 키스마[R' Yosi ben Kisma]는 이 충격적인 사건을 보고 이렇게 교훈을 남겼다. "그 학당이 우상의 신전이 되지 않았다는 것이 더 놀라울 정도였다"(예바모트[Yevamos] 96b).

실제로 "화를 쌓는 사람은 모든 면에서 게힌놈의 지배를 받는다."(네다림[Nedarim] 22a). 이런 사람은 스스로를 죄의 영향력 아래에 두는 것으로, 이를 방치한다면 결국 게힌놈까지 끌려 들어가고 말 것이다. 그러므로 성경에 "노하는 자는 다툼을 일으키고 성내는 자는 범죄 함이 많으니라"(잠 29:22)라고 한 것과 같이, "사람이 화가 나면 그 죄가 그 기업을 삼킨다"(예바모트[Yevamos] 96b)는 교훈을 배울 수 있는 것이다.

현자들은 또 가르치기를 "화를 쌓는 사람은 하나님께서 함께 하심에도 영광을 돌리지 않는다"(네다림[Nedarim] 22b)고 했다. 분노에 휩싸인 사람은 하나님께서 자기 행실을 알고 계시다는 사실조차도 잊고 마는 것이다. 뿐만 아니라 화에 휩싸인 사람은 배움을 잊고 더욱 어리석어진다.

이 뿐만이 아니다. 현자들은 또 화가 사람의 소화기를 상하게 한다고 가르쳤는데, 실제로 현대 의학을 통해 부정적인 감정이 신체의 건강에 악영향을 끼친다는 사실이 입증되었다. 종합하면, 분노라는 성질은 매우 위험한 것으로 사람의 몸과 영혼을 상하게 하며, 화에 휩싸인 사람은 "살아있어도 살아있다 부르지 못할"(페사힘[Pesachim] 113b) 세 부류의 사람들 중 하나라고 간주할 수 있다는 것이다.

화를 쌓지 않으려면

이 구절에서 언급하고 있는 네 부류의 성질 중 가장 바람직한 성질은 바로 '더디 화내고 쉬이 가라앉는' 것이다. 이런 사람은 경건한 사람으로, 자신이 처한 상황을 기쁘게 받아들이며, 자신의 반응을 항상 살피고, 본인의 행동을 조심한다.

화를 피하는 첫 번째 방법은 바로 화의 부정적인 결과를 깊이 생각하는 것이다. 인생을 살면서 화가 나는 일은 수도 없이 많이 생기기 마련이다. 그러나 인간의 지성은 마음을 차분하게 다스릴 능력이 있다. 솔로몬 왕이 "노하기를 더디하는 것이 사람의 슬기요 허물을 용서하는 것이 자기의 영광이니라"(잠 19:11)고 말한 바와 같다.

이런 가르침을 잘 알고 있던 람반[Ramban]은 아들에게 이렇게 조언했다. "만나는 사람마다 조용히 말하라. 그리하여 스스로 화에게 집어삼켜지지 않도록 스스로를 지킬 수 있을 것이다"(이그레트 하람반[Igeres HaRamban]).

다른 사람의 단점과 실수보다 긍정적인 면을 먼저 보아야 한다. 우리는 이미 리첸크의 편지[Lizhenk's Letter]를 통하여 랍비 엘리멜렉이 "우리에게 역사하셔서 이웃의 실수가 아닌 선한 것을 보게 하시고 주님께서 곧고 바른 것을 보시듯 우리도 이웃에게 그리 말하게 하옵소서"라고 한 것을 알고 있다.

또한 랍비 이스라엘 살란터[R' Israel Salanter]는 제자인 랍비 나프탈리 암스테르담[R' Naftali Amsterdam]에게 언제나 좋은 것을 찾고 항상 이웃에게 선을 행함으로 화를 쌓지 말라고 조언했다.

미쉬나 15절   משנה טו

אַרְבַּע אַרְבַּע מִדּוֹת בַּתַּלְמִידִים.
מָהִיר לִשְׁמוֹעַ וּמָהִיר לְאַבֵּד,
יָצָא שְׂכָרוֹ בְהֶפְסֵדוֹ.
קָשֶׁה לִשְׁמוֹעַ וְקָשֶׁה לְאַבֵּד, יָצָא הֶפְסֵדוֹ בִשְׂכָרוֹ.
מָהִיר לִשְׁמוֹעַ וְקָשֶׁה לְאַבֵּד, חָכָם.
קָשֶׁה לִשְׁמוֹעַ וּמָהִיר לְאַבֵּד, זֶה חֵלֶק רָע:

학생들의 네 가지 성향이 있다.
1. 빠르게 이해하고 빠르게 잊어버리는 사람.
   그의 이득은 그의 손해에 의해 상쇄된다.
2. 느리게 이해하고 느리게 잊어버리는 사람.
   그의 손해는 그의 이득에 의해 상쇄된다.
3. 빠르게 이해하고 느리게 잊어버리는 사람.
   이 사람은 선한 운명이다.
4. 느리게 이해하고 빠르게 잊어버리는 사람.
   이 사람은 악한 운명이다.

미쉬나 15절

학생들의 네 가지 성향이 있다

이 구절은 학생, 즉 제자를 이해력과 기억력을 기준으로 네 부류로 나누고 있다. 이해력과 기억력은 날 때부터 정해지는 성질로, 현자들은 가르치기를 "출산의 천사 라일라가 찬양받아 마땅하신 거룩하신 주님 앞에서 방울을 떨어뜨리며 주님께 '온 세상의 주님, 이 방울의 운명은 어찌 될 것입니까? 강할 것입니까, 약할 것입니까, 지혜로울 것입니까, 어리석을 것입니까, 부유할 것입니까, 가난할 것입니까, 어떻게 될 것입니까?'라고 묻는다"(닛다[Niddah] 16b)고 하였다.

바로 이 구절에서 '의로운'이나 '악한'과 같은 표현을 사용하지 않는 이유가 바로 이것이다. 사람의 재능은 부모로부터 물려받은 것이기 때문에 도덕적 선택에 따라 형성되는 인성과는 관계가 없다.

아래에서 볼 것이나, 이 구절은 교사와 제자 모두의 입장에서 천부적 재능을 어떻게 다룰 것인가에 대해 보여주고 있다. 더 나아가 재능을 더 많이 받은, 또는 더 적게 받은 제자나 친구들을 교사가 어떻게 대해야 하는지에 대해서도 가르치고 있다. 때문에 이 구절이 인성과 윤리에 대해 다루는 책에 포함된 것이다.

**빠르게 이해하고 빠르게 잊어버리는 사람,
그의 이득은 그의 손해에 의해 상쇄된다.
느리게 이해하고 느리게 잊어버리는 사람,
그의 손해는 그의 이득에 의해 상쇄된다.
빠르게 이해하고 느리게 잊어버리는 사람,
이 사람은 선한 운명이다.
느리게 이해하고 빠르게 잊어버리는 사람,
이 사람은 악한 운명이다.**

자신의 저서 하스데이 아보트[Chasdei Avos]에서 바그다드의 랍비 요셉 하임[R' Yosef Chaim of Baghdad]은 이 구절에 언급되는 네 부류의 제자를 네 종류의 옷과 비교했다. 옷은 남들에게 자기 자신을 표현하는 수단이지만, 외적인 것만을 보여줄 뿐 옷 속에 숨어있는 사람의 내면은 드러내지 못한다. 마찬가지로 이해력과 기억력은 사람의 의복과 같다. 사람은 이해력과 기억력을 사용하여 세상과 소통하기 때문에 이 능력들을 통해 자기 자신을 세상에 드러내는 것과 같다고 할 수 있을 것이다. 그러나 지능과 기억력도 그 사람이 '진정' 누구인지는 제대로 알려주지 않는다.

빠르게 이해하고 빠르게 잊어버리는 첫 번째 학생은 화려하지만 값싼 옷과 같다. 해질 기미가 채 보이기도 전에 입은 지 얼마 되지도 않아 해어진다. 힘들게 배우나 쉽게 잊지 않는 학생은 특별히 꾸미지도, 화려하지도 않은 옷이지만 견고한 재질로 잘 기운 옷과 같아서 오랫동안 해어지지 않는다. 빠르게 배우면서도 쉽게 잊지 않는 세 번째 학생은 아름답게 수를 놓고 꾸몄음에도 견고한 재질로 만든 옷과 같다. 힘들게 배우고 쉽게 잊는 네 번째 학생은 값싼 재질로 만든 빈약한 옷과 같다.

이 구절이 피르케이 아보트에 포함된 이유는 무엇인가?

인간의 능력은 하나님으로부터 받은 것이므로, 자기가 날 때부터 받은 재능으로 비판을 당하거나 칭찬을 받을 수는 없는 일이다. 그렇다면 이 구절은 아보트에 어떠한 목적으로 포함된 것인가? 사람을 키가 크다고 칭찬하고, 키가 작다고 비난할 수 있는가?

라베이누 요나는 이에 대해 설명하기를 이 구절에서는 교사가 빠르게 배우고 쉽게 잊는 제자와 힘들게 배우나 배운 것을 복습하는 제자 중 한 명을 선택해야 한다면, 후자를 택해야 한다고 가르친다고 하였다.

토사포스 욤 토브는 기억력이 좋지 않은 사람도 이를 극복할 수 있다고 했는데, 이는 '만일 사람이 죄를 두려워함이 그의 지혜보다 앞선다면 그의 지혜는 오래도록 남을 것'(3:11)이기 때문이다. 그러므로 이 구절은 빠르게 배운 내용을 쉽게 잊는 사람에게는 '기억력이 좋지 않다면 죄를 두려워하지 않을 수 있기 때문에 스스로 채찍질해야 하며, 충분히 이것을 바로잡을 수 있다'는 가르침을 전해주고 있다고 할 수 있다.

또한 이 구절은 배우는 것에 어려움을 겪지만 배운 것을 오랫동안 기억하는 학생에게도 가르침을 전해주고 있다. 이런 사람은 빠르게 이해하는 사람을 스스로와 비교하면 마치 절망에 내던져지는 듯한 기분을 느끼게 될 것이다. 그러나 이 구절은 이런 사람에게 가장 중요한 성질, 즉 토라의 지식을 얻고 오랫동안 간직하는 성질이 있다는 사실을 알려주고 있다.

똑똑한 학생 역시 이 구절을 통해 배울 가르침이 있다. 바로 뛰어난 지적 능력을 가진 학생일지라도 그 능력은 하늘나라로부터 받은 것이기 때문에 자만할 능력은 없다는 것이다. 메이리와 미드라쉬 슈무엘은 이 구절의 변형을 소개하고 있는데, 여기서는 빠르게 이해하고 쉽게 잊지 않는 학생이 '좋은 기업'을 받았다고 기술하며 느리게 이해하고 빠르게 잊어버리는 학생은 '좋지 않은 기업'을 받았다는 내용과 균형을 이루고 있다.

원래 버전에서는 이상적인 학생을 이르러 '하캄'(똑똑한)이라고 표현함으로써 모호한 해석이 발생할 여지를 남겨두었는데, 이는 '하캄'이라는 단어가 '지혜로운'이라고 해석될 수도 있기 때문이다. 다른 버전에서는 똑똑한 학생이 무조건 지혜로운 것은 아니라는 점을 분명히 하고 있다. 이전 구절(5:9)에서 배운 바와 같이, 고결한 인성을 가진 사람을 지혜로운 사람이라고 한다. 반면 빠르게 배우고 쉽게 잊지 않는 학생일지라도 이러한 면에서는 '교양 없는 사람'이 될 수도 있다.

마지막으로 이 구절은 나약한 학생을 위한 가르침을 전한다. 느리게 이해하고 빠르게 잊는 학생이라면 낙담하지 말고, 학습 능력이 곧 인성을 뜻하는 것은 아니라는 것을 마음에 새겨야 한다는 것이다.

자기 방식을 따라 어린이를 가르치라

랍비 므나헴 멘델 슈네어르손[R' Menachem Mendel Schneerson]은 저서 리쿠테이 시코트([Likutei Sichos, Bamidbar] 5744)에서 이 구절이 교사에게 학생의 학습능력을 받아들여 '자기 방식을 따라 어린이를 가르치라'고 권면하는 가르침이라고 설명한다. 비록 교사의 눈에 학생이 가르친 내용을 빠르게 학습하는 것처럼 보이더라도 이 정도 가르쳤으면 됐다고 생각해서는 안 된다는 것이다. 교사는 마땅히 학생이 배운 것을 잘 기억하고 있는지 확인해야 하며, 그렇지 않다면 가르친 것을 다시 복습시켜야 한다. 또한 학생이 배움에 어려움을 겪는 것을 알게 된다면, 그 학생을 위해 가르칠 때 분명히 가르치고 학생이 배움을 계속할 수 있도록 격려해야 한다.

이같은 맥락에서 현자들은 랍비 프레이다[Rav Preida]가 어느 제자에게 한 내용을 사백 번이나 가르쳤다는 이야기를 전하고 있다. 어느 날 랍비 프레이다가 이 제자를 가르치게 되었는데, 어떤 사람 때문에 잠깐 방해를 받게 되었다. 제자는 이번에는 배운 것을 제대로 이해하지 못했는데, 제자는 랍비 프레이다가 가르치는 데에 방해를 받고 난 후 제대로 배움에 집중할 수 없었다고 설명했다. 이에 랍비 프레이다는 차분한 마음으로 다시 400번이나 학생을 더 가르쳤다. 현자들은 전하기를, 이런 노력과 헌신으로 인해 랍비 프레이다는 400년을 살았으며 그의 온 세대가 올 세상을 기업으로 받았다고 했다(에이루빈[Eiruvin] 54b).

만일 자신의 학생이 재능이 있음을 알았다면, 그 학생으로 인해 자만하지 말아야 하며 학생 역시도 자만하지 않도록 잘 교육시켜야 한다. 배움과 기억에 어려움이 있는 학생에게도 교사는 부끄러움을 주거나 낙담에 빠지지 않도록 신경 써야 한다. 교사는 학생의 공부에 대한 열의에 가치를 두어야 하며, 가장 중요한 것은 뛰어난 지적 능력이 아닌 옳은 행동임을 가르쳐야 한다.

수고하다

현자들은 다음과 같이 가르치고 있다. "만일 누군가 네게 '내가 수고하였으나 찾지 못하였다'고 말한다면, 믿지 말라. 만일 누군가 네게 '내가 수고하지 않았으나 찾았다'고 한다면, 믿지 말라. 그러나 누군가 네게 '내가 수고하였으므로 찾았다'고 한다면, 믿으라"(메길라[Megillah] 6b).

'수고하지 않았으나 찾았다'는 말은 곧 이 구절의 첫 번째 학생에 대응하는 표현이다. 수고하지 않았으므로, 즉 빠르게 이해했기 때문에 쉽게 잊어버리는 것이 당연하다. 별다른 수고 없이 이해했고 배움에 별다른 노력을 쏟지 않기 때문에 배운 내용을 완전히 소화시키지는 않는 것이다.

마하랄[Maharal]이 말하는 대로, 빠르게 이해한 것은 빠르게 잊는 것이 당연하다.(데레흐 하임[Derech Chaim]) '내가 수고하였으므로 찾았다'는 말은 곧 이 구절의 두 번째 학생에 대응하는 표현이다. 두 번째 학생은 느리게 이해했으나 느리게 잊는 학생으로 이런 학생은 한 번 배운 것은 쉽게 잊지 않는다. 이런 학생은 배운 것을 복습하고 이해하는 데에도 많은 노력을 쏟아야 하므로, 힘들게 배운 것이 크게 도움이 된다는 사실을 잘 알고 있으며, 배움에 큰 노력을 두었으므로 배운 것을 마음에 새긴다.

'내가 수고하였으나 찾지 못하였다'는 말은 곧 이 구절의 네 번째 학생에 대응하는 표현이다. 네 번째 학생은 느리게 이해하고, 그 배운 것을 빠르게 잊는다. '믿지 말라'는 말은 곧 자기정당화로 실패에 안주하지 말라는 뜻이다. 배움에 노력을 쏟아 부었음에도 그 열매를 맛보지 못하였다면, 더욱 더 수고하여야 한다. 이런 점에 있어 무사르 운동의 창시자인 랍비 이스라엘 살란터는 말하기를, 뛰어난 학습 능력을 지닌 학생과 학습 능력이 부족한 학생의 차이도 결국은 1센트 동전 하나 정도에 불과하다고 말했다. 1센트로 촛불 하나를 사서 밤늦게까지 공부할 수 있기 때문이다. 재능이 없는 학생이라면 더 많은 시간을 공부에 투자해야 한다. 꾸준히 많은 시간을 투자한다면, 재능이 없을지라도 목표를 이룰 수 있을 것이다.

눈물로 씨를 뿌리는 자

가르치는 내용을 빠르게 이해하는 학생은 피상적인 것에 집중하는 경향이 있으며 배운 내용을 세세한 부분까지, 분명하게 이해하는 데에 전혀 어려움이 없기 때문에, 다음 배울 것을 향해 미친 듯이 질주하는 데에도 전혀 거리낌이 없다. 이런 학생은 자신의 빠른 두뇌회전으로도 만족하지 못할 것이나 처음에는 그렇게 복잡해보이지 않았던 문제들도 깊이 탐구해야 한다. 처음에 볼 때에는 드러나지 않더라도, 보면 볼수록 새로운 깊이가 나타나기 때문이다.

반면 이 구절은 느리게 이해하는 사람에게도 격려를 보내고 있다. 배운 것에 더욱 많은 시간을 쏟아 부어야 한다는 것은 곧 배운 것을 더욱 깊이 이해할 수 있다는 것과 같기 때문에 더욱 많은 것들을 더욱 오랫동안 기억할 수 있을 것이다. '눈물로 씨를 뿌리는 자'는 '기쁨으로 이를 거둘 것이다.'

기억력을 키우다

기억력이 하늘나라로부터 주어지는 선물이긴 하지만, 다른 능력들과 마찬가지로 충분히 개선할 수 있는 성질의 것이기도 하다. 첫째, 기억력을 키우기 위해 먼저 토라를 배우는 데에 많은 노력을 투자해야 한다. 토라를 배우는 것이 바로 평생토록 해야 할 의무라는 점을 기억한다면, 그 무엇도 배움을 방해할 수 없도록 해야 한다는 것 또한 절실히 깨닫게 될 것이다. 현자들은 "반드시 해야 하는 일이라면 60년 정도는 충분히 기억하고도 남을 것이다"라고 가르쳤다(케투보트[Kesubos] 20b).

더 나아가 마음의 고요를 방해하는 분노를 피하여 화로 인해 배움에 방해가 되지 않도록 해야 한다. 가장 중요한 것은 바로 복습이다. 복습은 하면 할수록 배운 것을 내면에 새기는 것이며, 이를 통해 영구기억의 영역에 배운 것을 저장할 수 있는 것이다. 복습은 하면 할수록 더욱 깊은 내용이 나의 것이 된다. 이를 위해 어떤 현자들은 자신들이 이미 알고 있는 것일지라도 "완전히 [그들의]마음 속에 새겨질 때까지" 사십 번이나 같은 내용을 반복해서 공부했다고 한다(메길라[Megillah] 7b).

이러한 의미에서 '네 자녀를 가르치라(ושננתם)'는 말씀은 '네 아이들과 함께 복습하라'는 의미로 더욱 정확하게 번역할 수 있다. 마찬가지로 우리는 탈무드 전체에서 '타누 라바난[tanu rabbanan]'(현자들은 배우기를, 문자 그대로의 해석은 '현자들은 복습하기를')이라는 구절을 자주 접할 수 있다. 현자들이라서 복습하였고, 복습하였기에 현자가 된 것이다.

실제로 탈무드는 "매일 전통(할라카-역자 주)을 복습하는 자는 누구든지 올 세상을 확증 받은 것이라"(닛다[Niddah] 73a)는 구절로 끝맺고 있다. 또 현자들은 복습하지 않는 자는 씨는 뿌렸으면서 거두지는 않는 농부와 같으며, 또 아이를 사산한 여인과 같다고 하였다.

스페인과 북아프리카의 현자들은 기억력을 키우는 또 다른 방식을 제안하고 있는데, 바로 가르침의 교훈을 이용하는 것이다. "스스로 랍비가 되어 너 자신[우케네이]을 위해 동료를 얻으라"(1:6)는 구절은 "스스로 선생이 되어 네 펜(우카네)으로 동료를 삼으라"고 읽을 수도 있다(씨두르 하아리[Siddur HaAri]). 무언가를 배운 후에는 이것을 기억에 남길 수 있도록 배운 내용을 필기해야 한다. 실제로 필기는 주제를 분명히 하면서도 기억력을 키우는 좋은 방법인데, 이는 필기를 통해 어떤 개념을 단어로 구체화함으로써 배운 내용에 집중하게 되며, 더 나아가 자신의 표현이 정확한지 확인해야만 하기 때문이다. 만일 이런 과정이 없이 그저 글로 쓰는 데에만 급급해 한다면, 필기조차도 그저 횡설수설하는 말과 다를 것이 없다.

노력에 따라 보상이 따른다.

공부에서 큰 성공을 얻지 못하였더라도 공부해야 하는 의무가 사라지는 것은 아니다. 현자들은 "잊더라도 배워야 한다"(아보다 조하르[Avodah Zahar] 19a)고 말했다. 끊임없이 배우는 사람은 향수병과 같아서 그 안에 향수가 담겨 있지 않더라도 향기는 아직 남아 있다(네시브 메이르[Nesiv Meir]). 뿐만 아니라 이런 사람은 세상을 떠날 때에도 평생 자신이 배운 것들을 기억해낼 것이다(하페쯔 하임[Chafetz Chaim], 랍비 이스라엘 메이어 카간의 이름으로).

현자들은 여기에서 한 걸음 더 나아가 설령 자기가 말하는 것조차 이해하지 못할지라도 끊임없이 배워야 한다고 말했다(ibid.) 바로 일을 끝낼 필요는 없지만, 일을 그만둘 수도(2:21) 없기 때문이다. 또 하나님께서는 우리가 이룬 것이 아닌, 우리가 노력한 것을 보고 보상을 주신다. "노력에 따라 보상이 있느니라"(5:25).

하시드 야베츠[Chasid Yaavetz]는 말하기를 "사람은 고생을 위하여 났으니(토라를 배우기 위한 고생을 위하여 났으니, 힘써 고생할수록 그 보상도 더욱 클 것인데) 불꽃이 위로 날아가는 것 같으니라"(욥 5:7)는 말씀의 의미가 바로 이것이라고 하였다.

듣는 귀

이 구절에서 나타나는 '배움'이라는 단어의 문자 그대로의 의미는 '들음'이다. 하스데이 아보트[Chasdei Avos]에서 바그다드의 랍비 요셉 하임은 이 단어가 사용된 이유를 설명하기 위해 잠언 20장 12절에 대한 현자들의 주석을 사용하고 있다. "듣는 귀와 보는 눈은 다 여호와께서 지으신 것이니라"(잠 20:12). 현자들은 가르치기를 이 구절의 의미는 토라의 두 본질에 적용된다고 하였다. '듣는 귀'는 말로 전해진 '구전 토라'를, '보는 눈'은 읽고 배우는 '성문 토라'라는 것이다.

시내산에서 "주님께서…여러 가지 율법(문자 그대로는 '토라들' – 역자 주)"을 주셨다고 하였는데, 이것이 바로 구전 토라와 성문 토라이다.

그렇다면 둘 중 무엇이 먼저 주어졌는가?

먼저 성문 토라가 전해지고 그 후에 구전 토라, 즉 성문 토라에 대한 설명이 전해진 것으로 보인다. 그렇다면, 위 잠언의 구절에서는 '보는 눈과 듣는 귀'가 아닌 '듣는 귀(구전 토라)와 보는 눈(성문 토라)'이라고 단어의 순서를 배치한 이유는 무엇인가?

바로 이 구절이 구전 토라가 얼마나 중요한지를 강조하고 있기 때문이다. '본 것'(성문 토라)을 정확히 이해하기 위해 올바른 설명을 '들어야 한다'(구전 토라) 말빔[Malbim]이 말한 대로, "설명을 먼저 듣지 않으면 본 것을 이해할 수 없을 것이다." 바로 슈마의 말씀을 읊기 전 낭독하는 축복문에서, (글을)배울 수 있도록 도와달라고 간구하기 전에 먼저 하나님께 우리의 마음이 열려 말씀을 듣도록 간구하는 이유가 바로 이것이다.

랍비 요셉 하임은 다음의 우화로 이러한 가르침을 표현했다. 어느 듣지 못하는 양치기에게 아내가 있었는데, 아내는 매일 점심마다 식사를 하라며 일하던 양치기를 찾아오곤 하였다. 그러던 어느 날 아내가 병에 걸려 점심이 넘도록 남편에게 갈 수 없게 되었다. 걱정이 가득한 양치기 남편은 자리를 뜨고 싶었지만, 양떼를 두고 그냥 집으로 달려갈 수는 없는 일이었다. 다행히 근처에서 꼴을 베고 있던 한 농부를 보고는 그에게 양떼를 지켜달라고 부탁하였다.

그러나 농부 역시 청력을 잃은 사람이었고, 양치기의 손짓을 보고는 양떼에게 꼴을 먹여달라는 표시로 이해했다. 수백 마리의 양떼를 어떻게 혼자서 먹일 수 있겠는가? 뿐만 아니라 그 꼴은 농부의 것도 아니었다. 때문에 농부는 손을 가로 저으며 "그만 두시오"라고 말하였다.

하지만 애석하게도 양치기는 그 손짓을 잘못 알아듣고는 농부가 "알겠소, 어서 가시오"라고 말하는 것으로 오해했다. 곧바로 집으로 달려간 양치기는 아내에게 음식을 먹이고 다시 양떼에게로 돌아왔다. 양떼가 모두 무사한 것을 확인한 양치기는 농부에게 답례로 살이 쪘지만 다리를 저는 양 한 마리를 선물로 주었다. 양치기인 자신에게는 다루기 힘든 양이지만, 농부에게는 큰 가치를 가지기 때문이었다.

그러나 농부는 양치기가 일부러 다리를 저는 양을 주어 자기를 놀린다고 생각하였고 화가 났다는 자세를 취하였다. 정작 양치기는 농부가 정중하게 선물을 거절하는 줄로 생각하였다. 크게 불안한 나머지 농부는 양치기를 때리고 말았고, 두 사람은 그제서야 지금까지 서로 의사소통을 제대로 하지 못했음을 깨달았다.

그 때 한 남자가 말을 타고 길가를 지나가다가 그 광경을 지켜보고 있었다. 말 탄 사내를 발견한 농부와 양치기는 도움을 요청하고자 바로 그에게 달려갔다. 농부와 양치기는 말 고삐를 붙잡고 도와달라고 사정을 하였지만, 안타깝게도 말 탄 남자 역시 듣지 못하는 사람이었다. 자기 말을 붙잡고 이리저리 뭐라고 소리치는 두 사람을 본 사내는 그들이 자기 말을 빼앗으려는 줄로 생각하였고, 말에서 내려 줄행랑을 치고 말았다.

랍비 요셉 하임은 자기가 보고 싶은 것만 보고 설명은 듣지 않는 사람의 인생이 이와 같다고 하였다. 그러므로 이 구절은 학생들에게 올바른 배움의 기초인 '듣기'를 강조하고 있다는 것이다.

구전 토라의 신앙

역사적으로 영적인 귀가 열리지 않아 구전 토라를 거부한 움직임과 그 움직임을 따른 사람들이 항상 있었다. 이런 이단의 수장으로 두 번째 성전 시기의 사두개파와 보에두시안 분파(사두개파의 분파 – 역자 주), 가온의 시대(주후 589년부터 1038년까지 가온들이 유대교를 이끌던 시대 – 역자 주)에는 카라이트 파(8세기 경 전통과 탈무드를 배척하였던 분파 – 역자 주)가 있다.

이런 운동은 성문 토라에 대한 잘못된 이해를 생산해냈다. 예를 들면, "사람을 쳐죽인 자는 반드시 죽일 것이나"(출 21:12)라는 구절을 보고는 '여자'가 아닌 '남자'를 죽인 자만 사형에 처해야 한다고 주장한 것이다.

오메르에 대해서 성경은 "안식일 이튿날 곧 너희가 요제로 곡식단을 가져온 날부터 세어서 일곱 안식일의 수효를 채우고"(레 23:15)라고 가르치고 있다. 즉 안식일은 모든 일을 쉬어야 하기 때문에 유월절의 첫 날을 뜻하는 것이다. 그러나 이단들은 이를 문자 그대로 받아들였으므로 일요일에 오메르를 세었다(하기가 [Chagigah] 2:4).

또한 찌찌트에 대하여도 그들은 "이 술은 너희가 보고 여호와의 모든 계명을 기억하여 준행하고"(민 15:39)라는 말씀을 찌찌트가 '보이기만 하면 된다'고 잘못 이해하여 찌찌트를 벽에 걸어두었다.

또한 "안식일에는 너희의 모든 처소에서 불도 피우지 말지니라"(출 35:3)는 구절을 잘못 해석하여 안식일에는 항상 어둡고 추운 곳에서 살았다.

언제나 학생의 자세로

본 구절은 '네 부류의 학생'에 대해 말하고 있으나, 사실 이 네 부류 중 두 부류는 엄밀히 말해 학생이라고 할 수 없다. 빠르게 이해하고 빠르게 잊지 않는 사람과 느리게 이해하고 빠르게 잊지 않는 사람은 학생이라고 볼 수 없는데, 결국 이들은 배운 내용들에 대하여 통달하게 될 것이기 때문이다. 오히려 이들에게는 '제자'보다는 '교사'라는 말이 더 어울릴 수도 있다. 그러나 이 구절은 그들도 '학생'이라고 부르며 모든 사람들이 평생 토라를 배우는 '제자', 즉 학생이 되어야 한다는 점을 가르치고 있다.

수천 명의 제자를 거느리고 머릿속에 토라의 지식을 사전처럼 집어넣은, 학자라는 직함을 달고 있는 사람조차도 '탈미드 하함'[Talmid chacham], 즉 '현자의 제자'이다. 우리는 "그의 크심은 땅보다 길고 바다보다 넓으니라"(욥 11:9)는 학생의 자세를 절대 버릴 수 없는 것이다.

그러므로 모든 2절판 게마라 책은 히브리어 베이트(히브리어의 두 번째 알파벳)로 시작하는데, 이는 토라를 아무리 배우고 또 배워도 토라의 시작(알레프)에는 다다를 수 없기 때문이다. 우리는 히브리어 첫 번째 알파벳인 알레프의 진리에조차 닿을 수 없다. 바로 우리가 토라의 길을 들어선 순간부터 평생 학생의 자세로 남아야 하는 이유이다.

미쉬나 16절 משנה טז

אַרְבַּע מִדּוֹת בְּנוֹתְנֵי צְדָקָה.
הָרוֹצֶה שֶׁיִּתֵּן וְלֹא יִתְּנוּ אֲחֵרִים,
עֵינוֹ רָעָה בְּשֶׁל אֲחֵרִים.
יִתְּנוּ אֲחֵרִים וְהוּא לֹא יִתֵּן, עֵינוֹ רָעָה בְּשֶׁלּוֹ.
יִתֵּן וְיִתְּנוּ אֲחֵרִים, חָסִיד.
לֹא יִתֵּן וְלֹא יִתְּנוּ אֲחֵרִים, רָשָׁע:

자선을 베푸는 사람의 네 가지 성향이 있다.
1. 그 자신은 은혜를 베풀기를 원하는 사람이나
   다른 사람들이 주는 것은 원하지 않는 사람.
   그는 다른 사람들을 시기하는 것이다.
2. 다른 사람들은 주지만 그는 주지 않는 사람.
   그는 그 자신을 시기하는 것이다.
3. 그가 주고 다른 사람들도 주는 것은 신앙심이 있는 사람이다.
4. 그가 주지 않고 다른 사람들도 주지 않는 것은 사악한 것이다.

미쉬나 16절

자선을 베푸는 사람의 네 가지 성향이 있다

이 구절의 어법에는 몇 가지 해석의 어려움이 있다.

첫째, 본 구절에서는 "그 자신은 은혜를 베풀기를 원하는 사람이나 다른 사람들이 주는 것은 원하지 않는 사람, 그는 다른 사람들을 시기하는 것이다"라고 말하고 있으나, 이런 모습은 오히려 긍정적인 것으로 받아들여질 수 있는 여지가 있다. 다른 사람이 자기의 돈을 너무 과하게 쓰지 못하도록 하기 때문이다.

두 번째 부류의 사람은 인색하지만, 남이 남에게 주는 것은 바라는 사람이다. 이런 사람에 대해 본 구절은 '자기 돈에 인색한 사람'이라고 표현하고 있다. 그러나 이런 사람은 자기 돈은 숨겨두고 남들이 돈을 쓰기를 원하기 때문에, 다른 사람을 악한 눈으로 본다고 표현하는 것이 정확한지 의문이 남는다.

세 번째 부류의 사람은 "그가 주고 다른 사람들도 주는 것은 신앙심이 있는 사람"이다. 이런 모습은 칭찬을 받아 마땅하나, 자선이 사실은 보편적인 의무라는 사실을 기억한다면 이런 모습이 크게 특별한 것은 아니다. 그러므로 특별히 위대한 영적인 성장을 이룬 사람에게 사용되는 표현인 '경건하다'는 표현을 이런 사람에게 붙이는 것은 너무 과도한 것이 아닌가?

마지막으로 네 번째 부류의 사람은 그 누구도 자선을 하기를 원치 않는 사람인데, 본 구절은 이런 사람을 집어 '사악하다'라고 표현한다. 그러나 이 구절에서는 네 사람을 모두 '자선을 베푸는 사람'으로 지칭하고 있음을 기억하라. 자선을 베푸는 사람에게 악하다고 할 수 있는가?[7]

> **그 자신은 은혜를 베풀기를 원하는 사람이나
> 다른 사람들이 주는 것은 원하지 않는 사람,
> 그는 다른 사람들을 시기하는 것이다.**

라베이누 요나는 이런 사람이 어려운 이웃의 복지에는 관심이 없으면서 오히려 이득을 취하고 인기를 얻기 위해 자선을 하는 사람이라고 말하고 있다. 이 구절에서 이런 사람을 두고 '다른 사람의 [돈]을 시기하는 것'이라고 말한 이유이다. 즉 이런 사람은 다른 사람의 돈을 신경 쓰지 않고 (얕보고) 자신의 명예만을 생각한다.

더 나아가 하나님께서는 자선을 하는 사람에게 물질의 축복을 내려주신다. 첫 번째 부류의 사람은 이를 노리고 물질의 복을 받고자 자선을 베푼다. 이런 사람은 다른 사람과 자신이 받을 물질의 축복을 나누려 하지 않기 때문에, '다른 사람[돈]을 시기하는 것'이다.

티페레트 이스라엘은 이와는 조금 다른 해석을 제시하고 있다. '다른

---

[7] 이와 동일한 의문이 "다른 사람이 주는 것을 바라나 자기 돈을 주지 않기를 바라는 사람"에게도 적용될 수 있다. 그러나 이 두 번째 부류의 사람은 최소한 남의 것이라도 자선이 베풀어지기를 바라기는 한다.

사람'이라는 단어가 바로 '가난한 사람'을 뜻한다는 것이다. 이런 해석을 따른다면 첫 번째 부류의 사람은 가난을 무조건 부정적인 것으로 생각하고 시기하기 때문에, 다른 사람이 아닌, 오로지 자기 자신만 자선을 베풀기를 원한다고 할 수 있다. 가난한 사람이 가장 작은 것보다 더 큰 보상을 받으리라는 사실을 이런 사람은 깨닫지 못한다.

다른 사람들은 주지만 그는 주지 않는 사람, 그는 그 자신을 시기하는 것이다.

이 구절에서 설명하고 있는 두 번째 부류의 사람은 구두쇠이다. 이런 사람은 자선을 베풂으로 뒤따라오는 축복을 부정하기 때문에 자기 자신의 돈을 베푸는 데에 '인색하다.' 더 나아가 이런 사람은 돈을 향한 집착이 너무나 맹렬한 나머지 다른 사람들이 자신을 어떻게 보는지에 대해서는 신경조차 쓰지 않는다.

그러나 어떤 주석가들은 이런 주장에 반대하며 탐욕스러운 사람은 돈을 사랑하는 기질 때문에 하나님이 주시는 물질의 축복을 받고자 자선을 하게 된다고 주장했다. 그러므로 바르테누라의 랍비 오바디야는 이런 부류의 사람이 곧 다른 사람을 대신하여 돈을 쓰기를 싫어하는 사람을 뜻한다고 하였다.

레브 아보트[Lev Avos]는 이런 부류의 사람은 (자기가 아닌)'다른 사람들'이 주기를 바라며, 이러한 바람이 특별한 것이라고 주장하고 있다. 평생토록 자선을 베풀지 않던 사람이 죽음이 가까이 와서는 자기 인생의 마지막을 걱정하여 유산의 일부를 기부한다. "네 공의가 네 앞에 행하고…"(사 58:8)라고 했으므로, 이런 사람은 자신이 죽기 전에 베푼 선행이 자신의 영혼보다 먼저 하늘나라의 심판대에 닿기를 바라는 것이다. 그러므로 이 구절은 이러한 사람이 "다른 사람이(그의 유산을) 주기를 바란다"고 말하고 있는 것이다.

어떤 이는 자선을 베푸는 것을 꺼리지만, 돈을 향한 욕심 때문이 아니라 자기가 자선을 베풀 만큼 여유가 없다고 생각하기 때문에 자선을 베풀지 못하기도 한다. 이런 사람은 다른 사람에게 베풂으로 정작 자기가 가난에 빠지게 될까 두려워하는데, 자신의 자금 상황에 자신감이 부족한 것이라고 할 수 있다. 이런 사람은 '십일조가 부유함의 길이다'라고 하던 현자들의 지혜를 기억해야 한다. 자선을 베풀라는 하나님의 율법은 우리에게 물질의 축복을 보장해 준다. 바로 현자들이 "자기 소득을 갑갑하게 여기는 자는 일부를 포기할 수밖에 없으리라"(기틴[Gittin] 7a)고 한 이유가 바로 이것이다.

그가 주고 다른 사람들도 주는 것은 신앙심이 있는 사람이다

이 구절에서 나타나고 있는 세 번째 부류의 사람은 바로 이상적인 인간상으로, 다른 사람에게 자선을 베풀고 남들도 자선을 베풀기를 바라는 사람이다. 그러나 이런 사람도 결국 자신의 의무를 다한 것일 뿐이기 때문에, 어떤 이는 이 구절에서 왜 이런 사람을 '경건하다[신앙심이 있는 사람]'고 칭하는지에 대해 의문을 가질 수도 있다.

주석가들은 이런 사람이 실로 보통 사람보다 더 뛰어난 사람이라고 설명한다. 기꺼이 사리사욕을 채우지 않으며 다른 사람이 남에게 베풀기를 바라며, 자신의 선한 모습을 다른 사람들도 따르도록 한다. 그러므로 "자기보다 더 큰 선행을 다른 사람에게 행하도록 하는 사람이 더 큰 사람이다"(바바 바스라[Bava Basra] 9a)라 한 바와 같다. 이런 사람은 그 자신이 선행을 실천할 뿐 아니라 다른 사람들도 그 너그러운 모습을 본받게 된다.

이런 사람은 언제나 먼저 주는 사람으로, 다른 사람의 좋은 본보기가 된다. 뿐만 아니라 기쁜 마음과 표정으로 기꺼이 자신의 것을 내어주며, 가장 이상적인 방법으로, 가장 적당한 때에, 충분한 양을 어려운 이에게 나누어주는 데에 온 힘을 쏟는다. 곧 현자들이 "자선은 그 안에 선함이 담겨있을 때에 완전해진다"고 말한 바와 같다.

라쉬는 말하길 이런 사람은 가난한 사람의 삶을 돕는 데에 특별히 많은 신경을 쓴다고 했다. 예로 이런 사람은 다른 사람을 통해서 돕기보다는 자신이 직접 어려운 사람을 도우려 하며, 돈을 주기보다 음식이나 옷을 주는 등 자선을 받는 사람에게 최대한 도움이 되는 방식으로 베풂을 실천한다.

너그러운 눈으로

경건한 사람이 다른 사람들에게 자선을 베풀기를 원하는 또 다른 이유가 있다. 바로 어려운 사람들이 자신과 같은 복을 받기를 바라기 때문이다. 이런 면에서 라베이누 요나는 "구제를 좋아하는 자는 풍족하여 질 것이요 남을 윤택하게 하는 자는 자기도 윤택하여 지리라"(잠 11:25)는 구절을 인용하고 있다.

순전히 '선한 영혼'은 다른 사람들에게 축복이 어떤 것인지를 보여주는 사람이기 때문에, 물질적으로뿐만 아니라 영적으로도 '부유해진다.' 그러나 경건한 사람은 다른 사람을 만족시킨다(즉, 번역하자면 '다른 사람으로 하여금 만족시키게 하는 사람'이라는 뜻이다). 다르게 표현하자면, 경건한 사람은 다른 사람으로 하여금 자선을 실천하게 한다는 것이다. 경건한 사람은 이로 인하여 '만족하게 될 것'이며, 선한 영혼을 가진 사람보다 더 큰 축복을 받을 것이다.

하시드 야베츠는 이 구절을 다르게 해석하고 있다. '다른 사람을 만족시키는' 사람은 가난한 사람이 특별한 선행으로 도움을 받을 수 있도록 하는 사람이다. 이런 사람은 '스스로 만족함을 얻는다'(교훈적으로 해석하면 '가르칠 것이다') 즉 다른 사람들에게 자신의 행동을 같이 하도록 이끌 것이라는 것이다.

라베이누 요나는 이사야서의 구절을 인용하며 경건한 사람이 이런 사람이라고 주장했다. "존귀한 자는 존귀한 일을 계획하나니 그는 항상 존귀한 일에 서리라"(사 32:8). 즉 자기 자신만 어려운 사람을 돕는 것이 아니라, 다른 사람들도 함께 어려운 사람들을 돕도록 이끈다는 말이다.

또한 경건한 사람의 행동은 가난한 사람들뿐만 아니라 주위 사람들, 심지어 본인에게까지 그 선한 영향력이 닿는다. 조하르는 이런 담론이 내포하는 신비의 영역에 대해 말하며, 우리의 경건한 행동으로 세상이 구원을 받고, 심지어 하나님께서 경건한 행동으로 인하여 우리와 함께 하신다는 것이다.

"경건한 자 누구인가? 바로 그를 만드신 분에게 경건한 사람이다"(조하르[Zohar] 114b). 이 말은, 곧 하나님을 위하여 행하는 사람이 바로 경건한 사람이라는 것이며, '가난한 자에게 자선을 베푸는 사람'이 곧 경건한 사람이라는 것이다(조하르 바이크라[Zohar Vayikra] 113a).

약속의 땅에서 추방된 가운데서도 하나님께서 우리와 함께 하셨기 때문에, 이스라엘의 고난 중에도 하나님께서는 이스라엘과 함께 하셨다(타니트[Taanis] 16a). "유대 민족은 자선을 베풂으로 얻은 기업으로만 구원을 받으리라"(샤보트[Shabbos] 139a). 그러므로 자선은 구원을 앞당기는 행위이자 하나님께 선한 행실을 보이는 것이요, 우리 자신의 구원도 앞당기는 행위인 것이다(밀레이 드'아보트[Milei D'Avos]).

자선 – 최고의 투자

현자들은 하스모니안 왕조의 의로운 왕들 중 한 명이었던 헬레나 여왕의 아들 몬바츠가 기근 중에 자신의 재산을 나누었던 일에 대하여 이야기하고 있다(바바 바트라[Bava Basra] 11a).

몬바츠가 자기 재산을 나누려 하자, 가족들이 이에 심하게 항의했다. "우리의 조상들이 세대에 세대를 거쳐 모은 재산을 지금 낭비하려고 하시는 것입니까!"

그러나 그는 이렇게 대답했다. "우리 조상들은 여기 이 아래에 재산을 쌓았지만, 나는 이제 이를 저 위(하늘 – 역자 주)에 쌓아놓으려 한다." "의는 하늘에서 굽어보도다"(시 85:11)라고 했다. 사람의 '의로움'(즉 자선)은 하늘에 기업을 쌓는 것이다(라쉬[Rashi]).

몬바츠는 또 말했다. "내 조상들은 도둑이 능히 들고 좀이 생길 만한 곳에 재산을 모았지만, 나는 그 누구도 빼앗을 수 없는 곳에 내 재산을 쌓는다." 곧 의와 공의가 주의 보좌의 기초라(한글성경 시 89:14, 히브리어 성경 시 89:15)라고 함과 같다. 즉 사람이 베푸는 자선이 하나님의 영광의 보좌 아래에 놓인다는 것이다.

왕은 또 이렇게 말을 이어나갔다고 한다. "내 조상은 아무것도 결실을 맺을 수 없는 곳에 재산을 숨겼으나, 나는 결실을 맺는 곳에 내 재산을 숨긴다." 자선으로 베푸는 돈은 받는 사람뿐 아니라 주는 사람에게도 결실을 맺는다. 곧 기록된 바 "너희는 의인에게 복이 있으리라 말하라 그들은 그들의 행위의 열매를 먹을 것이요"(사 3:10)라고 함과 같다. 의인들은 이 땅에서 선행의 열매를 먹고 장차 올 세상에서 자신이 베푼 것을 얻는다.

더 나아가 몬바츠는 "내 조상은 돈으로 부를 쌓았으나 나는 생명으로

부를 쌓는다"라고 말했다. 즉 백성들을 기근으로부터 구하려 한다는 것으로, 기록된 바 "의인의 열매는 생명 나무라 지혜로운 자는 사람을 얻느니라"(잠 11:30)라고 한 것과 같다.

몬바츠는 이어 말한다. "내 조상은 남을 위하여 [돈을]쌓았으나, 나는 나를 위하여 쌓는다." 이전 세대가 부유함으로 무엇을 얻었던가? 그들이 쌓은 부유함도 결국 다음 세대에게 돌아갔다. 기록된 바 "그들의 재물은 남에게 남겨 두고 따나는 것을 보게 되리로다"(시 49:10)라고 함과 같다. 또 그는 "그러므로 나는 지혜롭게 행동하여 내게 도움이 되는 일을 하려고 한다"고 말했다. 또 기록된 바 "그 일이 네 하나님 여호와 앞에서 네 공의로움이 되리라"(신 24:13)고 한 것과 같다.

또 다른 구절에서는 "각 사람이 구별한 물건은 그의 것이 되나니 누구든지 제사장에게 주는 것은 그의 것이 되느니라"(민 5:10)고 말하고 있다. 즉 제물로 바친 것이 자신의 것이 된다는 말이다. 제사장에게 바쳐진 물건이 어떻게 자신의 것으로 남아 있을 수 있다는 것인가? 바로 제사장에게 물건을 줌으로써 얻은 기업이 그의 것이기 때문이다. 몬바츠는 마지막으로 이렇게 말하였다. "나의 조상들은 재물을 이 세상에 쌓았으나, 나는 내 재물을 올 세상에 쌓는다." 곧 기록된 바 "네 공의가 네 앞에 행하고 여호와의 영광이 네 뒤에 호위하리니"(사 58:8)라 함과 같다.

오스트리아의 대 랍비이자 함스부르크 왕조의 재무부장관을 역임하였던 랍비 삼손 베르트하이머[R' Shimshon Wertheimer]는 삼백 여 년 전 비엔나에 살았던 뛰어난 토라 학자이자 위인이었다. 어느 날 랍비 베르트하이머의 명예를 시기한 대주교는 왕에게 베르트하이머의 충성심에 의문을 제기하였다. 왕이 베르트하이머의 잘못을 입증하라고 하자, 주교는 베르트하이머에게 자기 재산을 보고하도록 할 것을 왕에게 요청하였고 왕은 이를 승낙했다. 랍비 베르트하이머는 그 날로 자신의 재산을 보고했다.

다음 날, 랍비 베르트하이머는 왕에게 자신의 재산 내용을 상세히 적은 보고서를 들고 왕에게 나아왔고, 왕은 이를 대주교에게 주어 검토하게 했다. 대주교는 그 보고서를 훑어보더니, 대뜸 베르트하이머에게 이렇게 외쳤다. "이 보고로는 부족합니다! 왕께서 선물로 하사하셨던 북쪽의 성도 적혀 있지 않습니다!"

이에 왕은 랍비 삼손을 불러 화를 내며 해명을 요구했다. 재산을 숨기고 있다고 의심을 받던 그는 이렇게 대답했다. "전하, 전하께서는 제게 지금 재산이 얼마나 있는지를 보고하라고 하셨습니다. 저는 전하께서 하사하신 성을 빌린 것으로 생각하였기 때문에, 제 것이라고 생각하지 않았습니다. 어제 주신 것을 오늘은 가져가실 수도 있기 때문입니다. 대신 저는 제가 살면서 다른 사람들에게 나누어준 모든 돈을 이 보고서에 기록했습니다. 제가 나누어준 것은 그 누구도 가져갈 수 없기 때문입니다."

그가 주지 않고 다른 사람들도 주지 않는 것은 사악한 것이다

위에 언급한 대로, 네 번째 부류의 사람에게 '사악하다'는 평가를 내리기에는 너무 과분하다는 인상이 들 수 있는데, 이는 사악한 사람은 아예 자선을 베풀지 않는 반면 이 구절에 나타나는 네 부류의 사람들은 모두 자선을 베푸는 사람들이기 때문이다.

바르테누라의 랍비 오바디야는 이에 대해 설명하기를 이 구절의 첫 부분인 '자선을 베푸는 사람의 네 가지 성향이 있다'라는 말씀이 곧 자선의 개념에 관한 네 부류의 사람, 즉 자선을 베푸는 세 부류와 자선을 베풀지 않는 한 부류의 사람에 대해 말하고 있다고 주장한다.

랍비 슐로모의 아들 라베이누 이삭[Rabbeinu Yitzchak ben R' Shlomo]은 반대로 이 구절에 나오는 네 부류 모두 마땅히 해야 할 의무인 자선을 하는 사람이라고 설명한다. 그의 설명에 따르면 이 구절의 처음 부분에서 '바라다'는 단어의 의미는 네 부류의 사람 모두에게 적용된다. 선한 사람은 자기 손으로든 다른 사람의 손으로든 자선이 주어지기를 '바라는' 반면, 악한 사람은 어쩔 수 없는 상황에서는 자신의 것을 나누기는 하지만, 자신의 것을 남에게 나누어주는 상황 자체가 일어나지 않기를 '바라는' 것이다.

이 구절의 또 다른 해석에 따르면, 악한 사람은 아주 작은 것들 외에는 남에게 주지 않기 때문에 자선의 의무를 다하지 않지만, 그럼에도 불구하고 무언가를 나누기는 했으므로 '자선을 베푸는' 사람에 속한다.

루블린의 랍비 메이르 샤피라[R' Meir Shapira of Lublin]는 호크메이 루블린 예시바([Yeshiva Chochmei Lublin], 유대교의 경전과 전통을 가르치는 학교 – 역자 주)에서의 경험을 기반으로 이 문제를 조명하고 있다. 이따금씩 자선을 해달라는 요청이 오면, 어떤 사람은 남들도 자선을 하지 않는데 왜 내가 나서야 하냐며 문을 닫아버리곤 한다. 최소한 이 사람은 모금인의 시간을 낭비하지는 않은 것이다.

그러나 어떤 사람은 마치 자선을 할 것처럼 오랫동안 모금인을 붙잡아두고 융숭하게 대접하며 자기 가족들과 인생 이야기를 늘어놓는다. 이 경우 강제로 앉아서 마치 그 이야기에 대단히 관심이 있는 것처럼 쓸데없는 이야기를 내내 들어주어야 하지만, 결국 자선은커녕 한 푼도 얻지 못하고 집을 나와야 한다.

첫 번째 사람은 자선을 하지는 않았지만 다른 사람은 자선을 하기 바라는 것이다. 모금인의 시간을 빼앗지 않았다는 점에서 이런 사람도 자선을 했다고 여길 수 있을 것이다. 이런 사람을 두고 '사악하다'고 할 수 있을지 모르나, 모금인이 다른 곳에서 기금을 모을 수 있도록 했다는 점에서 이미 '베푼 자'라고 여김을 받을 수는 있다는 것이다.

옛 전통

자선을 베풀기를 거부하면서 다른 사람도 베풀기를 원치 않는 사람은 어떤 사람인가? 곧 인색한 사람으로 보이는 것을 두려워하면서도 자선이 합법적인지, 적합한 단체인지를 의심하며 스스로를 정당화함으로써 다른 사람들까지도 자선을 베풀지 못하게 하는 사람이다.

어떤 사람들은 다른 사람을 돕지 않는 자세를 하나의 사상으로 둔갑시킨다. 이런 사람들은 가난한 사람들을 돕는 일이 독립심을 저해하므로 건전치 못하다고 주장한다. 그러나 그 속내를 들여다보면 자기 돈을 내놓기 싫다는 욕심이 그 중심에 자리 잡고 있다.

어느 날 어떤 사람이 랍비 S.Y. 제빈[S.Y. Zevin]에게 질문했다. 사람들이 텔아비브의 아름다운 알렌비 거리[Allenby Street]에 세워진 대형 건물, 학당 앞에서 구걸을 하지 못하게 하는 대신 낙후된 거리에 무료급식소를 세워 그곳에서 구걸을 하도록 하는 안건에 대한 그의 의견을 물었다.

이에 랍비 제빈은 베르디체프의 랍비 레위 이삭에 대한 이야기를 들려주었다. 베르디체프의 랍비로 임명을 받을 때, 랍비 레위 이삭은 새로운 전통의 제정에 대해서 논의할 경우에만 시 위원회에 참석하겠다고 했다.

어느 날, 시 위원회가 랍비 레위 이삭을 소집했다. 사람들이 길거리에서 구걸을 하지 못하도록 하는 대신 마을 공동체의 사무소로 가서 소정의 돈을 얻을 수 있도록 하자는 법이었다. 이 소식을 들은 랍비 레위 이삭은 시 위원회에게 이미 사개도시 위원회([the Council of the Four Lands], 동유럽에 거주하는 유대인들의 권익을 대변하는 위원회)에서 이 법을 발표했기 때문에, 자신이 위원회에 소집될 이유가 없다며 소집을 거부했다. 위원회는 사개도시 위원회의 의전을 모두 찾아보았지만, 어디에도 그런 내용은 찾을 수 없었다.

그 때 랍비 레위 이삭이 전말을 말했다. 그가 말한 사개도시 위원회의 네 도시는 다름 아닌 구걸을 불법으로 하였던 소돔과 고모라, 아드마, 드보임이었던 것이다. 이야기를 끝마치며 랍비 제빈은 가난한 사람이 구걸을 하지 못하도록 하는 모든 법은 다 잔인함과 이기주의의 전형이었던 소돔으로부터 온 것이며, 주지도 않고 남도 주기를 바라지 않는 마음으로 가득 차 있는 법이라고 하였다.

자선의 여덟 단계

람밤은 자선에도 여덟 가지 종류가 있다고 가르쳤다(마타노트 아니임[Matanos Aniim] 10:7–14).

가장 높은 차원의 자선은 바로 상대방이 가난한 상황에 처하지 않도록 돕는 것이다. 예를 들어 "네 형제가 가난하게 되어 빈 손으로 네 곁에 있거든 너는 그를 도와 거류민이나 동거인처럼 너와 함께 생활하게 하되"(레 25:35)와 같이 돈을 빌려주거나, 선물을 주거나, 직업을 구해주거나 하는 등이 있다.

그 다음은 알지 못하는 사람에게 자선을 베푸는 것이다. 이는 기부자가 온전히 하늘나라를 위하여 선을 행하는 방법이며 더 나아가 기부를 받는 자도 부끄러움 없이 기부를 받을 수 있는 방법이다. 바로 성전의 '분별의 방'은 이런 자선의 방식을 채용하였는데, 기부자는 이 방에 돈을 놓고 나와서 가난한 사람들이 자유롭게 가져갈 수 있도록 하였다(샤칼림[Shakalim] 5:6). 자신이 잘 알고, 또 신뢰할 수 있는 감독자에게 자신의 돈을 맡겨 자선을 하도록 하는 것 역시 이런 기준에 맞는다고 할 수 있을 것이다.

세 번째 차원은 자선의 대상을 기부자가 알고 있으나 기부의 대상이 누구로부터 도움을 받는지는 모르는 것이다. 이를 위해 현자들은 가난한 자의 집 문 앞에 돈을 몰래 놓고 도망쳐오기도 했다. 현자들이 전하는 이야기에 따르면, 마르 우크바[Mar Ukva]는 매일 아침 네 개의 은화를 한 가난한 사람의 집 열쇠구멍에 넣고 왔다고 한다. 어느 날 가난한 사람이 자신의 집에 매일 은화를 넣는 사람이 누구인지를 찾아보기로 하였다.

그 때 마르 우크바와 그의 아내는 함께 있었다. 앞쪽에서 도움을 받은 사람이 다가오는 것을 보자, 마르 우크바와 그의 아내는 얼굴을 보이지 않으려 뒤로 돌아 도망치기 시작했다. 마침내 따라잡히기 직전, 그와 그의 아내는 불타는 용광로로 뛰어들었다. 하지만 놀랍게도 마르 우크바와 아내는 하나도 다치지 아니하였으며, 우크바의 발이 조금 그슬렸을 뿐이었다. 이를 본 아내는 자신은 직접 먹을 수 있는 빵과 음식을 주었지만 마르 우크바는 음식을 사야 하는 돈을 주었기 때문에 이런 일이 일어난 것이라고 했다.

람밤은 말하기를 자선단체를 믿지 못하는 경우에는 위의 예를 따르는 것이 합당하다고 했다. 이스라엘 역사를 통틀어 기부자는 토라 학자나 일반인 모두를 막론하고 자녀들에게 음식이 담긴 바구니를 다른 사람의 집 문 앞에 두고 오도록 했다.

네 번째 차원은 바로 가난한 사람이 자신을 도와준 사람이 누구인지를 알지만, 기부를 한 사람은 자신이 누구를 도왔는지 모르는 경우이다. 그러므로 현자들은 천으로 돈을 감싸서 어깨 너머로 던져 자신이 누구를 도왔는지 모르도록 했다(아보다 자라[Avodah Zarah] ibid.)

다섯 번째 차원은 가난한 사람이 요청하기 전에 먼저 자선을 베푸는 것이다. 이렇게 함으로써 기부를 받는 사람도 부끄럼 없이 기부를 받을 수 있게 된다.

여섯 번째 차원은 가난한 사람이 필요로 할 때 충분한 양의 금전적인 지원을 베푸는 것이다.

일곱 번째 차원은 의무적으로 베풀어야 하는 것보다 조금 더 많은 양의 지원을 하지만, 친절하고 다정하게, 상대방을 존중하는 방식으로 더 줄 수 없어 미안하다고 표현하며 자선을 베푸는 것이다. 이로써 상대방에게는 언젠가 부유해질 것이라는 용기를 줄 수 있는 것이다. 비록 지금 당장은 가난한 사람의 필요를 모두 채워줄 수는 없더라도, 최소한 기분은 좋게 해주는 방법이다.

마지막으로 여덟 번째 차원은 가난한 사람에게 사소한 것들을 지원해주면서 기분 나쁜 티를 내비치는 것이다. 현자들은 가르치기를, 상대방을 무시하는 투로 기부를 하는 행위는 비록 많은 것을 나누었을지라도 아주 적은 것만을 나눈 것으로 여겨진다 하였다.

또 다른 주석가들은 이 여덟 번째 차원의 기부가 바로 본 구절에서 언급되는 '사악한 자'(주려 하지도 않고 남도 주지 않기를 바라는 사람)라고 주장하기도 한다. 이런 사람은 기부를 하기는 하나, 자선의 중요성을 알지 못하므로 나서서 충분한 양을 기부하지는 않는다.

현자들은 자신의 상황에 감사할 줄 모르는 사람(자기가 가진 돈에 인색한 사람)은 자선을 베풂으로 얻을 축복을 도로 빼앗길 수도 있다는 놀라운 이야기를 전해주고 있다(케투보트[Kesubos] 66b).

두 번째 성전이 파괴된 후였다. 극심한 가난으로 고통 받던 한 여인이 동물의 분변에서 소화되지 않은 알곡을 골라내고 있었다. 당대의 위대한 지도자 랍비 요하난 벤 자카이[Rabban Yochanan ben Zakkai]는 그 광경을 보고 충격을 받아 그 여인이 누구인지를 물었는데, 그 대답을 듣고는 더 큰 충격을 받게 되었다. 그 여인은 바로 한때 구리온의 아들 니고데모의 딸이었던 것이다. 니고데모는 당시 예루살렘에서 가장 큰 부자였으며, 예루살렘이 로마군에게 포위되었을 때에는 성의 거주민들에게 많은 도움을 주었던 사람이었다.

"가문에 대체 무슨 일이 있던 것입니까?" 랍비가 묻자, 그녀는 그녀의 아버지가 자선을 베풀지 않았기 때문에 온 재산을 잃었다고 대답했다. 그러나 현자들은 말하기를, 그는 수많은 자선을 베풀어온 사람이었다!

현자들은 이에 대하여 두 가지 답을 내놓았다. 첫 번째 답은 바로 그가 기부를 한 이유가 자신의 허영심을 충족시키기 위해서였다는 것이다. 니고데모는 자신의 영광을 위해 재산을 나누었기 때문에, 원래는 자선을 베풂으로써 받았어야 할 보호와 축복을 모두 잃었다는 답이다. 두 번째 답은 비록 그가 많은 재산을 나누었으나, 크게 부유한 사람의 기준에서는 충분히 많은 자선을 베푼 것이 아니라는 것이다. 이로 인해 니고데모는 이 구절에서 다른 사람이 나누어주기를 원하나 정작 자신은 나누기를 원치 않는 부류에 속한다고 할 수 있을 것이다.

금과 은, 그리고 동

랍비 다윗 하나지드([R' David Hanagid], 람밤의 손자)는 저서 피르케이 아보트의 미드라쉬 도비드[Midrash Dovid on Pirkei Avos]에서 자선을 베푸는 사람을 세 부류로 나누어 각각 금, 은, 동으로 비유했다.

가장 높은 차원의 자선은 남들이 모르게 자선을 베푸는 것으로, 이러한 자선은 하늘나라의 심판을 자비로 바꿀 것이다. 곧 기록된 바 "은밀한 선물은 노를 쉬게 하고…"(잠 21:14)라고 한 것과 같다. 그러므로 이런 자선은 금(히브리어로 '자하브')에 비유할 수 있는데, 자하브는 '제 하노세인 버'세이세르'(몰래 주는 자)라는 문장의 두문자어로 해석할 수 있다.

어려운 상황에서만, 큰 일이 일어나기 직전에만 자선을 베푸는 사람들도 있다. 이런 자선은 은(히브리어로 '케세프')의 자선이라고 할 수 있다. '케세프'는 '커'셰로에 사카나 포세이아흐'(위험을 볼 때에 손을 열어 베푸는 자)의 두문자어로 해석이 가능하다.

    마지막으로 한 푼도 나누지 않는 사람이 있다. 그러나 아무리 인색한 사람이라도 죽음을 앞에 두고서는 올 세상에서 뭔가 자신을 대변할 만한 것들을 이루고 싶어 한다. 그러므로 자기 유산을 자신의 이름으로 기부하는 것이다. 이 역시 자선이라고 할 수 있으나, 동(히브리어로 '네호셰트')의 자선이다. 네호셰트는 '눔 홀레 셰요마르 터'누'('주라'고 말하는 병자의 방식)의 두문자어로 해석될 수 있다.

미쉬나 17절   משנה יז

אַרְבַּע מִדּוֹת בְּהוֹלְכֵי לְבֵית הַמִּדְרָשׁ.
הוֹלֵךְ וְאֵינוֹ עוֹשֶׂה, שְׂכַר הֲלִיכָה בְּיָדוֹ.
עוֹשֶׂה וְאֵינוֹ הוֹלֵךְ, שְׂכַר מַעֲשֶׂה בְּיָדוֹ.
הוֹלֵךְ וְעוֹשֶׂה, חָסִיד.
לֹא הוֹלֵךְ וְלֹא עוֹשֶׂה, רָשָׁע:

학당에 가는 사람들 중에는 네 가지 성향이 있다.
1. 가지만 연구하지 않는 사람은 가는 것에 보상을 받는다.
2. [집에서] 공부하지만 [학당에] 참석하지 않는 사람은 수행함에 대한 보상을 받는다.
3. 가서 공부하는 사람은 신앙심이 있는 사람이다.
4. 가지도 공부하지도 않는 사람은 사악한 사람이다.

미쉬나 17절

유대 민족의 산 영혼

토라는 유대 민족의 살아 있는 영혼이다. 토라는 민족의 성격을 대변하고, 하나로 뭉치도록 하며, 생명을 불어넣어준다. 이런 토라의 토대 위에 세워진 것이 바로 학당이다. 사람들은 학당에 모여 랍비의 가르침을 듣고 전통과 윤리를 배운다. 학당에서 토라를 낭독하는 소리가 밤낮으로 울려 퍼지며, 사람들은 학당에서 서로 짝을 지어 토라를 배우고 탈무드의 주장을 두고 서로 논쟁한다. 곧 학당은 살아 숨쉬는 토라 교육의 장이요, 생기가 넘치는 배움의 장소이다.

쉬므온 하짜디크[Shimon Hatzaddik]는 이 세상을 지탱하는 세 가지의 것이 학당에 담겨 있다고 하였으니, 바로 '토라, 예배, 그리고 선행'이다(1:2).

학당은 토라의 집이며, 예배의 장소이다. 오늘날 우리는 제사를 드리지는 않지만 기도로 예배를 드린다. 또한 학당은 기도를 위한 최적의 장소이다. "성전이 무너지던 날로부터 하나님께서는 더 이상 네 규빗의 전통(학당)에서 나오지 않으셨다"(베라호트[Berachos] 8a)라고 한 것과 같다. 더 나아가 학당은 온 세대를 통틀어 사람들이 모이는 장소가 되었기에 모든 학당이 어려운 사람들을 위한 기부금을 모을 만하기 때문에 능히 선행의 중심지라고도 할 수 있을 것이다.

유대 민족의 심장

유대 민족의 심장이 고동치는 곳이 바로 학당이다. 특별히 이스라엘이 약속의 땅에서 추방당했을 때, 학당은 영적인 생명의 원천이었을 뿐만 아니라 민족의 상처를 어루만져주는 연고이기도 했다. "나의 기도가 주 앞에 이르게 하시며 나의 부르짖음에 주의 귀를 기울여 주소서"(시 88:2)에 대한 랍비 삼손 라파엘 히르치[R' Samson Raphael Hirsch]의 해석과 같이 유대 민족은 낮에는 하나님께 울부짖으며 고난을 외쳤지만, 저녁에는 학당으로 향하여 새 힘을 얻었다. 학당에 모여 함께 기도하고 토라를 공부하며 고난을 이겨낼 힘을 얻은 것이다. 학당에서, 친교와 사랑의 자리에서, 우리 조상들은 고난을 이겨내고 삶을 이어나갈 힘을 발견하였다. "회당에서 학당으로 향하여 토라를 배우는 자는 주님의 임재 앞에 나아오는 것이라. 기록된 바(시 84:7) '그들은 힘을 얻고 더 얻으며'라고 함과 같다"(Berachos 64a).

인생의 막바지를 앞두고 모세는 이스라엘 백성들에게 유언을 남길 때, 그는 "온 이스라엘에게 이 말씀을 전하여"(신 31:1) 현자들은 이를 두고 모세가 학당에 간 것이라고 해석했다. 즉 모세가 자신의 마지막 가르침과 축복을 이스라엘 백성들에게 남겨주기 위하여 선택한 장소가 바로 학당이라는 것이다.

학당에서 토라를 배울 때에 적들은 우리를 해하지 못한다. 현자들이 말하는 대로, 앗시리아의 왕 산헤립도 히스기야 왕이 백성들과 함께 학당에 모여 토라를 공부할 때에는 감히 예루살렘을 공격하지 못했다.

학당에 가는 사람들 중에는 네 가지 성향이 있다

현실에서는 학당에 가는 자와 가지 않는 자, 두 부류만 존재함에도 불구하고 이 구절에서는 왜 굳이 학당에 가는 사람을 네 부류로 구분하고 있는 것인가? 이에 대하여 바르테누라의 랍비 오바디야는 이 구절이 '학당에 가는 것'이라는 주제에 대한 일반 용어를 대상으로 가르침을 전하고 있는 것이라고 주장한다.

랍비 이쯔하크 벤 랍비 슐로모[Rabbeiunu Yitzchak ben R' Shlomo]는 이 의문을 다른 방향에서 접근했다. 그의 주장에 따르면 모든 사람은 학당에 가야 하는 의무가 있기 때문에, 이 구절에서 말하는 '학당에 가는 사람'은 모든 사람을 뜻한다는 것이다.

본 의문에 대한 티페레트 이스라엘의 접근 방식에 따르면, 이 구절에서 설명하는 네 부류 모두 학당에 가기는 하지만 더 깊은 의미에서는 모두가 학당에 가는 것은 아니다. 몸은 학당에 가더라도 그 마음은 친구를 만나고, 잡담을 나누며, 평판을 지키고, 심지어는 나중에 놀려먹을 수 있도록 사람들 얼굴을 구경하러 가는 것이다. 그 몸은 학당에 있을지라도 그 영혼은 학당에서 멀리 떨어져 있는 것이다.

가지만 연구하지 않는 사람은 가는 것에 보상을 받는다

라베이누 요나는 '학당에 가지만 연구하지 않는 자'란 토라를 배우나 적극적으로 계명을 실천하지는 않는 사람이라고 설명한다. 이런 사람은 해야 할 일은 마땅히 하고, 계명을 지켜야 하는 순간에는 마땅히 계명을 지키지만, 굳이 찾아서 자기 의무를 지려고 하지는 않는다.

티페레트 이스라엘은 이에 주석을 남기기를 '연구하지 않는 자'는 자신의 악한 본성을 이겨낼 힘이 부족하므로 계명을 실천하지 못한다고 했다. 적극적으로 거부하는 사람과는 달리 이러한 사람은 최소한 토라를 배움으로써 기업을 얻을 자격은 갖춘 것이다.[8]

라쉬와 바르테누라의 랍비 오바디야는 '가는 사람'은 토라의 말씀을 듣기를 원하는 자로, 말씀을 듣기 위해 기꺼이 발걸음을 학당으로 옮기는 자라고 했다. 그러나 말씀을 들었음에도 '행하지 않는'다는 것은 곧 배운 말씀을 제대로 이해하지 못하였다는 것을 의미한다. 그렇다면 이 구절에서 '연구하다'라는 단어가 '이해하다'라는 용어로 사용되어야 하는 이유가 있는가? 만일 라쉬와 랍비 오바디야의 주장이 맞다면, 이 구절은 '학당에 가나 이해하지 않는 자'라고 말해야 하지 않는가? 이러한 의문에 대한 가능한 답이 있다면, 배움이 새로운 통찰력과 추론이라는 형태로 '결실을 맺는' 작업이라는 점을 고려할 때, 토라를 배우는 것도 어느 정도는 행위로 인정될 수 있다는 것이다.

일부 주석가들은 이 구절에 대한 다른 해석을 제시하기도 한다.

라쉬바츠는 학당에 '가는' 행위가 배움에 포함되는 것이며, '연구하지' 않는다는 의미는 곧 선행을 실천하지 않는다는 뜻이라고 해석하고 있다.

또한 미드라쉬 슈무엘은 학당에 '가는' 사람이란 곧 자기 자신에 대해서는 철저하게 옳은 것을 실천하는 사람이며, '연구하지' 않는다는 의미는 곧 다른 사람에게 모범이 될 만한 영향력을 끼치지는 않는다는 뜻이라고 해석한다.

---

[8] 그러나 이러한 주장은 이 구절이 토라를 '배우는 자'라고 하는 대신 학당에 '가는 자'라고 기록된 이유에 대해서는 답을 내놓지 못하고 있다.

가는 것만으로도 받는 보상

학당에 '가지만' '연구하지 않는' 사람도 보상을 얻는다는 이 구절의 가르침은 낯설게 느껴질 수도 있다. 자기가 배운 것을 실천하지 않았음에도 보상을 받을 수 있는가? 이러한 의문을 해소하기 위해 (위 인용된)랍비 요나의 해석을 기초로 본 구절을 이해하여야 할 필요가 있다. 랍비 요나는 이런 사람이 토라를 배우고 또 이를 실천하나, 적극적으로 하지는 않는다고 하였다. 또한 티페레트 이스라엘의 견해도 함께 보아야 하는데, 티페레트 이스라엘은 이런 사람이 자신의 악한 본성을 이겨낼 만큼 충분한 힘이 없다고 하였다. 이런 사람은 비록 자신이 배운 것을 실천으로 옮기지는 못하더라도 귀로 들은 말씀으로 인해 마음에 감동을 얻을 것이다.

그러나 라쉬와 바르테누라의 랍비 오바디야는 '연구하지 않는'이라는 단어가 곧 배운 것을 이해하지 못한 것을 의미한다고 설명했다. 그렇다면 배운 것을 이해하지 못한 사람도 학당에 발을 들인 것만으로도 보상을 받는다는 것인가? 단순하게 설명하자면, 맞다. 배움에 참여한 것만으로도 보상을 받는다고 말할 수 있다.

뿐만 아니라 학당의 자리에 앉는 것 자체도 능히 보상을 받을 만한 일이다. 학당에서 배움에 참여하는 것만으로도 거룩하고도 영적인 자리에 앉는 것이기 때문이다. 현자들은 이에 대해 이렇게 말했다(드바림 라바 [Devarim Rabbah] 7:1), "이 세상에서 회당과 학당에 참여하는 자는 올 세상의 회당과 학당에 들어갈 수 있을 것이다. '주의 집에 사는 자들은 복이 있나니 그들이 항상 주를 찬송하리이다'(시 84:4)라고 함과 같다."

또 현자들은 말하기를(ibid. 3) 회당에 가서 토라의 말씀을 듣는 자는 올 세상에서 지혜로운 자들의 자리에 앉는 기업을 받는다. 기록된 바 "생명의 경계를 듣는 귀는 지혜로운 자 가운데에 있느니라"(잠 15:31)고 한 것과 같다.

　더 나아가 대부분의 사람들은 복잡한 토라의 가르침을 이해하기 어려운 이상, 토라를 배우는 자리에 참석하였다는 것으로도 토라를 사랑하는 마음을 보여주었으므로 보상을 받는다(베라호트[Berachos] 6b). 따라서 랍비 모세 이셀레스[R' Moshe Isserles]는 "배우는 방법을 모르는 사람이라도 보상을 받기 위해 학당에 가야 한다"는 법을 제정하였다(슐한 아루흐 [Shulchan Aruch], 오라흐 하임[Orach Chaim] 155:1).

　마지막으로 코츠커 레베[Kotzker Rebbe]는 학당에 가는 사람은 곧 이 세상에서의 헛된 일상을 제쳐두고 토라를 배울 시간을 만드는 것이므로 보상을 받는다고 했다. 비록 배운 내용을 제대로 이해하지는 못할지라도, 만사를 제쳐두고 토라를 배우러 갔다는 것만으로도 능히 보상을 받을 만하다는 것이다.

[집에서] 공부하지만 [학당에] 참석하지 않는 사람은 수행함에 대한 보상을 받는다.

　이 구절에서 언급하는 두 번째 부류의 사람은 '공부하지만 학당에 참석하지 않는 자'이다.

　라쉬와 바르테누라의 랍비 오바디야에 따르면 이런 사람은 배우는 데 뛰어난 사람이므로 굳이 학당에 갈 이유를 느끼지 못하며, 학당에서 다른 사람들과 함께 토라를 배우는 것을 시간낭비로 여기고 혼자 배우기를 좋아한다. 이런 사람도 행함으로 보상을 받으나, 이상적인 모습과는 한참 거리가 먼 것은 사실이다.

　토라를 배우는 자리로 가도록 힘쓰라는 가르침은 토라에서 나온 것이다(베라호트[Berachos] 63b). 랍비 예후다는 모세가 만남의 장막(히브리어로 '오헬 모에드')을 세운 성경의 기사를 인용하며(출 33:7), '여호와를 앙모하는 자'가 장막을 떠나 모세와 함께 토라를 배우러 가야 한다는 말씀으로 이해했다. 이스라엘 백성들이 거주하는 곳에서 만남의 장막까지의 거리는 약 11 킬로미터 가량 되었으며, 이 때 토라를 배우러 모세에게 갔던 사람들은 '여호와를 앙모하는 자'라고 불렸다. 랍비 예후다는 토라를 배우기 위하여 도시에서 도시로, 나라에서 나라로 돌아다니는 사람들 역시 하나님을 찾는 자들이라고 말하고 있다.

메이리는 다른 사람들과 학당에서 토라를 배우는 것을 꺼려하고 혼자서 공부하기를 선호하는 사람을 두고 큰 실수를 범하는 것이라고 말했다. 학당에 가서 배운다면 집에서 홀로 공부하는 것보다 더 많은 성장을 이룰 수 있을 것이다. 새로운 견해들을 듣고 충분히 뛰어난 많은 사람들과 교류할 수 있는 기회가 학당에 있기 때문이다. 홀로 배우는 것보다 이처럼 뛰어난 사람들과 서로 논쟁하며 배우는 편이 훨씬 낫기 때문에, 현자들은 모세 역시도 이스라엘 백성들에게 "모여서 배우라"(ibid.)고 가르쳤다. 토라를 얻는 법이 바로 모임이었기 때문이다. 혼자서 토라를 배운 사람이라면 현자라도 자신의 잠재력을 모두 끌어낼 수 없는 법이다. 뿐만 아니라 잘못된 내용을 배우더라도 이를 바로잡아줄 사람이 없기 때문에 진리를 왜곡하는 죄를 지을 가능성이 높다(베라호트[Berachos] 63b).

라베이누 요나는 행함이란 곧 계명을 실천하는 것이라고 보았다. 그러므로 '공부하지만 학당에 가지 않는' 자는 곧 자신의 제한된 지식을 따라 계명을 지키는 사람으로, 보상을 받기는 받는다. 그러나 만일 그가 더 많은 노력을 쏟아 부어 학당에 가서 토라를 배웠다면, 더 큰 계명을 더욱 완전하게 실천할 수 있었을 것이다.

가서 공부하는 사람은 신앙심이 있는 사람이다

마땅히 본받아야 할 이상적인 모습은 바로 학당에 '가고' 그 배운 것을 '행하는' 것이다. 바르테누라의 랍비 오바디야는 학당에 가서 올바른 가르침을 받는 사람이 이런 사람이라고 한 반면, 라베이누 요나는 토라를 배우고 계명을 실천하는 사람이 이런 사람이라고 했다.

모든 사람에게는 토라를 배우고 계명을 실천해야 하는 의무가 있다. 그렇다면 당연히 의무를 지켜 토라를 배우고 계명을 실천하는 사람이 굳이 '신앙심이 있다'고 불릴 만한 이유는 무엇인가? 미드라쉬 슈무엘은 이런 사람은 집에서 혼자 공부를 해도 충분히 토라를 배울 수 있는 뛰어난 학자이나 다른 사람에게 모범이 되기 위하여 학당에 가는 것이라고 했다. 즉 자기 자신만을 생각하는 것이 아니라 다른 사람들을 생각하기 때문에 '경건하다'고 불린다는 것이다.

이런 이유로 랍비 모르드개 베넷[R' Mordechai Benet]은 뛰어난 학자였음에도 일반 사람들에게 맞추어 토라 강의에 참석했다. 필자 역시도 20대 중반의 나이에 텔아비브 북부의 회당에서 랍비로 선임을 받았다. 거의 대부분의 회중들이 필자보다 나이가 더 많았으며, 그들 중 일부는 나이 차이가 매우 많이 나기도 하였다. 당시 안식일 설교보다 매일 강론하는 게마라 강의가 내게 더 큰 도전으로 다가왔는데, 이는 나이가 많은 회중들이 손자뻘 되는 랍비의 가르침을 아무런 불편함 없이 들을 수 있을까 하는 걱정 때문이었다. 첫 번째 날 아침 기도 시간, 유독 한 가지 생각이 내 머릿속을 떠나질 않았다. '사람들이 기도 시간 이후에도 이 자리에 남아 있을까? 강의에 참석하기는 할까?'

기도가 끝나갈 무렵, 키가 작은 한 노인이 팔걸이 의자를 책상으로 끌고 왔다. 의자를 가져온 노인은 내게 다가와 오늘 강의할 경전은 무엇인지 물었다. 어떤 경전을 강의할지 답하자 노인은 곧바로 사다리를 타고 올라가 내가 말한 경전의 사본들을 들고 내려왔다. 기도 시간이 끝나고, 앞을 보니 그 노인은 이미 책을 펴고 자리에 앉아 있었다. "음, 적어도 한 명은 강의에 참석하겠군." 당시에는 이분(그분의 이름은 얀켈 모스코비츠였다)이 게마라와 전통에 해박하신지 알지 못했다. 필자의 강의를 그분은 이미 다 알고 있던 것이었으리라.

회중들은 강의가 시작되기 전부터 책상에 앉아 있는 모스코비츠 랍비 선생님을 보고는 하나둘씩 자리에 앉기 시작했다. 사실 당시 모스코비츠 랍비께서는 한참 어린 내게 배울 것이 없었음에도, 다른 사람들에게 모범을 보여주기 위하여 그 자리에 앉으신 것이었다.

라베이누 요나는 '신앙심이 있는[경건]'이라는 단어에 대한 다른 해석을 제시한다. '가고' 또 '행하는' 사람은 곧 학당에 가서 계명을 연구하는 사람이다. 이런 사람은 계명을 찾아 두루 다니며 성실하게, 열정적으로, 또 기쁨으로 계명을 실천하므로 경건한 사람이라고 할 수 있다.

그러나 이 구절에서는 경건한 사람에게 보상이 있다고 말하지 않는다. 그 이유는 무엇인가? 바로 경건한 사람은 보상을 받기 위해서 행하는 것이 아니라, 그저 배우고, 가르치며, 실천하는 사람이기 때문이다.

가지도 공부하지도 않는 사람은 사악한 사람이다

이 구절에 나오는 마지막 부류의 사람은 '가지도 않고 공부하지도 않는 자'이다. 단순히 그대로 이해하면, 학당에서 배우지도 않고 집에서도 배우지 않는 사람인 것이다. 이런 사람은 안식일 우화에 나오는 악한 아들과 같다. 우화에서 악한 아들은 "이 예배가 아버지께 무슨 의미가 있습니까?"라고 말하며 스스로 이스라엘 백성에 속하기를 거부하였다.

'공부하다'라는 단어를 계명을 실천한다는 의미로 이해하였던 라베이누 요나에 의하면, 이 네 번째 부류의 사람은 배움에도, 실천에도 관심이 없는 사람이다. 이런 사람은 설령 학당에 발을 딛는다 하더라도 자신이 원해서 가는 것이 아니기 때문에, 학당에 감으로써 얻는 보상을 받지 못할 것이다.

나를 위해, 또 남을 위해

또 '가다'는 자기 자신을 위한 것으로, ('만들다'라는 의미로도 번역이 가능한) '행하다'는 남을 위한 것(영혼을 만드는 것)으로 해석할 수 있다. '가지만 연구하지 않는' 사람은 자기 자신의 발전만 걱정하는 사람이다. 이런 사람은 자기 자신은 앞으로 나아가지만 남을 붙잡고 끌어주지는 않으므로, 자기 스스로의 발전에 대해서만 보상을 받을 것이다. '행하지만 학당에 가지 않는 사람'은 다른 사람에게 영향력을 끼치는 사람이다. 배움을 위한 모임을 만들고, 학당에 기부를 하는 등 여러 가지를 실천한다. 이런 사람은 토라에 대한 지식은 적을지라도 최소한 다른 사람들에게 영향을 끼쳤기 때문에 그에 대한 보상을 받을 것이다.

'가고 또 공부하는 사람'은 토라를 배울 뿐만 아니라 다른 사람들에 대한 자신의 막중한 책임을 잘 알고 있는 사람이다. 마지막으로 '가지도, 공부하지도 않는 사람'은 배움에 관심이 없을 뿐만 아니라 남에게도(심지어 자녀에게도) 관심이 없는 사람이다.

배움은 멈추지 않는다

이 구절은 '(학당에)가는 네 부류의 사람'에 대해서 말하고 있다. '간다'는 개념은 유대교에서 매우 핵심적인 자리를 차지하고 있는데, 바로 끊임없는 성장을 위해 끊임없이 노력한다는 것을 나타내기 때문이다.

그러므로 모세 역시 죽음을 앞에 두고 갔다. "모세가 가서…"(신 31:1). 그가 어디로 갔는지는 성경에 나와 있지 않기 때문에 확인할 수 없으나, 이 말씀은 분명히 그가 절대로 멈추지 않았다는 것을 우리에게 가르치고 있다. 모세는 언제나 앞으로 나아갔다. 죽음을 앞에 두어서도 그는 여전히 성장을 바라보았다.

아브라함 역시 끝없이 앞으로 나아가는 사람이었다. 하나님께서는 그에게 본토 친척 아비 집을 떠나 내가 네게 지시할 땅으로 '가라'고 하시며 이스라엘의 첫 번째 조상이 겪을 열 가지 시험을 내리셨다(창 12:1). 가장 큰 시험이었던 사랑하는 아들 이삭을 제물로 바치라는 시험에서도 하나님께서는 그에게 '가라'고 말씀하셨다(창 22:2). 여기서 토라는 다시 한 번 위대한 인물들이 언제나 앞으로 나아가는 사람이라는 것을 상징으로 보여주고 있다.

사람인 우리는 앞으로 나아갈 수 있다는 점에서 천사보다 더 나으며, 선한 길을 택하고 끊임없이 발전할 수 있다는 점에서 천사보다 더 나은 존재이다. 코소보의 랍비 하임[R' Chaim of Kossov]은 이 구절이 '행하나 가지 않는 사람'에 대해 이야기할 수 있는가에 대해 질문한다. 행하는 사람이 어떻게 발전하지 않을 수 있겠는가? 그 답은 다음과 같다. 곧 생각 없이, 기계적으로, 뜨거운 열정 없이 토라를 배우고 계명을 실천한다면 곧 '행하지만 가지 않는 사람'이라는 것이다. 이런 사람은 계명을 실천하더라도 주위 사람들이 그 모습을 보고 감동을 받지 않으며, 그 일에 함께 참여하지 않는다. 때문에 이런 사람에게는 발전이 없는 것이다.

미쉬나 18절　　משנה יח

אַרְבַּע מִדּוֹת בְּיוֹשְׁבִים לִפְנֵי חֲכָמִים.
סְפוֹג, וּמַשְׁפֵּךְ, מְשַׁמֶּרֶת, וְנָפָה.
סְפוֹג, שֶׁהוּא סוֹפֵג אֶת הַכֹּל.
מַשְׁפֵּךְ, שֶׁמַּכְנִיס בְּזוֹ וּמוֹצִיא בְזוֹ.
מְשַׁמֶּרֶת, שֶׁמּוֹצִיאָה אֶת הַיַּיִן וְקוֹלֶטֶת אֶת הַשְּׁמָרִים.
וְנָפָה, שֶׁמּוֹצִיאָה אֶת הַקֶּמַח וְקוֹלֶטֶת אֶת הַסֹּלֶת:

현자들 앞에 앉아서 공부하는 사람들 중에는 네 가지 성향이 있다.
 스펀지, 깔때기, 여과기 그리고 체
 스펀지는 모든 것을 흡수한다.
 깔때기는 한 쪽 끝으로 들어와서 다른 한 쪽 끝으로 나가도록 한다.
 여과기는 포도주가 흘러나가서 침전물이 남도록 한다.
 체는 밀가루 분말이 지나가서 고운 밀가루가 되도록 한다.

미쉬나 18절

현자들 앞에 앉아서 공부하는 사람들 중에는 네 가지 성향이 있다

대부분의 주석가들은 이 구절이 (토라 학자들도 포함한) 다 자란 학생들에 대한 말씀이라고 이해하고 있다.

본 구절에서는 '요쉬빔'[yoshivim]이라는 단어를 사용하고 있는데, 이 단어의 문자 그대로의 의미는 '앉다'로, 그 어원은 '학교'라는 뜻의 히브리어 '예시바'[yeshivah]이다.

'앉다'라는 말은 영구적이고 불변하는 속성을 나타낸다. 그러므로 이 구절은 직접적으로 '학생'이라고 쓰기 보다는 어색한 표현이기는 하나 '현자들의 앞에 앉는 사람'이라는 표현을 사용함으로써 스승의 앞에 오래 앉아있는 사람들이 배움에 이를 수 있다는 사실을 가르쳐 준다고 할 수 있다. 또 이는 스승의 앞에 끊임없이 '앉아 있는 것'이 그보다 낫다고 한 미드라쉬 슈무엘이 말한 대로 인생의 주된 목표가 토라 학자가 되는 것임을 뜻하고 있다.

위에서(2:7) 힐렐은 학당(예시바)에서 현자들의 앞에 앉아 있는 것이 지식을 키우는 길이라고 가르쳤다. 이 구절은 어린이가 아닌 토라 학자들을 대상으로 한 것이다. 즉 이미 수 십년 간 토라를 배우고 가르쳐 온 토라 학자들도 자기가 이미 알고 있는 것들에 만족하고 있어서는 안 된다는 것이다.

또 현자들은 말하기를 "철과 같이 단단하게 배우는 학생(가르쳐도 강철과 같아서 잘 받아들이지 않는 학생)은, 그 배운 내용이 정리되지 못하기 때문에…(중략) '앉아 있는 시간'을 늘려야 한다(배움에 집중하고 복습하여야 한다)"고 하였다(타니트[Taanis] 7b-8a).

스펀지, 깔때기, 여과기 그리고 체

이 구절에서 사용하고 있는 메타포는 비유의 대상(스펀지, 깔때기 등 - 역자 주)의 직접적인 성질에 대하여 설명하고 있는 것이 아니다.

대다수의 초기 주석가들은 이 구절이 학생의 공부 방식에 대해 말하고 있다고 해석하고 있다(아보트 데랍비 노쏜[Avos DeRabbi Nosson]의 평행 가르침이 지지하는 주장). 이해력과 기억력이라는 성질, 즉 어떠한 대상을 이해하고 이를 상기하는 능력에 대해서 다루고 있는 구절이라는 것이다. 이해력과 기억력은 중요한 것과 중요치 않은 것, 옳은 추론과 잘못된 추론을 구분하는 능력에 달려 있다고 할 수 있다.

스펀지는 모든 것을 흡수한다.

"스펀지는 무엇과 같은가?" 아보트 데랍비 노손[Avos DeRabbi Nosson]의 평행 구절에서는 이렇게 묻고, 그 답을 다음과 같이 제시한다.

"바로 현자들의 앞에 앉아 성경과 미쉬나, 미드라쉬, 전통, 아가다 등을 배우고 그 모든 것을 빨아들이는 토라 학자이다."

실제로 해면, 즉 스펀지는 모든 것을 빨아들인다. 깨끗한 물이나 더러운 물이나 가리지 않기 때문에, 이처럼 모든 것을 다 흡수해버리는 뛰어난 지능을 가진 사람조차도 결국은 옳고 그름을 분별하지 못하고, 논리적인 것과 비이성적인 것을 구분하지 못하며, 중요한 것과 중요치 않은 것도 구분하지 못하게 된다. 사소한 것들이나 실수까지도 모두 흡수해버리고 마는 것이다. 이처럼 "스펀지와 같은 사람"에게는 분별력이 부족하다. 빠른 이해력과 좋은 기억력을 가졌으나 분별력 없이 모든 것을 기억해버리므로, 이런 사람의 머릿속에는 좋은 것과 나쁜 것이, 중요한 정보와 불필요한 정보가 뒤죽박죽 뒤섞여 있다.

이런 학생은 올바른 배움의 자세와 배움을 적용하는 태도를 삶으로 가르쳐줄 수 있는 현자의 앞에 앉아 그 모습을 배워야 한다.

깔때기는 한 쪽 끝으로 들어와서 다른 쪽 끝으로 나가도록 한다

이 구절에서 말하고 있는 두 번째 부류는 깔때기와 같다. 아보트 데랍비 노손에서 현자는 이를 두고 "이는 곧 능력이 부족한 학생과 같다. 토라 현자의 앞에 앉아 성경과 미쉬나, 전통과 아가다를 배우나 깔때기가 들어간 것을 다른 데로 뱉어냄과 같이, 배운 것을 즉시 잊어버린다"고 했다.

깔때기는 입구는 크지만 출구는 작은 형태로 이루어져 있다. 넓은 입구로 액체라면 무엇이든지 받아들이지만 그대로 아래로 흘러 내려가고 만다. 이와 마찬가지로 이런 학생은 많은 것을 듣고 이해하기까지 하지만, 뛰어난 기억력은 가지고 있지 못하다. 굴러온 돌이 박힌 돌을 빼내듯, 새로운 것을 배울 때마다 이전에 배웠던 것들은 잊혀진다. 그러나 이런 학생에게도 한 가지 위안이 되는 사실이 있다면, 바로 불필요한 정보도 함께 머릿속 창고에서 지워버린다는 것이다.

이런 사람은 랍비 요시 벤 하니나[R' Yossi ben Chanina]의 가르침을 마음에 새겨야 한다. 알렉산드리아에서 온 사내가 그에게 "지혜를 얻기 위해서는 무엇을 해야 합니까?"라고 물었을 때에, 랍비 요시는 "공부하는 시간을 늘리고 일하는 시간을 줄여야 합니다"라고 답하였다(닛다[Niddah] 70b).

이를 들은 많은 사람들이 랍비 요시의 가르침에 따라 공부하는 시간을 늘렸으나, 배움에 큰 성장을 이루지 못했다. 그러자 랍비 요시 벤 하니나는 그들에게 모든 지혜의 근원이신 하나님의 자비를 바라야 하며, 하나님의 도우심이 없이는 배운 것을 충분히 기억하지 못할 것이라고 하였다. "배운 지식을 남기기 위해서는 하늘나라의 도움이 필요한 법이다"(메길라[Megillah] 6b).[9]

여과기는 포도주가 흘러나가서 침전물이 남도록 한다

이 구절에서 언급되는 세 번째 부류의 사람은 여과기에 비유된다. 아보트 데랍비 노손에서 현자들은 이러한 사람을 두고 "현자들의 앞에 앉아 성경과 미쉬나, 전통과 아가다를 배우는 악한 학생과 같다. 여과기가 포도주를 거르고 찌꺼기를 흡수함과 같이, 이런 사람도 귀한 것은 거부

---

[9] 이러한 해석에 따르면 깔때기에 비유되는 학생은 본 장 15절에서 언급된 빠르게 듣고 빠르게 잊는 학생과 같다.

하고 쓸데없는 것들만 흡수한다"고 했다.

포도주는 제조 과정에서 리스라고 불리는 찌꺼기를 함유하게 되는데, 바로 포도의 껍질에서 나오는 것들이다. 이 리스로 인해 포도주는 그 맛과 향이 풍성해진다. 그러나 리스 자체는 먹을 수 없는 것이기 때문에, 여과기라고 부르는 천으로 포도주를 걸러내어 리스를 제거하는 것이다.

여과기와 같은 학생은 잘못된 것만을 듣고 자기가 조롱할 수 있을 만한 것들만 받아들이거나, 주제를 소개하기 위해 제시된 사소한 내용들이나 화려한 예시들에 집중한다. 이런 학생은 아직 성숙하지 못한 것이다. "우리는 어린 아이에게 진주를 준 것이다. 빵 조각을 주었더라면 진주를 버릴 것이고, 진흙 그릇을 주면 빵 조각을 버릴 것이다"(ibid.).

초기 주석가들은 이러한 부류의 부족함에 집중하였다. 이런 학생은 악한 것이 아니라, 그저 옳고 그름을 분간할 능력이 부족할 뿐이라는 것이었다. 그러나 위에서 본 바와 같이, 현자들은 이런 사람을 불운한 사람이라기보다는 '사악한 학생'이라고 보고 있는데, 이는 올바른 자세로 배울 능력이 없어서 악한 성질을 가지게 될 위험이 크기 때문이다.

깔때기에 비유되는 학생과 달리 이런 학생은 뛰어난 기억력을 가지고 있다. 뿐만 아니라 중요한 내용은 거르고 지엽적인 것들에만 집중한다는 사실은 곧 이런 학생이 좋은 것과 나쁜 것을 분간할 능력이 충분히 있다는 것을 암시하는 것으로, 이런 학생의 능력 부족을 도덕적 타락의 표현이라고 감히 말할 수 있을 것이다. 이런 학생은 토라에 관심이 없으므로 오직 재미있는 것들만 취사선택하는 경향이 있다. 더욱 심각한 것은, 이런 학생이 그저 비난을 목적으로 현자들의 앞에 앉아 가르침을 얻는다는 것이다.

솔로몬 왕의 지혜를 보라. "사람은 그 지혜대로 칭찬을 받으려니와 마음이 굽은 자는 멸시를 받으리라"(잠 12:8).

체는 밀가루 분말이 지나가서 고운 밀가루가 되도록 한다

이 구절에서 언급하고 있는 네 번째 부류의 학생은 체에 비유되고 있다. 아보트 데랍비 노손의 평행 구절에서 현자들은 이런 학생을 두고 "현자들의 앞에 앉아 성경과 미쉬나, 할라카와 아가다를 배우는 뛰어난 토라 학자이다. 못 쓸 밀가루는 거르고 좋은 것만을 고르는 체와 같이 나쁜 것은 거부하고 최고의 것만을 남긴다"고 하였다.

탈곡과 키질이 끝나면 왕겨와 밀이 분리되고, 이후 밀을 갈아서 겨를 빼낸다. 이 과정에서 밀은 밀가루가 되어 체로 걸러질 준비가 된다. 성전에서 제사장은 밀가루를 제사로 드리기 전, 체로 걸러 흔들어서 지저분한 가루는 거르고 고운 가루(히브리어로 '솔레스')만을 남긴다.

체는 좋은 것만을 받아들이는 학생을 나타낸다. 이런 학생은 중요한 정보를 받아들이며 지병적인 것들은 받아들이지 않는다. 현자들은 이런 사람을 두고 '뛰어난 토라 학자'라고 부르며 분별력 없이 모든 것을 받아들이는 해면과 같은 학생과 구분하였다.

네 부류의 교사

어떤 주석가들은 이 구절을 완전히 다른 방향에서 접근하고 있다.

먼저 이들의 해석에 따르면 위의 다섯 구절은 모두 이 구절과 같이 네 부류의 속성에 대해 말하고 있다. 다섯 구절 중 세 번째 구절은 항상 가장 좋은 성질에 대해 다루는 반면, 네 번째 구절은 가장 나쁜 성질에 대해 다룬다. 이런 원리가 지금 이 구절에도 적용될 수 있으므로, 이 구절의 세 번째 절에서 다루는 여과기는 가장 좋은 성질을 나타내는 반면, 네 번째 절에서 다루는 체는 가장 나쁜 성질에 대해 다루고 있음을 유추할 수 있다.

둘째, 이들은 이 구절을 학생뿐만 아니라 교사에게도 적용하고 있다. 그러므로 미드라쉬 슈무엘, 루아흐 하임, 티페레트 이스라엘은 이 구절에서 메타포로 사용하고 있는 네 도구가 어떤 물질을 통과시키는 물건인 것과 같이, 이 구절도 지식을 전달하는 네 부류의 사람에 대하여 이야기하고 있다고 해석하고 있는 것이다.

그러므로 이 주석가들은 본 구절을 다음과 같이 해석한다.
스펀지는 모든 것을 흡수한다. 그러나 물을 먹은 스펀지를 짜낼 때에만 머금은 것을 토해내며, 그마저도 불순물을 거르지 않고 그대로 토해낸다. 이는 남이 시키지 않는 한 제자들을 가르치려 하지 않는 토라 현자들을 뜻한다. 이런 사람은 가르칠 것을 제대로 준비하지도 않기 때문에 가르쳐야 할 것이 무엇인지 구별할 줄 모를 뿐더러, 이것을 어떻게 설명해야 할 지도 잘 모른다. 그러므로 이런 사람은 불확실한 논리로 잘못된 내용을 가르친다.

반면 깔때기에 비유되는 교사는 자기가 아는 지식을 감추지 않으며, 모든 것을 제자들에게 전달한다. 그러나 스펀지와 같이 깔때기와 같은 스승은 잘못된 것들도 거르지 않고 그대로 가르친다. 이와 같이 깔때기는 스펀지와 같아서 이런 교사도 불필요한 것들을 많이 가르치며, 이를 반복하기도 한다.

여과기는 찌꺼기를 걸러내어 포도주만을 내려 보낸다. 이와 같이 여과기와 같은 교사는 가르칠 것과 가르치지 말아야 할 것을 신중하게 고르기 때문에, 자신이 아는 것들 중 최고의 것들만 제자들에게 가르친다.

마지막으로 체는 교사들 중 가장 최악의 부류를 나타낸다. 체와 같은 교사는 고운 밀가루, 즉 최고의 것은 자신이 가지고 있으면서 지엽적이고 중요치 않은 것들만을 가르치거나, 심지어 권장하지 못할 만한 것들을 가르치기도 한다. 이런 교사는 농담과 예화를 자주 들려주지만, 제자들에게 마땅히 져야 할 교사로서의 책임은 지지 않는다.

미쉬나 19절   משנה יט

כָּל אַהֲבָה שֶׁהִיא תְלוּיָה בְדָבָר,
בָּטֵל דָּבָר, בְּטֵלָה אַהֲבָה.
וְשֶׁאֵינָהּ תְּלוּיָה בְדָבָר, אֵינָהּ בְּטֵלָה לְעוֹלָם.
אֵיזוֹ הִיא אַהֲבָה הַתְּלוּיָה בְדָבָר,
זוֹ אַהֲבַת אַמְנוֹן וְתָמָר.
וְשֶׁאֵינָהּ תְּלוּיָה בְדָבָר, זוֹ אַהֲבַת דָּוִד וִיהוֹנָתָן:

무언가에 얽매이는 모든 사랑은,

그 원인이 사라졌을 때, 사랑도 사라진다.

그러나 만약 특별한 원인에 의존하지 않는다면

그 사랑은 절대로 끝나지 않는다.

무언가에 얽매이는 사랑은 무엇이었는가?

바로 다말을 향한 암논의 사랑이었다.

또 특별한 원인에 의존하지 않는 것[사랑]은 무엇이었는가?

바로 요나단을 향한 다윗의 사랑이었다.

미쉬나 19절

사랑이란

'사랑'이라는 단어는 고금을 막론하고 현재까지 수많은 사람들이 수없이 남발하는 용어이다. 사람들은 이것이나 저것, 음식, 차, 어떤 장소를 사랑한다고 말하곤 한다. 이처럼 사랑이 아무데나 사용될수록 사랑의 진정한 가치는 점점 퇴색되고 말 것이다. 이 구절에서의 용례와 같이 히브리어에서 사랑은 친교, 연결을 뜻하며 상대방을 마치 나 자신과 같이 강렬하게 사랑하는 것을 뜻한다.

실제로 사랑이라는 뜻의 히브리어 '아하바'[ahavah]의 수는 하나라는 뜻의 히브리어 '에하드'[echad]와 같은 13이다. 그러므로 토라를 사랑할 때, 지혜를 사랑할 때, 선행을 사랑할 때, 우리는 우리가 사랑하는 토라, 지혜, 선행이 우리의 일부인 것처럼 느끼게 되는 것이다.

> **무언가에 얽매이는 모든 사랑은, 그 원인이 사라졌을 때,
> 사랑도 사라진다.
> 그러나 만약 특별한 원인에 의존하지 않는다면
> 그 사랑은 절대로 끝나지 않는다.**

바르테누라의 랍비 오바디야는 이 구절의 다른 본을 인용하고 있다. "지나갈 것에 얽매이는 모든 사랑은 그것이 멈출 때에 사랑도 그 존재를 멈춘다." 이처럼 사라질 사랑은 육체적 아름다움, 힘, 부유함과 같은 물리적인 것에 대한 사랑이다. 이 모든 것들은 영원하지 않다. 오히려 시들고 사라질 것들이며, 이 사라져버릴 것들이 사랑의 근원이라면, 그 사랑 역시도 사라져버릴 것이다. 반대로 영원하고 변치 않을 것에 얽매이는 사랑은 '얽매이지 않는 사랑'으로 정의된다. 지혜롭고 의로운 사람을 향한 사랑은 오래도록 남을 것인데, 이것은 그 사랑의 대상이 상대방의 지혜와 의이기 때문이다. 그 사람이 나이가 들고, 변하고, 심지어 세상을 떠날지라도, 지혜와 의를 향한 그 사랑은 변치 않는다. 마찬가지로 랍비 슐로모의 아들 랍비 이삭은 '얽매이는 사랑'을 물질적인 사랑으로, '얽매이지 않는 사랑'을 관념적인 사랑으로 정의하였다. 예를 들면, 지혜는 영원하며, 죽음으로도 사라지지 않는다(레브 아보트[Lev Avos]).

마지막으로 티페레트 이스라엘은 '얽매이는 사랑'이란 어떤 근원에 대한 반응으로, 근원이 사라지면 그 사랑 역시 사라지는 것이라고 했다. 그러나 '얽매이지 않는 사랑'은 그 근원이 따로 없는 사랑이므로, 오래도록 남는다고 하였다.

다말을 향한 암논의 사랑 – 증오로 끝나는 사랑

암논과 다말은 모두 다윗으로부터 난 배다른 남매이다(삼하 13장). 그

러나 전통에 의하면 암논과 다말은 전통의 시각으로 볼 때에는 남매가 아니었다. 다말의 어머니인 마아가는 전투 중에 사로잡힌 사람이었다(히브리어로는 '예파트 토아'라고 한다 – 신 2:10 참고). 다말을 임신하였을 때 마아가는 유대교로 회심했는데, 그러므로 그 뱃속의 아이(다말) 역시도 하나님을 믿게 되었다. 율법에 따르면 회심으로 모든 생물학적 가족 관계가 끊어지므로, 전통의 입장에서 다말은 다윗 왕의 딸이 아닌 것으로 간주되었다. 즉 암논과의 결혼이 가능했다.

암논은 다말을 열렬히 사랑하였다. 하지만 다말과 하나가 될 수 있는 방법을 찾을 수 없었다. 그 때 그의 친구 요나답이 꾀를 내었는데, 바로 꾀병을 부리는 것이었다. 암논이 아프다고 하자 아버지인 다윗이 찾아와 걱정했고, 그 때 암논은 다말을 불러달라고 청하였다. 암논이 친구의 꾀를 따르니 소원이 이루어졌다. 다윗이 다말을 부른 것이었다. 다말은 구운 빵을 가지고 와서 꾀병을 부리는 암논의 곁에 두었다. 그 때 갑자기 암논이 일어나 다말을 공격하였다. "이러지 마십시오, 오라버니! 이스라엘에는 이러한 법이 없습니다. 이제라도 제발 왕께 말씀을 드려 보십시오. 나를 오라버니에게 주기를 거절하지 않으실 것입니다." 다말이 애원하였지만, 암논은 이를 무시했다.

모든 것이 끝나자, 암논의 마음속에는 다말을 향한 증오가 가득했다. 이전에 느꼈던 사랑을 다 덮어 버릴 만큼 강한 증오였다. 결국 그는 종을 시켜 다말을 집밖으로 쫓아내도록 했다. 암논은 자신이 다말을 사랑한다고 생각했다. 하지만 사실 그는 그 누구도 아닌 자기 자신을 사랑한 것이었다. 만일 암논이 다말을 진정으로 사랑했더라면 사랑하는 여인을 이해하고 존중하였을 것이다.

하만과 하만을 '사랑한' 사람들

근원에 얽매어 있는 사랑의 또 다른 예를 하만과 그의 친구들로부터 찾을 수 있을 것이다. 하만은 당대에 가장 부유한 사람이었으므로 왕국에서 가장 큰 권력을 손에 쥐고 있었고, 수많은 사람들이 그의 앞에서 굽실거리고 아첨을 일삼았다. 성경책 에스더에서는 그들을 일러 그를 '사랑하는 자들'이라고 부르고 있다. 그러나 상황이 역전되고, 그가 그토록 미워하던 모르드개의 명예를 높여야 하는 상황이 되자 하만의 친구들은 그를 버리고 말았다. 무너진 하만을 위로하기는커녕 모르드개가 당연히 하만을 이길 줄 알았다고 말하였던 것이다. 그 이후 성경은 그들을 더 이상 '사랑하는 자들'이라고 부르지 않는다. 하만의 '지혜자들'이 된 것이다.

또 특별한 원인에 의존하지 않는 것[사랑]은 무엇이었는가? 바로 요나단을 향한 다윗의 사랑이었다.

사울이 이스라엘을 다스릴 때, 그의 장남 요나단은 왕권을 물려받을 적통 계승자였다. 그가 다윗을 처음 만난 것은 바로 다윗이 골리앗을 물리친 직후 사울의 앞에 나아올 때였는데, 그 때 "요나단의 마음이 다윗의 마음과 하나가 되어 요나단이 그를 자기 생명같이 사랑하니라"(삼상 18:1). 요나단은 다윗과 친구가 될 때 이해타산을 생각지 않았으며, 사울이 다윗을 자신의 적으로 여길 때조차도 그 마음을 잃지 않았다. 오히려 요나단의 사랑은 영혼의 사랑이었고, 진실한 사랑이었으며, 조건 없는 사랑이었다. 외적인 것을 모두 배제한, 중심을 사랑하는 우정이었다.

팔레스타인과의 전투에서 사울과 요나단이 비참한 최후를 맞았다는 소식을 들은 다윗은 이렇게 외쳤다. "오호라 두 용사가 전쟁 중에 엎드러

졌도다 요나단이 네 산 위에서 죽임을 당하였도다 내 형 요나단이여 내가 그대를 애통함은 그대는 내게 심히 아름다움이라 그대가 나를 사랑함이 기이하여 여인의 사랑보다 더하였도다"(삼하 1:25-26).

하시드 야베츠는 이 구절을 다음과 같이 해석했다. 사람은 결혼할 때에 부모를 떠나 아내와 하나가 되지만(창 2:24), 자신의 욕망과 열망을 포기하지는 않는다. 그러나 다윗을 향한 요나단의 사랑은 우정을 위해 자신과 자기 자손들의 왕권을 포기하기까지 할 만큼 큰 사랑이었다.

남녀의 사랑보다 더욱 놀라운 사랑

일부 주석가들은 여인을 향한 사랑에 대한 다윗의 언급을 다른 방향으로 해석한다. 야림 모세[Yarim Moshe]에서 알쉬크[Alshich]는 이 구절을 다른 방식으로 다루고 있는데, 그에 따르면 여인이 해산의 고통을 겪을 때에는 무심코 다시는 남편과 같이 살지 않겠다고 맹세한다(니다[Niddah] 31a)고 했다. 이를 통해 우리는 고통과 고난이 남녀의 사랑을 약하게 할 수 있음을 알 수 있다. 그러나 다윗을 향한 요나단의 사랑은 그 어떤 고난과 고통으로도 무너지지 않았다.

다윗은 요나단이 두 여인의 사랑으로부터 사랑의 예를 발견했다고 말하였다. 바로 라헬과 레아이다. 두 여인은 모두 야곱과 결혼하여 이스라엘 민족의 어머니가 되기를 원했다. 이중적인 태도를 가진 아버지 라반이 야곱을 속여 라헬 대신 레아를 시집보냈을 때에도 라헬은 야곱이 레아를 자신의 진정한 아내로 생각하도록 레아에게 암호를 알려주는 초인적인 이타심을 보여주었다. 그렇게 함으로써 레아가 야곱을 속인 사기꾼으로 보이지 않도록, 굴욕을 당하지 않도록 보호하였던 것이다(메길라[Megillah] 13b).

그러나 요나단의 사랑은 레아와 라헬의 사랑보다 더욱 큰 것이었다.

결국 두 여인은 모두 야곱의 아내가 되었지만, 요나단은 다윗을 위해 자신이 받을 왕권을 모두 포기하였기 때문이다. 현자들은 "그대가 나를 사랑함이 기이하여 여인의 사랑보다 더하였도다"라는 다윗의 외침이 곧 다윗의 두 아내, 미갈과 아비가일을 염두에 둔 것이라고 해석한다(얄쿠트 쉬모니[Yalkut Shimoni], 사무엘 하, 141).

미갈은 사울이 부하들을 보내어 다윗을 죽이려 할 때 남편 다윗을 탈출시킴으로써 육신의 목숨을 구해준 사람이다(사무엘상 19장). 아비가일은 나발이 다윗과 그 동료들에게 악행을 저질렀을 때, 다윗에게 전 남편인 나발과 그 동족을 죽이지 말아달라고 간청함으로써 다윗의 영혼의 목숨을 구해준 사람이다(삼상 25:21-33). 그러나 요나단은 다윗을 수차례나 구해주었기 때문에, 요나단의 사랑이 미갈과 아비가일의 사랑보다 더 크다고 할 수 있다.

다윗의 외침에서 언급된 여인은 룻과 나오미로도 이해할 수 있을 것이다. 다윗의 대모인 룻은 시어머니인 나오미를 따라 불확실한 미래에, 타향으로 들어감으로써 그 사랑의 진실함을 보여주었다(룻기 1장). 그러나 요나단은 룻이 나오미를 위해 희생한 것들보다 더 큰 것을 다윗을 위해 희생했다.

셀라 하카도쉬[Shelah HaKadosh]는 다음의 성경 말씀으로부터 하나의 사실을 발견하였다. "이삭은 에서가 사냥한 고기를 좋아하므로 그를 사랑하고 리브가는 야곱을 사랑하였더라"(창25:28).

이것은 단순하게는 에서가 아버지에게 음식을 가져다주었다는 내용이다. 그러나 리브가는 아무런 이유 없이 진심으로 야곱을 사랑했고, 그 순수한 사랑은 그 무엇에도 얽매이지 않는 사랑이었다.

그러므로 이 구절은 '이삭이 에서를 사랑하였다'고 과거형으로 표현하였으나, 리브가의 경우에는 '사랑한다'는 현재형 동사를 사용한 것이다.

이삭의 사랑은 사라질 것이었으나, 리브가의 사랑은 영원한 것이었으므로 현재형으로 기록되었다고 할 수 있다.

미드라쉬 슈무엘과 코츠니츠의 마기드[Maggid of Kozhnitz]는 이 구절을 하나님을 향한 사람의 사랑을 나타내는 것으로 해석하고 있다. 자신의 욕망이 채워질 때에만 율법을 지키는 사람은 자신이 원하는 그 열망의 대상 때문에 하나님을 사랑하는 것이다. 오직 전심으로, 조건 없이 하나님을 사랑하는 사람만이 영원토록 하나님을 사랑한다. 또 하나님을 향한 자신의 사랑이 영원한 것임을 깨닫는다면, 그 사랑이 진실한 사랑임을 함께 깨닫게 될 것이다.

미쉬나 20절　　　　　　　　　　משנה כ

כָּל מַחֲלוֹקֶת שֶׁהִיא לְשֵׁם שָׁמַיִם, סוֹפָהּ לְהִתְקַיֵּם.
וְשֶׁאֵינָהּ לְשֵׁם שָׁמַיִם, אֵין סוֹפָהּ לְהִתְקַיֵּם.
אֵיזוֹ הִיא מַחֲלוֹקֶת שֶׁהִיא לְשֵׁם שָׁמַיִם,
זוֹ מַחֲלוֹקֶת הִלֵּל וְשַׁמַּאי.
וְשֶׁאֵינָהּ לְשֵׁם שָׁמַיִם, זוֹ מַחֲלוֹקֶת קֹרַח וְכָל עֲדָתוֹ:

천국을 위한 분쟁은 건설적인 결과를 가지고 올 것이다.
그러나 천국을 위하지 않은 것[논쟁]은 건설적인 결과를
가지고 오지 못할 것이다.
어떤 종류의 분쟁이 천국을 위한 것인가?
바로 힐렐과 샴마이의 논쟁이다.
그리고 어떤 것이 천국을 위한 것이 아닌가?
바로 고라와 그의 모든 무리들의 논쟁이다.

미쉬나 20절

창조의 때부터

논쟁은 이 세상이 처음 창조될 때부터 있었다. 다른 날들과 달리 창조 기사의 두 번째 날에는 '하나님께서 보시기에 좋았더라'라는 말씀이 나타나지 않는데, 이는 두 번째 날에 위의 물과 아래의 물이 나뉘어졌고, 이는 분리(논쟁)를 의미하므로 좋다고 할 수 없었기 때문이다. "이 세상의 유익을 위한 분리조차도 좋다고 여김을 받지 않는다면, 이 세상의 평안을 저해하는 [논쟁과 같은]분리는 어떻게 여김을 받을 것인가"(버레이시트 라바 [Bereishis Rabbah] 4:6).

이와 동일한 맥락에서 람밤은 아들에게 이렇게 전했다. "논쟁을 좋아함으로 자신을 더럽히지 말라. 논쟁은 몸과 영혼, 돈을 상하게 하고 파편과 잔해를 남길 뿐이다…(중략) 논쟁으로 인해…(중략) 흰 것이 검게 되고, 숭고한 것이 추락하며, 가족이 찢어지고, 왕자가 왕좌를 잃으며, 도시가 혼돈으로 가득차고, 모임이 흩어지는 것을 보았노라. 그러므로 이를 미워하고 멀리 하라."

그럼에도 불구하고 이 구절에서 말하는 것과 같이 긍정적인 논쟁도 있는 법이다.

천국을 위한 분쟁은 건설적인 결과를 가지고 올 것이다

메이르 네시브[Meir Nesiv]는 천국을 위한 분쟁이란 자신의 개인적인 것들을 생각하지 않고 '인생의 숭고한 목적을 이루기 위해 타협하고 헌신하는 것'을 의미한다고 했다.

랍비 슐로모 에브라임 렌쉬츠[R' Shlomo Ephraim Lenschitz]는 저서 클리 야카르[Kli Yakar]에서 '천국을 위한 논쟁'이라는 용어를 교훈적으로 해석한다. 그의 해석에 따르면 하나님께서 천국을 창조하실 때에 "궁창을 하늘이라고 부르시니라"(창 1:8). 하나님께서는 궁창에 왜 하늘이라는 이름을 굳이 붙여주신 것일까?

바로 하나님께서는 하늘이 '궁창'[라키아], 즉 분열과 논쟁을 나타내는 두 세계를 분리하는 막이라고 불리는 것을 원치 않으셨기 때문이다. 반면 '하늘'[샤마임]이라는 단어는 에이쉬 우마임(불과 물)과는 달리 서로 상반되는 두 존재가 하나님의 뜻을 실천하기 위하여 평화를 이루고 연합하는 상태를 뜻한다(하기가[Chagigah] 12a).

천국을 위한 논쟁은, 겉으로는 서로가 서로를 반대하고 격렬히 논쟁하는 것처럼 보일지라도, 사실은 양측이 하나님의 뜻을 실천하기 위해 서로 연합하는 상태인 것이다.

그러나 천국을 위하지 않은 것[논쟁]은 건설적인 결과를 가지고 오지 못할 것이다.

라베이누 요나에 따르면 '천국을 위하지 않은 것[논쟁]은 건설적인 결과를 가지고 오지 못할 것이다'라는 이 구절의 문장은 분쟁을 하는 사람이 끝까지 남지 않을 것이라는 뜻이라고 한다. 즉, 고라와 그의 모든 무리처럼 오래 살지 못할 것이라는 말이다.

그러므로 이 세상에서 '땅이 그들 위에 덮치니.' 또 올 세상에서 "그들이 회중 가운데서 망하니라"(민 16:33). 이것은 바로 그들의 논쟁이 천국을 위한 것이 아니었고, 증오, 살인, 분노와 같이 사람들 간에 일어나는 모든 죄의 근원이 되었기 때문이었다(산헤드린[Sanhedrin] 109b).

더 나아가 바르테누라의 랍비 오바디야는 가르치기를, 천국을 위하지 않은 논쟁에 참여하는 사람들은 마지막을 이룰 수 없을 것이라는 것을 이 구절이 나타낸다고 했다. 랍비 슈무엘 디 오지다[R' Shmuel di Ozida]는 저서 미드라쉬 슈무엘에서 랍비 예후다 리르마[R' Yehudah Lirma]의 견해를 인용하며 '천국을 위하지 않은 분쟁'은 논쟁에 참여하는 사람들의 여러 개인적인 욕망으로부터 나오는 것이라고 했다. 논쟁을 하던 사람이 죽으면, 그가 가지고 있던 욕망들도 함께 무덤으로 들어가게 되므로, 논쟁이 있어야 할 이유도 사라지며 논쟁 역시 사라진다는 것이다.

논쟁이 꼭 오래 남아야만 하는가?

현자들은 천국을 위한 논쟁이 오래 남을 것이라고 가르쳤다. 그러나 이것을 어떻게 장담할 수 있는가? 끝나지 않는 논쟁에 참여하고 싶은 사람이 누가 있겠는가? 이런 의문을 해결하기 위해 이 구절에 대한 다양한 해석들이 제시되어 왔다.

라베이누 요나는 논쟁에 참여하는 사람이 오래 남을 것이라는 뜻이라고 해석했다. 즉 천국을 위한 논쟁에 참여하는 사람은 오래 살아서 또 다른 천국을 위한 논쟁에 참여하게 될 것이라는 의미라는 것이다.

또 다른 해석은 이 구절을 활발하게 토라에 관한 질문을 주고받는 토의에 대한 것으로 이해하고 있다. 엄격한 분석과 비판을 견딜 만한 말을 하는 사람에게 토라는 오래도록 남을 것이다. 이 구절을 해석하는 또 다른 접근 방식도 있는데, 바로 논쟁의 당사자가 세상을 떠나더라도 다른 사람들이 그 논쟁을 배우므로, 천국을 위한 논쟁은 남아 있을 것이라고 해석하는 것이다.

어떤 종류의 분쟁이 천국을 위한 것인가?
바로 힐렐과 샴마이의 논쟁이다.

현자들은 힐렐과 샴마이가 3년 동안이나 서로의 견해에 동의하지 않았으며, 하늘에서 "이것이나 저것이나 모두 살아계신 하나님의 말씀이니라. 전통은 힐렐 학파를 따를지라"(에이루빈[Eiruvin] 13b)는 선포가 울려 퍼지기까지 그랬다고 한다. 그러나 이는 자가당착이지 않는가? 진정 힐렐 학파와 샴마이 학파의 견해 모두 하나님의 말씀이라면, 왜 전통이 한쪽을 버리고 한쪽을 따라야 한다는 것인가?

바로 토라는 다양한 견해들을 끌어안을 수 있을 만큼 그 범위가 넓기 때문이다. '토라의 칠십 가지 측면이 있느니라'고 한 것과 같다. 전통이 한 쪽의 견해를 따른다 하더라도 다른 쪽의 견해가 완전히 묵살되는 것은 아니라는 것이다. 그러므로 전통은 힐렐 학파의 견해를 따랐으나, 샴마이 학파의 주장 역시도 참이며 토라를 나타낸다고 할 수 있다. 오늘날까지 우리는 힐렐 학파와 샴마이 학파의 주장 모두를 심도 있게 다루고 있으며, 그들의 논쟁은 오늘날까지 토라의 말씀으로 "오래도록 남아있다."

힐렐과 샴마이의 논쟁으로부터 우리는 '천국을 위한 논쟁'의 또 다른 특징을 발견할 수 있다. 바로 힐렐과 샴마이는 유대교의 원리와 율법이라는 근본적인 부분에서는 서로 동의하고 있었다는 점이다. 이들이 서로 동의하지 못한 부분은 율법의 세부 내용들이었다. 천국을 위한 논쟁은 이처럼 목적이 아닌 목적을 이루기 위한 수단을 두고 논쟁하는 것이기 때문에, 논쟁에 참여하는 사람들 모두 하나의 목적을 위하여 진심으로 헌신하는 것이다.

또한 바르테누라의 랍비 오바디야는 이 구절의 '끝까지 남을 것이다'라는 문장이 곧 다툼이 영원할 것이라는 뜻은 아니며, 그보다는 논쟁의 '의도'가 오래도록 남을 것이라는 뜻이라고 설명한다. 논쟁의 목적은 바로 진리를 얻는 것이므로, 이러한 논쟁 중에 일어나는 논의로 인해 전통은 더욱 분명하게 설명되는 것이다.

하나가 되는 논쟁

힐렐과 샴마이의 논쟁, 그리고 두 학파 간의 논쟁은 삶의 모든 분야에 대해 다루고 있다. 현자들은 이 때에 대하여 말하기를 마치 토라가 두 개로 나뉘어진 것만 같았다고 했다. 그럼에도 불구하고 힐렐과 샴마이는 끈끈한 우정을 잃지 않았으며, 힐렐 학파와 샴마이 학파 역시도 서로 토라를 공부하는 학자로서 따뜻한 마음을 나누었다. "비록 샴마이 학파와 힐렐 학파는 서로 동의하지 않았으나 집안끼리 결혼하는 것을 주저하지 않았으며, 사랑과 우정으로 대하였다. 기록된 바 '진리와 화평을 사랑할지니라'(슥 8:19)고 한 것과 같다"(예바모트[Yevamos] 14b).

실제로 처음에는 친하지 않던 사람들도 이런 토라 '전쟁'에 참여하고 나서는 급격히 가까워졌다고 한다. 빌나 가온은 현자들의 가르침을 인용하며 전통에 대해 격렬히 토론하면 아버지와 아들도, 스승과 제자도 적이 될 수 있으나, 서로를 설득하고 진리에 도달하면 이전의 격렬함으로는 비교할 수 없이 가까운 친구가 된다고 말했다(키두쉰[Kiddushin] 30b). 이에 대하여 빌나 가온은 진리의 발견이라는 공통의 목표를 가진 논쟁이 서로를 사랑으로 이끄는 것이라고 더하여 말했다.

노암 엘리멜렉[Noam Elimelech]은 기록하기를, 각 학당의 학생들이 "모든 면에서 친구가 되었다…(중략) 사랑과 우정으로 서로 영혼이 묶였고, 자기 자신보다 서로를 더욱 사랑하였으며, 그 누구도 형제를 질투하지 않았고, 친구의 성공을 볼 때엔 전심으로 기뻐하였으며, 더 높은 곳으로 올라갈 수 있기를 바랐다"고 했다. 천국을 위한 논쟁에서는 서로 논쟁하는 사람들도 하나로 연합한다. 만일 이런 의견의 불일치가 자기중심적인 동기로 인해 더럽혀지면, 인도하는 영이 이기적인 영으로 변하여 불화가 일어나고 만다.

힐렐과 샴마이 본인들은 어떠하였는가

하지만 일부 주석가들은 힐렐 학파와 샴마이 학파 간의 우호적인 관계에 대해 더욱 중립적인 견해를 제시한다. 즉 이 구절은 두 학파가 아닌 힐렐과 샴마이 본인들에 대해서만 이야기하고 있다는 것이다(랍비 볼로진의 하임[R' Chaim of Volozhin], 머오르 버'쉐메쉬[Meor V'shemesh], 코라흐[Korach]; 티페레트 이스라엘[Tiferes Israel]).

이런 주장에 따르면 이 구절은 진실로 그 누구도 힐렐과 샴마이와 같이 논쟁할 수 없다는 의미이다. '바로 힐렐과 샴마이의 논쟁이다'라는 문장은 곧 힐렐과 샴마이처럼 경건한 사람들만이 이런 논쟁을 할 수 있다는 뜻이라는 것이다. 그러나 힐렐과 샴마이의 모든 제자들이 개인적인 관심에서 벗어나 논쟁에 참여했을 가능성도 배제할 수는 없다.

그리고 어떤 것이 천국을 위한 것이 아닌가?
바로 고라와 그의 모든 무리들의 논쟁이다.

고라, 다단, 아비람, 벨렛의 아들 온은 250명의 이스라엘 지도자들과 함께 모세에게 도전하여 그와 동일한 권한을 나누어줄 것을 요구했다. "너희가 분수에 지나도다 회중이 다 각각 거룩하고 여호와께서도 그들 중에 계시거늘 너희가 어찌하여 여호와의 총회 위에 스스로 높이느냐"(민 16:3)라며 항의했다. 겉으로 보기에 고라와 그의 동류들은 숭고하고 이타적인 사람들로 보이지만, 이 구절은 이들에게 겉과는 다른 속내가 숨어 있었다고 우리에게 알려주고 있다. 사실 이들의 동기는 질투와 명예욕이 었던 것이다.

바로 다단과 아비람이 모세의 발언을 거부한 이유가 이것이다. 불만의 해결은 이들의 목적이 아니었다. 오히려 논쟁을 계속 끌어가는 것이 그들의 목적이었다. 천국을 위한 논쟁에 대해 설명하면서 이 구절은 서로 논쟁하는 사람, '힐렐과 샴마이'를 예로 들고 있다. 그러나 천국을 위하지 않은 논쟁에 대해서는 '고라와 그의 모든 무리들'이라는 한 쪽 편만을 언급하고 있다.

그 이유는 단순하다. 모세와 아론은 논쟁의 당사자가 아니었기 때문이다. 모세와 아론은 사실 논쟁에 관심이 없었으며, 오히려 이를 빨리 끝내고자 했다. 논쟁에 뛰어들어야만 하는 상황이 되자, 모세와 아론은 이 논쟁을 천국을 위한 논쟁으로 끌고 가고자 했는데, 이는 "이 사람들이 여호와를 멸시한 것"(민 16:30) 때문에 그러한 것이었다.

또 다른 설명에 의하면 이 구절 역시 서로 논쟁하는 두 편에 대하여 말하고 있는데, 다름 아닌 고라와 그의 모든 무리 간의 논쟁이다. 고라와 그의 동류들은 각자 자신의 목적을 위해 뭉쳤기 때문에 서로 하나가 되지 못했다. "무리에게서 스스로 갈라지는 자는 자기 소욕을 따르는 자라"(잠 18:1)라고 한 것과 같다.

고라의 목적은 대제사장이 되는 것이었다. 그러나 다단과 아비람, 벨렛의 아들 온은 르우벤 지파였기 때문에 제사장의 자리에는 관심이 없었다. 이들의 불만은 장자권을 가지지 못했다는 것이었다(야곱이 르우벤의 장자의 권리를 요셉에게 주었기 때문이었다). 고라가 모세와 분쟁을 일으키자 이들은 잠시 고라의 편에 서서 자기들의 권리를 주장하려고 했던 것이었다.

논쟁의 본질을 어떻게 알 수 있는가?

우리는 일상에서 수많은 논쟁을 보고, 또 때로는 논쟁에 참여하기도 한다. 그 주제가 정치일 수도 있고, 경제일 수도 있으며, 종교일 수도 있다. 그렇다면 우리는 어떻게 논쟁에서 진리를 추구할 수 있을까? 아니면 논쟁의 참여자들이 이기적으로 개인적인 욕망을 추구한다는 것을 어떻게 알 수 있을까? 자기가 명예를, 돈을, 권력을 추구한다고 스스로 자백할 사람은 세상 어디에도 없다.

랍비 여호나단 에이베슈츠[R' Yehonasan Eibeschutz]는 저서 야로트 에바쉬([Yaaros Devash], 2:9)에서 논쟁의 본질을 결정하는 주요한 기준으로 논쟁 참여자의 행실을 들었다. 논쟁의 참여자들이 상대방을 존중한다면 그 논쟁은 천국을 위한 논쟁으로 볼 수 있다는 것이다. 또 다른 기준으로는 논쟁의 당사자들이 같은 편의 참여자들과 소통하는 방식이라고 하였다.

아케이다트 이쯔하크[Akeidas Yitzchak]에서 랍비 이삭 아라마[R' Yitzchak Aramah]는 논쟁의 취지를 판단하는 기준에 대해 전통적인 견해를 제시한다. 본 구절에 나타나는 두 종류의 논쟁의 차이는 바로 그 목적에 있다. 천국을 위한 논쟁은 끝까지 남을 것이다라는 문장은 그 목적은 오래도록 남는 것에 있다라고 해석할 수 있다. 즉 이런 논쟁의 목적은 바로 지금 존재하는 것을 더욱 발전시키고 강화하는 것에 있다는 것이다. 그러나 천국을 위하지 않은 논쟁은 끝까지 남지 않을 것이다. 즉 그 끝은 오래도록 남는 것이 아니다. 논쟁 참여자들의 목적이 바로 현재 존재하는 것을 파괴하는 것이며, 세워진 것을 남김없이 무너뜨리고 쪼개는 것이다.

그러므로 논쟁의 본질을 평가함에 있어 우리는 그 논쟁이 '세우는 논쟁'인지, '무너뜨리는 논쟁'인지를 고려하여야 할 것이다. 가끔은 새로운 것을 세우기 위해 기존의 것을 무너뜨려야 할 때도 있다. 그러나 아무런 목적 없이 그저 무너뜨리기만 할 수는 없는 법이다.

메이리 하네시브[Meir Hanesiv]는 이런 개념을 유대교 계몽개혁 운동에 적용했다. 계몽개혁 운동의 지도자들은 '랍비들이 세운 구습'을 상대로 전투를 벌이며, 이 구습이 적폐들의 이익을 위하여 약속의 땅에서 추방된 유대인들의 무지와 고통을 이용해 왔다고 외쳤다. 이들이 내세운 해결책은 바로 유대인 젊은이들의 눈을 열어 주위의 문화로 눈을 돌리도록 하는 것이었다. 이런 계몽개혁 운동의 선포는 수많은 젊은이들의 마음에 불을 지폈고 결국 젊은이들이 전통이라는 목장에서 떠나 새로운 곳으로 떠나게 만들었다.

그렇게 떠난 젊은이들 중 많은 이들이 경제적인 성공을 거두기도 했으나, 가정이 무너지고, 민족이 힘을 잃었으며, 영적인 의미로 가득하였던 삶의 방식은 뿌리째 흔들리고 말았으며, 그 중 가장 심각한 것은 수십만 명의 유대인들 중 수많은 이들이 주변 문화에 동화되고 말았던 것이다.

이 운동의 목적은 그 결과가 말해주고 있다. 계몽개혁 운동의 의도는 사실 현존하는 유대교를 파괴하고 시내산에서부터 물려받아온 전통의 사슬을 끊어버리는 것이었다. 이는 결국 진정한 의미의 대안이 아니었다. 유대교에 큰 악영향을 주기는 하였으나 그 의도는 사실 반만 성공했다고 할 수 있을 것이다.

다양한 길, 하나의 목표

진리는 하나이다. 그러나 만일 진리가 하나라면, 진리의 종교, 토라는 어떻게 이토록 많은 관점들을 끌어안을 수 있는 것인가? 우리의 토라가 살아있는 진리의 길이며, 삶의 모든 영역에 걸쳐 있으므로 다양한 견해를 끌어안을 만큼 충분히 그 범위가 넓다는 것은 수많은 전통들과 견해들이 있다는 사실로 증명되고 있다. 생명이 있는 것은 살아 움직인다. 움직이지 않는 것은 죽은 것뿐이다.

토라를 배움에 있어서도, 토라에는 서로 상반되는 의견 모두를 끌어안을 만큼 충분히 넓은 범위를 가지고 있는데, 이는 분명한 진리를 보여주는 다양한 견해와 비판적 분석의 표현으로만 가능한 일이다. 모든 입장을 다 들어본 후에야, 모든 가능성을 검토한 후에야, 완전한 조화가 가능한 것이다.

한 가지 비유로 이런 진리를 더욱 쉽게 이해할 수 있을 것이다. 한 청각장애인이 음악회를 관람하러 갔다고 생각해보자. 무대에 있는 사람들은 제각기 다른 일을 하고 있다. 어떤 이는 드럼을 치고, 또 어떤 이는 바이올린을 켜며, 또 다른 사람은 플룻을 신나게 불고 있다. 그 앞에서 한 남자가 나무 막대기를 들고 이리저리 휘두르며 하나로 뭉치라고 위협하고 있다. 이 광경을 보는 사내는 분명 이 음악회가 조화라고는 찾아볼 수 없는 엉망이라고 생각하게 될 것이다. 그러나 그 순간, 갑자기 그 사내의 귀가 트인다면, 반주자들이 자신이 맡은 역할을 충실히 수행하므로 서로 다른 악기들이 모여 놀라운 교향곡을 만들어낸다는 사실을 깨닫게 될 것이다.

같은 원리가 유대교의 다양한 견해에도 적용될 수 있다. 세파르디(스페인 유대교 – 역자 주), 아슈케나즈 유대교(유럽에서 발흥한 유대교 – 역자 주), 하시디즘, 리투아니아 유대교, 전통주의, 시오니즘이라는 서로 다른 견해들이 이스라엘 민족과 토라라는 하나의 큰 전체를 구성하는 요소로서 각자의 자리를 잡고 있다.

그렇다면 모든 견해를 받아들일 수 있는 것인가? 모든 사람들이 자신의 입맛대로 토라를 해석할 수 있다는 것인가? 분명히 아니다. 만일 모든 사람들이 자기 멋대로 토라를 해석한다면 가짜와 진짜를 구별할 수 없게 되고 말 것이다.

유대교에 포함된 다양한 견해들은 핵심적인 논제들에 있어서는 모두 동의하고 있다는 사실을 기억해야 한다. 실제로 유대교에는 다양한 견해들이 있으나, 그 목적에 있어서는 모두 동의하고 있다. 토라를 진리로 믿는 모든 유대인들은 같은 하나님을 믿는다. 토라를 믿고 율법을 지킨다. 토라 중심 유대교의 수많은 학교들은 모두 슐칸 아루흐([Shulchan Aruch], 율법의 법전)의 권위를 인정한다. 진실로 모든 견해들이 각자의 방식으로 하나님을 섬기고 있는 것이다. "두 사람의 얼굴이 같을 수 없는 것과 같이, 두 사람의 견해도 같을 수 없다"(베미드바르 라바[Bamidbar Rabbah] 21:2). 그러나 이런 차이는 기본적인 전통이 아닌, 세세한 방법론의 차이일 뿐이다.

그러므로 힐렐과 샴마이는 율법을 지키는 방식들에 대한 세부적인 부분에서 서로 일치하지 않았을 뿐이지, 유대교의 기본 교리는 모두 동의했던 것이다. 그러나 고라가 의문을 제기한 부분은 찟찟트, 메주자, 제사장의 직분과 같은 율법 그 자체였다(얄쿠트 쉬모니[Yalkut Shimoni] ibid.).

테필린은 머리나 팔에 차는 것이다. 각 상자는 모두 토라의 네 부분의 두루마리 조각을 담고 있다. 그러나 머리에 다는 테필린 상자에는 네 개의 칸이 있어 각 상자마다 서로 다른 부분에서 잘라낸 조각을 담고 있는데 반해 팔에 다는 테필린은 칸을 나누지 않았으며, 하나의 두루마리에서 떼어낸 네 개의 조각들을 한꺼번에 담는다.

그 이유는 바로 생각과 사고의 중심인 머리에는 다양한 견해를 수용할 만한 공간이 있으나, 행동을 위한 도구인 팔은, 즉 행동에 있어서는 우리 모두가 토라를 따르는 사람들로서 하나가 되어야 하기 때문이다.

미쉬나 21절 משנה כא

כָּל הַמְזַכֶּה אֶת הָרַבִּים, אֵין חֵטְא בָּא עַל יָדוֹ.
וְכָל הַמַּחֲטִיא אֶת הָרַבִּים,
אֵין מַסְפִּיקִין בְּיָדוֹ לַעֲשׂוֹת תְּשׁוּבָה.
מֹשֶׁה זָכָה וְזִכָּה אֶת הָרַבִּים, זְכוּת הָרַבִּים תָּלוּי בּוֹ,
שֶׁנֶּאֱמַר (דברים לג:כא),
צִדְקַת ה' עָשָׂה וּמִשְׁפָּטָיו עִם יִשְׂרָאֵל.
יָרָבְעָם בֶּן נְבָט חָטָא וְהֶחֱטִיא אֶת הָרַבִּים,
חֵטְא הָרַבִּים תָּלוּי בּוֹ, שֶׁנֶּאֱמַר (מלכים א טו:ל), עַל חַטֹּאות
יָרָבְעָם אֲשֶׁר חָטָא וַאֲשֶׁר הֶחֱטִיא אֶת יִשְׂרָאֵל:

많은 이들로 하여금 선한 뜻을 실천하게 하는 자는 누구든지
죄의 원인이 되지 않을 것이다.
그러나 많은 이들로 하여금 죄를 짓게 하는 자는
누구든지 회개할 기회를 얻지 못할 것이다.
모세는 칭찬을 받았으며 그 기업을 수많은 사람들에게 가져다 주었고,
[그러므로]많은 사람들이 받은 공로가 그들의 명예가 되었다.
기록된 바 "그가 자기를 위하여 먼저 기업을 택하였으니 곧 입법자의
분깃으로 준비된 것이로다 그가 백성의 수령들과 함께 와서 여호와의
공의와 이스라엘과 세우신 법도를 행하도다"(신 33:21)라고 함과 같다.
느밧의 아들 여로보암은 죄를 지었고 수많은 사람들도 죄를 짓게 하였다.
[그러므로]많은 사람들이 지은 죄가 그에게 돌아갔다.
기록된 바 "이는 여로보암이 범죄하고 또 이스라엘에게
범하게 한 죄로 말미암음이며"(왕상 15:30)라고 함과 같다.

미쉬나 21절

**많은 이들로 하여금 선한 뜻을 실천하게 하는 자는
누구든지 죄의 원인이 되지 않을 것이다.**

다른 사람을 영적으로 돕는 자는 자기 자신의 성장만으로는 만족하지 못한다. 이런 사람은 다른 사람들도 함께 성장하기를, 악한 길에서 돌이켜 선한 길로 향하기를 간절히 바란다. 곧 이런 사람이 타의 모범으로서 행동하는 것이며, 올바른 삶의 길을 보여주는 모형이 된다.

이런 일을 하는 데에는 두 가지 이유가 있다.

첫째, 이런 사람은 이 세상을 운명으로 이끌고자 한다. 그 운명이란, 다른 사람들도 주님을 섬기도록 하여 하나님의 영광을 높이는 것이며, 이로써 자신도 다른 사람들이 자신으로 인해 받을 기업을 보상으로 받을 자격을 얻게 되는 것이다. 마치 자기 대신 병사들을 전투로 보내는 왕과 같다고 할 수 있다. 왕은 처음에는 모든 병사에게 전투에서 돌아오면 동일한 보상을 해주겠다고 약속했다. 그러나 한 병사가 다른 병사를 모집하여 한 부대의 대장이 되자, 다른 병사들보다 더 많은 보상을 얻을 수 있게 되었다(라베이누 이쯔하크 벤 랍비 슐로모[Rabbeinu Yitzchak ben R' Shlomo]).

둘째, 이런 사람은 다른 사람들이 영적으로 건강한 삶을 살도록 하는 데에 관심이 있다. "모든 이스라엘은 서로에게 책임이 있다."(샤부오트[Shavuos] 39b) 각 사람은 서로의 팔이며, 팔은 몸과 떨어져 따로 행동할 수 없는 법이다. 다른 사람에게 도움을 준다면 모든 이스라엘 사람들이 다 자신의 일부라는 것을 깨닫게 될 것이며, 자기 자신보다 타인의 삶이 더 행복하기를 바라게 될 것이다. 현자들이 말한 바 "다른 사람들로 하여금 율법을 실천케 하는 자는 자기 스스로 율법을 실천한 것으로 여김을 받을 것이다"(산헤드린[Sanhedrin] 99b)라고 한 것과 같다.

이런 사람은 죄의 유혹에 끝없이 저항한다. 미드라쉬 슈무엘은 다른 사람이 선행을 하도록 이끄는 사람은 곧 자신이 올바름의 전형이 된다고 했다. 이런 부류의 사람은 자신의 선한 영향력이 힘을 잃는 것을 두려워한다. 다른 사람들이 자신의 실수나 부족한 점을 본다면, 지금까지 해온 모든 선행들도 그 힘을 잃어버린다는 사실을 잘 알고 있으므로 죄를 짓지 않기 위하여 부단히 노력하는 것이다.

그러므로 이 구절은 이런 사람에 대하여 하늘의 보상이 있을 것이라고 이야기하지 않고, 그저 그 행동의 자연적인 결과만을 보여주고 있는 것이다. 다른 사람들보다는 악한 본성의 유혹에 덜 흔들리지만, 자신 역시도 견딜 수 없는 유혹에는 무릎을 꿇을 수밖에 없다는 사실을 잘 알고 있기 때문이다.

한 이야기에 따르면, 언젠가 이스라엘을 향한 사랑으로 유명한 랍비이자 다른 사람들을 돕고 죄로부터 보호하고자 일생을 바쳐 헌신하였던 리첸스크의 랍비 엘리멜렉([R' Elimelech of Lizhensk], 하시디즘 운동의 아버지이자 노암 엘리멜렉[Noam Elimelech]의 저자)이 악한 본성의 유혹을 받게 되었다. 악한 본성은 그에게 "토라를 배우게도 해주고, 하나님을 섬기게도 해주겠다, 방해하지 않겠다. 그저 다른 사람들을 돕지만 말아라"고 하였다.

그러나 랍비 엘리멜렉은 이렇게 답하였다고 한다. "내가 다른 사람들을 포기하면 내게 찾아오지 않겠다고 하는구나. 하지만 이는 거짓이다. 넌 나를 절대로 내버려두지 않을 것이며, 내가 네 제안을 받아들여도 내일이면 내가 죄를 짓게 만들 새로운 방법을 찾아올 것이다. 네가 날 떠나지 않고 날 괴롭히는 것이 네 일이듯, 내 일은 다른 사람들을 떠나지 않는 것이다. 넌 다른 사람들에게 죄를 짓도록 하기 위해 창조되었으나, 나는 다른 사람들이 선을 행하도록 하기 위해 창조되었다."

공동체를 위하여 일하는 사람들이 가지는 막중한 책임감은 아브라함과 이삭의 이야기에서도 잘 나타나고 있다. 이삭은 자기가 죽을 것임을 알면서도 아버지를 따라갔지만, 토라는 아브라함이 받은 시험에 대해서만 말하고 있을 뿐이며, 피르케이 아보트의 구절들 역시도 '이삭의 시험'이 아닌 '아브라함의 시험'이라고만 말하고 있을 뿐이다(5:4). 이는 아브라함의 시험이 이삭이 받은 시험보다 더 컸기 때문이다. 아브라함은 자기 손으로 아들을 죽여야 한다는 사실을 잘 알고 있었다. 이 시험은 아브라함에게는 평생 바쳐온 모든 것(이삭)을 자기 손으로 없애야 하는 일이었지만, 이삭에게는 잠깐의 고통으로 자신의 목숨을 버려야 하는 일이었기 때문이었다.

더 나아가 하늘나라에서는 다른 사람을 영적으로 돕는 사람을 죄로부터 보호한다. 그러므로 현자들은 제자들이 에덴동산에 있다면 게힌놈으로 가지 않는다고 하였다(요마[Yoma] 87a).

그러므로 다윗 왕은 "주께서 내 영혼을 스올에 버리지 아니하시며 주의 거룩한 자를 멸망시키지 않으실 것임이니이다"(시 16:10)라고 고백했다. 하나님께서는 이웃을 돕는 경건한 사람을 스올로 보내지 않으신다.

토사포스 욤 토브는 더 나아가 위 구절에서 '주의 거룩한 자'를 '주님의 거룩한 자들'로 읽을 수 있다고 했다. 즉 이 구절은 '주님의 거룩한 자들

(다윗의 제자들)이 죽음의 세계(게힌놈)에서 [다윗을]보지 않게 하실 것입니다'라고 해석될 수 있는 것이다.

그러나 많은 이들로 하여금 죄를 짓게 하는 자는 누구든지 회개할 기회를 얻지 못할 것이다.

다른 사람들을 죄짓게 하는 자는, 자신이 죄를 짓게 만든 사람들보다 더 큰 징벌을 받을 것이다. 주석가들은 이 범위에 간접적으로 다른 사람들이 죄를 짓게 한 사람들뿐만 아니라 다른 사람들이 죄를 짓지 못하도록 막지 않은 사람들도 포함된다고 했다.

이 구절은 이런 사람을 이르러 '회개할 기회를 얻지 못할 것이다'라고 했는데, 이는 회개를 하고자 하여도 하나님께서 회개를 막으신다는 것을 암시한다.

하지만 자유의지가 있는 사람이 회개를 할 수 없다는 것이 말이 되는가? 분명히 말씀은 '보라 내가 오늘 생명과 복과 사망과 화를 네 앞에 두었나니'(신 30:15)라고 말하고 있다. 뿐만 아니라 하나님께서는 회개를 기뻐하시는 분이시다. "내가 어찌 악인이 죽는 것을 조금인들 기뻐하랴 그가 돌이켜 그 길에서 떠나 사는 것을 어찌 기뻐하지 아니하겠느냐"(겔 18:23) 또 현자들은 말하기를 "자기 자신을 깨끗케 하고자 하는 사람은 도움을 받으리라"(샤보트[Shabbos] 104a)고 했다. 그렇다면 하나님께서는 이런 사람에게 회개를 할 자격조차 주시지 않는 것인가?

회개는 특별한 선물이다

자신의 잘못을 바로잡는 능력인 회개하는 능력은 하나님께서 인류에게 베풀어주시는 것이다. 잘못을 뉘우치는 사람은 구렁텅이에서 하늘로 올려진다. "회개는...(중략)징벌을 막는 방패"(4:13)이므로, 죄는 용서를 받고 후회가 그를 보호한다.

그러나 죄인의 갱생이 징벌만으로만 가능하거나, 그 죄가 너무 막중하여 회개라는 자비의 선물을 받을 자격조차 없는 경우에는 회개가 허락되지 않는다. 람밤은 성경에서 이런 원리의 수많은 예를 발견하였다. 이스라엘 백성들이 이집트를 떠나는 일을 거부하자 역병이 일어났다. 그 후 역병은 더욱 더 심각해져 파라오까지 몸이 쇠약해질 지경이었다. 그러나 그 후 하나님께서는 '그의 마음을 강퍅케 하셔서' 자유의지를 제한하시고 더 심각한 역병으로 파라오를 벌하셨다. 자유의지를 제한하는 것이 정당한 일인가? 람밤은 이에 대해 파라오에게도 모세와 아론을 통해 하나님의 말씀이 전해졌으며, 이를 따를 수없이 많은 기회가 주어졌다고 설명했다. 그러나 고집이 강하고 자만에 가득 찬 파라오는 이를 거부하였기 때문에, 그 고집의 죄값을 받기까지 자유의지가 제한되는 것은 마땅하다는 것이다.

또 광야에서 이스라엘 백성들이 한 행동을 통해서도 이런 예를 발견할 수 있다. '헤스본 왕 시혼이 우리가 통과하기를 허락하지 아니하였으니 그의 성품을 완강하게 하셨고 그의 마음을 완고하게 하셨음이 오늘과 같으니라' 그 이유 역시 성경에서 말해주고 있는데, 바로 "그를 네 손에 넘기시려고"(신 2:30), 또 그가 저지른 죄로 인해 받아야 할 징벌을 받게 하시려고 하신 것이었다.

바알을 섬기는 자들에게 엘리야는 말하기를 하나님께서 "그들의 마음을 되돌이키심을 알게 하옵소서"(왕상 18:37)라고 했는데, 바로 하나님께서 그들의 마음을 회개의 길에서 돌이키게 하신다는 뜻이다.

이사야 선지자의 말씀에서도 이와 같은 개념을 발견할 수 있다. "이 백성의 마음을 둔하게 하며 그들의 귀가 막히고 그들의 눈이 감기게 하라 염려하건대 그들이 눈으로 보고 귀로 듣고 마음으로 깨닫고 다시 돌아와 고침을 받을까 하노라"(사 6:10).

랍비 이쯔하크 벤 랍비 슐로모[Rabbeinu Yitzchak ben R' Shlomo]는 하나님께서 인간의 자유의지를 완전히 빼앗으시는 것은 아니라고 했다. 그보다는 '그들의 죄가 너무 커서 마치 방패와 같이 회개의 길을 가로막고 있는 것이다'라고 했다. 즉 끊임없이 죄를 지음으로 그 본성이 더러워졌으므로 진리를 눈앞에 가져다주어도 알아보지 못한다는 것이다.

람밤은 회개의 기회를 얻지 못하는 죄가 무엇인지를 기술하고 있다. 첫 번째 죄는 바로 '다른 사람들로 하여금 죄를 짓게 하는 것'으로, 율법을 실천하지 못하게 막는 것도 이에 해당한다. 두 번째는 다른 사람이 옳은 길을 떠나 잘못된 길로 들어서게 하는 것이며, 아들이 잘못을 행하는 것을 보고도 아무것도 하지 않는 것이다. 이 역시 다른 사람으로 하여금 죄를 짓게 하는 것으로 여겨지는데, 아들은 부모의 영향 아래에 있기 때문이다. [아버지가]개입한다면 [아들은]잘못된 행실을 멈출 것이다(힐코트 테슈바[Hilchos Teshuvah] 4:1). 즉 이 구절은 "정직한 자를 악한 길로 유인하는 자는 스스로자기 함정에 빠져도"(잠 28:10)라는 진리를 우리에게 가르쳐주고 있는 것이다.

부조리함을 피하라

현자들은 가르치기를 "많은 사람들로 하여금 죄를 짓게 하는 자는 누구든지 회개의 기회를 얻지 못할 것이요, 이로 인해 제자들이 게힌놈에 있으므로 에덴 동산에 들어가지 못할 것이다"(요마[Yoma] 87a)라고 했다. 다른 사람들로 죄를 짓게 하던 사람이 마지막 순간에 자신의 죄를 회개한다면, 그의 영향을 받아 죄를 지은 사람들이 게힌놈에서 고통 받는 동안 그 자신은 에덴동산에 들어가게 되고 말 것이다. 운전기사가 사람들이 가득 탄 버스를 몰고 절벽으로 돌진하다가, 떨어지기 직전에 자기만 탈출해버리는 것과 마찬가지라고 할 수 있다. 이런 상황은 지극히 불합리하다고 할 수 있을 것이다.

이런 견해에 따르면, 다른 사람들이 죄를 짓도록 한 사람이 회개의 기회를 받지 못하는 것은 지극히 도덕적인 징계이다. "사람의 피를 흘린 자는 함정으로 달려갈 것이니 그를 막지 말지니라"(잠 28:17, 직역). 다른 사람에게 죄를 짓도록 유도한 사람, 즉 유대 민족의 혼을 잃게 한 사람은 징벌을 피할 수 없을 것이다.

소용없는 회개

미드라쉬 슈무엘은 다른 사람을 죄짓게 한 사람에게 주어지는 징벌에 대해 다른 해석을 제시한다. 이런 사람은 회개를 하지 못하도록 거부를 당하는 것이 아니라, 회개를 하도록 도움을 받지 못한다는 것이다. '기회를 얻지 못할 것이다'라는 말은 곧 자기 죄와 싸우도록 홀로 남겨지고 만다는 의미이다. 그 누구도 그에게 도움의 손을 뻗지 않을 것이다.

악한 본성은 인류의 가장 강력한 적이다. "악인이 의인을 엿보아 살해할 기회"(시 37:32)를 찾는다. 그렇다면 사람은 어떻게 목숨을 지킬 것인가? 그러나 주님은 의인을 악인의 손아귀에 버려두지 않으신다. 즉 하나님께서 의인을 보호하신다.

다르게 표현하자면 악한 본성에서 우리를 지키기 위해서는 하나님의 도움이 필요하다는 것이다. 그러나 다른 사람을 죄짓게 한 사람은 이런 도움을 받을 길이 없다. 다른 사람들을 스올의 골짜기로 인도하였기 때문에, 자기 자신도 스올에 끌려 들어가는 운명을 피할 수 없는 것이다. 자유의지는 분명히 남아 있다. 스스로 회개를 할 수 있다면, 그 누구도 본인이 회개하는 것을 막지 않는다.

미드라쉬 슈무엘은 이런 의문에 대해 또 다른 답변을 제시하고 있다. 정결의 욕조(히브리어로는 '미크베'라고 하며, 정결을 위해 몸을 담그는 욕조 - 역자 주)에 몸을 담그는 사람은 정결하게 된다. 그러나 그 때 손에 부정한 것을 들고 있으면 욕조에 몸을 담그더라도 그 예식은 취소된다. 회개는 정결의 욕조에 몸을 담그는 것에 비견할 수 있다. 자기 죄를 모두 포기한 사람의 회개만이 소용이 있다. 그러나 남을 죄의 길로 인도하면서도 이를 멈추지 않는다면, 말 그대로 부정함을 전달해주는 것이다. 자신의 죄가 남아 있고, 자신이 전해준 남의 죄도 남아 있는데, 어떻게 회개를 할 수 있다는 것인가?

모세는 칭찬을 받았으며 그 기업을 수많은 사람들에게 가져다 주었고, [그러므로] 많은 사람들이 받은 공로가 그들의 명예가 되었다.

'하삼 소페르'[Chasam Sofer]라고도 하는 랍비 모세 소페르[R' Moshe Sofer]는 사람들에게 그 누구보다 많은 기업을 가져다준 모세가 어떻게 므리바에서 하나님의 명령을 어기고 바위를 돌로 쳐 죄를 짓게 되었는지 (토라트 모세[Toras Moshe], 후카트[Chukas])에 대해 설명하고 있다.

위에 쓴 대로, 이 구절의 원리는 제자들이 에덴동산에 있는 동안 자신은 게힌놈의 골짜기에서 고통을 받는다는 불합리한 상황을 방지하기 위한 것이다. 그러나 이스라엘 백성들이 약속의 땅으로 들어가는 동안 모세는 약속의 땅에 들어가는 특권을 빼앗기고 말았는데, 이것은 불공정한 것으로 보인다. 그러나 이 사건은 예외로 취급되어야 한다. 사실 정탐꾼들의 죄로 인해 그 세대의 모든 사람들이 아이를 제외하고는 약속의 땅에 들어가지 못했다. 결과적으로 모세나 그 세대의 이스라엘 백성들 모두 그 땅에 들어가지 못하였기 때문에 모세가 가나안 땅에 들어가지 못한 것이 불공정한 것은 아니라는 것이다.

하삼 소페르는 더 나아가 모세가 백성들에게 "여호와께서 너희 때문에 네게 진노하사…"(신 3:26)라고 말한 이유도 위와 같은 것이라고 했다. 이스라엘 백성들이 정탐꾼으로 인해 죄를 짓지 않았더라면 무사히 약속의 땅에 들어갈 수 있었을 것이고, 모세 역시도 그 땅에 들어갔을 것이었다.

때로는 노력으로도 충분치 않다

크사브 소페르[Ksav Sofer]라고도 하는 랍비 아브라함 슈무엘 비냐민 소페르([R' Avraham Shmuel Binyamin Sofer], 하삼 소페르의 아들)는 죄를 범한 대제사장의 경우에 있어서도 이와 같은 요점을 적용하고 있다. "만일 기름 부음을 받은 제사장이 범죄하여 백성의 허물이 되었으면…"(레 4:3)과 같이 온 민족의 죄를 용서받기 위해 대 속죄일 제사를 드리는 대제사장이 죄를 짓는다는 것이 가능한 일인가?

크사브 소페르는 설명하기를, 대제사장은 다른 이스라엘 백성들을 돕는 것이 그 역할이나, 그 세대가 대제사장의 말에 귀를 기울이지 않고 계속 죄를 짓는다면 '기업을 수많은 사람들에게 가져다'줄 수 없고, 결국 대제사장으로서의 특별한 보호를 받을 수가 없게 된다. 그러므로 대제사장 역시도 죄를 지을 수 있게 된다는 것이다. 크사브 소페르는 더 나아가 레위기의 말씀에서도 그의 해석을 지지한다고 했는데, 위 말씀은 '기름부음을 받고 임명받은 제사장이 죄를 짓는 것은 백성들의 죄로 인한 것이다'라고도 해석될 수 있다.

일반적으로는 "노력에 따라 보상을 받는다"(5:26). 그러므로 대제사장도 최선을 다한 만큼 그 보상을 받아야만 할 것이다. 그러나 다른 사람들을 돕는 일의 경우에는 노력만으로는 충분치 않다. 죄로부터 보호하는 하늘나라의 보호를 받기 위해서는 노력뿐만 아니라 결과까지 필요한 것이다.

**기록된 바 "그가 자기를 위하여 먼저 기업을 택하였으니
곧 입법자의 분깃으로 준비된 것이로다 그가 백성의 수령들과 함께
와서 여호와의 공의와 이스라엘과 세우신 법도를 행하도다"**
(신 33:21)라고 함과 같다.

공의와 율법 사이의 관계를 나타내고 있는 이 말씀(신 33:21)은 겉으로 보기에는 모순되는 내용으로 보인다. '공의'는 법률에 정해진 선을 넘어서는 선행을 뜻하는 반면, 율법은 엄격하게 지켜야 하는 전통이기 때문이다. 이 둘을 한꺼번에 실천할 수 있는가?

다윗 왕에 대한 성경의 말씀으로 그 해답을 얻을 수 있을 것이다. "다윗이 온 이스라엘을 다스려 다윗이 모든 백성에게 정의와 공의를 행할세"(삼하 8:15). 현자들은 이에 대해 설명하기를 다윗 왕은 백성들을 다스릴 때에 전통을 따라 하였으나, 지불 능력이 없는 가난한 사람에게 벌금을 물려야 하는 상황에서는 자기 주머니에서 선뜻 그 금액을 내주었다고 한다(산헤드린[Sanhedrin] 6b). 모세 역시 이와 같다고 할 수 있을 것이다.

우리는 하나

다른 사람의 영적인 삶을 돕는 인물이 마땅히 칭찬받아야 한다는 점에 대해서 현자들은 이렇게 말하고 있다. "다른 사람들로 하여금 실천하도

록 하는 자는 실천하는 사람보다 더 크다"(바바 바스라[Bava Basra] 9:1). 이런 사람은 다른 사람을 자기 자신과 같이 여기므로 그들을 위해 마땅히 일해야 한다는 책임감을 가지고 있다. 때문에 그로 인해 율법과 선행을 실천한 사람들의 기업이 그 자신에게 온다는 것이다.

그 예로, 하나님께서는 모세에게 "나일 강을 치던 네 지팡이를 손에 잡고 가라"(출 17:5)고 말씀하셨는데, 사실 나일강을 친 것은 모세가 아닌 아론이었다. 이는 "다른 사람으로 하여금 계명을 지키게 한 사람은 누구든지 그 자신이 계명을 지킨 것으로 여김을 받을 것임을 가르치기 위한"(산헤드린[Sanhedrin] 99b) 것이었다.

보상은 하나인가, 둘인가?

이 구절은 처음 부분과 끝 부분이 서로 단절된 것으로 보인다. 처음 부분에서는 많은 사람들을 돕는 사람이 죄로부터 보호를 받는 보상을 받을 것임을 말하는 것으로, 결론은 '그러므로 그 보상으로 죄가 그에게 찾아오지 않을 것이다'라고 기록되어야 적절하다. 그러나 이 구절의 끝 부분은 '많은 사람들이 받은 기업은 그들의 것이 되었다'로 맺고 있다.

그렇다면 이 끝 부분의 말씀은 죄로부터 보호를 받는 보상을 나타내는 것인가, 아니면 또 다른 보상을 약속하고 있는 것인가? 메이리는 전자의 견해를 지지한다. 모세는 죄로부터 보호를 받는 보상을 받았다는 것인데, 그 이유는 모세가 선한 영향을 끼쳐 율법을 실천한 사람들의 기업이 모세에게 돌아갔기 때문이라는 것이다.

그러나 다수의 주석가들은 이에 반대하며 이 구절의 끝 부분이 또 다른 보상을 나타내는 것이라고 이해하고 있다. 그렇다면 이 두 번째 보상은 왜 첫 부분에서는 언급되지 않은 것인가?

미드라쉬 슈무엘은 이 구절의 처음 부분에서는 다른 사람에게 선한 영향을 주는 일반적인 경우에 대해 말하고 있는 반면, 두 번째 부분에서는 모세에 대해서만 다루고 있기 때문이라고 했다. 다른 사람들에게 선한 영향력을 끼치는 사람이 받는 보상은 죄로부터 보호를 받는 것이다. 그러나 모세는 그보다 더 큰 보상을 받았는데, 바로 온 이스라엘 백성들의 기업이 그에게 돌아가는 것이었고, 때문에 모세가 민족을 위해 드린 예배를 하나님께서 더욱 기쁘게 받으신 것이었다.

토라를 받은 것은 이스라엘 백성들이 아닌 모세였다. 바로 토라가 '모세의 토라'라고 불리는 이유가 이것이다(말 4:4, 히브리어 성경은 3:22). 현자들의 말에 따르면 이는 '토라가 모세와 그의 자손들에게 주어진 것'이기 때문이다. 그러나 "모세는 자신이 받은 것을 이스라엘에게 주었다"(느다림[Nedarim] 38a). 이에 대해 탈무드는 모세가 이스라엘 백성들에게 토라를 전해주도록 하나님의 명령을 받았다고 말하고 있다. 토라에 대한 변증법적 분석(pilpul)은 온전히 모세에게만 주어진 것이었으나, 모세는 너그럽게도 이를 온 민족과 나눈 것이다. 만일 모세에게 너그러운 마음이 없었더라면 이스라엘 백성들은 해석이 없는 율법만을 받았을 것이다. 그러므로 수많은 사람들(온 이스라엘 백성)의 기업이 모세에게 돌아갔다.

(이보다 그 규모는 작지만)마찬가지로 이스라엘 백성들이 회당을 짓거나 학당의 유지비를 지원할 때에는 회당에서 울려 퍼지는 기도와 학당에서 가르치는 모든 토라의 말씀이 그에게 돌아간다. 다른 사람들에게 토라를 지키도록 설득하였을 뿐만 아니라 자신의 것을 내어주어 다른 사람들을 도왔기 때문에 엄청난 기업을 받는 것이다.

위의 주장과는 달리 이 구절에서는 두 가지의 보상에 대하여 이야기하고 있으며, 그 보상도 각기 다른 두 종류의 사람들에게 돌아간다는 주장이 있다. 첫째는 다른 사람들이 죄를 짓지 못하도록 함으로써 기업을 전해주는 사람이다. 이러한 사람은 '악한 길에서 돌이키게' 함으로써 다른 사람들을 돕는다. 이에 따라 죄를 짓지 않도록 보호를 받는 것으로 그 보상을 받는다. 둘째, 다른 사람들로 하여금 율법을 실천하도록(선행을 실천하도록) 하는 사람도 있다. 이에 따라 "수많은 사람들의 기업이 그에게 돌아 오는 것으로 그 보상을 받을 것이다"(도레이쉬 레프라킴[Doreish Lefrakim]).

느밧의 아들 여로보암은 죄를 지었고
수많은 사람들도 죄를 짓게 하였다.

위와 동일한 의문이 이 구절에도 제기되고 있다. 이 구절은 다른 사람으로 하여금 죄를 짓게 한 사람은 회개할 기회를 얻지 못하는 것으로 징계를 당한다고 가르치고 있다. 그 예로 여로보암은 다른 사람들이 죄를 짓게 하였기 때문에 그 죄가 그에게 돌아간다고 말하고 있다. 그렇다면 여로보암이 받은 징계는 또 다른 징계를 뜻하는 것인가, 아니면 회개의 기회를 얻지 못하는 징계에 포함되는 것인가?

메이리는 이 구절이 하나의 징계만 말하고 있다고 주장한다. 이런 사람은 '많은 사람들이 지은 죄가 그에게 돌아'가므로, '회개의 기회를 얻지 못한다'는 것이다. 그가 타락시킨 사람들이 게힌놈에서 고통 받고 있으므로 자신도 에덴동산에 들어갈 수 없다.

그러나 도레이쉬 레프라킴[Doreish Lefrakim]은 이 두 절이 두 가지의 서로 다른 죄에 대한 두 가지의 징계를 나타낸다고 해석했다. 다른 사람이 율법을 실천하지 못하도록 한 사람은 회개할 기회를 얻지 못함으로 징계를 받는다. 다른 사람들의 영적 성장을 막았으므로 그 역시도 영적으로 성장할 기회를 가질 수 없다는 것이다. 그러나 (여로보암과 같이)다른 사람이 죄를 행하도록 이끈 사람은 그들의 죄가 그 자신에게 돌아올 것이다.

> [그러므로]많은 사람들이 지은 죄가 그에게 돌아갔다. 기록된 바 "이는 여로보암이 범죄하고 또 이스라엘에게 범하게 한 죄로 말미암음이며"(왕상 15:30)라고 함과 같다.

여로보암은 처음에는 죄를 두려워하는 '용사'로, 솔로몬 왕은 "이 사람 여로보암은 큰 용사라 솔로몬이 이 청년의 부지런함을 보고 세워 요셉 족속의 일을 감독"(왕상 11:28)하게 했다. 여로보암은 솔로몬 왕에게까지 그 잘못을 꾸짖을 줄 아는 용기 있는 사람이었다. 애굽 공주의 궁전을 짓는 도중에 솔로몬왕은 예루살렘 성벽의 구멍을 닫아버렸는데, 그 구멍은 예루살렘으로 순례를 하는 이스라엘 백성들이 쉽게 성을 드나들 수 있도록 하는 것이었다. 이 때 여로보암은 왕에게 "선왕 다윗께서 벽에 구멍을 내어 백성들이 절기에 드나들 수 있도록 하셨습니다. 그러나 왕께서는 이집트의 공주를 위해 세금을 걷고자 그 문을 닫아버리시는군요"(Sanhedrin 101b)라고 일갈하였다. 즉 백성들보다 개인적인 안위를 더욱 중요시한다며 왕을 꾸짖은 것이다.

그 일 이후 여로보암은 성을 떠났고, 실로의 아히야 선지자를 만나게 되었다. 아히야는 자신이 입고 있던 새 옷을 찢어 열 두 조각으로 나누고는 여로보암에게 하나님의 말씀을 전했다. "보라, 내가 솔로몬의 왕국을 찢어서, 열 지파를 너에게 준다." 현자들은 말하길 이는 여로보암이 솔로몬을 꾸짖음으로 그 기업을 받은 것이라고 했다.

이후 여로보암은 이집트로 떠났다. 시간이 흘러 솔로몬이 세상을 떠나고 르호보암이 왕위에 올랐다. 그 때 각 지파의 대표자들이 르호보암에게 무거운 세금을 낮추어줄 것을 요청했다. 그러나 르호보암은 이를 매몰차게 거절했는데, 이토록 무모한 결정은 "여호와께서 전에 실로 사람 아히야로 느밧의 아들 여로보암에게 하신 말씀을 이루게"(왕상 12:15) 하려 함이었다.

이스라엘 백성들은 르호보암의 고압적인 태도에 반기를 들었고, "우리가 다윗에게서 받을 몫이 무엇인가? 이새의 아들에게서는 받을 유산이 없다. 이스라엘아, 저마다 자기의 장막으로 돌아가라"며 울부짖었다.

이 중요한 순간에 여로보암이 이집트에서 돌아와 열 지파의 왕이 될 것을 선포하였다. 이로 인해 이스라엘은 예루살렘을 포함한 르호보암의 남유다 왕국과 여로보암이 다스리는 북이스라엘 왕국으로 나뉘고 말았다.

그러나 여로보암은 사람들이 예루살렘과 성전에 눈을 돌려 다시 남유다 왕국으로 돌아갈까봐 두려워하였다. 특히 절기 때에 제사를 드리러 북이스라엘 사람들이 예루살렘으로 돌아갈 것이 분명했다. 때문에 여로보암은 우상을 만들어 성전 예배를 대체하고자 했는데, 두 개의 금송아지를 만들어 하나는 남쪽 벧엘에, 또 하나는 북쪽 단에 놓으며 백성들에게 "이스라엘 백성들아, 이제 예루살렘으로 가지 말라. 너희를 이집트에서 구해 주신 신이 여기에 계신다"라고 선포했다.

뿐만 아니라 여로보암은 제단을 세우고 레위인이 아닌 사람들도 제사장으로 세워 제사를 드리도록 하였으며, 초막절을 대체하기 위해 매년 헤쉬반 월 15일을 새로운 절기로 정했다. 여로보암의 걸출한 과거로 인해 두 번의 회개할 기회가 주어졌다. 첫째는 선지자 이도가 벧엘에 찾아온 일이었다. 그 곳에서 여로보암은 자신이 만든 제단에서 제사를 드리고 있었는데, 선지자는 그 곳을 향해 이렇게 외쳤다. "제단아 제단아 여호와께서 이와 같이 말씀하시기를 다윗의 집에 요시야라 이름하는 아들을 낳으리니 그가 네 위에 분향하는 산당 제사장을 네 위에서 제물로 바칠 것이요 또 사람의 뼈를 네 위에서 사르리라 하셨느니라"(왕상 13:2). 또 "그 날에 그가 징조를 들어 이르되 이는 여호와께서 말씀하신 징조라 제단이 갈라지며 그 위에 있는 재가 쏟아지리라"고 외쳤다.

그 말을 들은 여로보암은 선지자를 붙잡으려고 했는데, 그 때 두 가지 기적이 일어났다. 첫째는 여로보암이 뻗은 팔이 마비되어서 다시 펼 수 없었던 것이며, 둘째는 선지자가 선포한대로 제단이 부서지고 재가 쏟아진 것이었다.

여로보암은 선지자에게 자신을 위해 기도해 달라고 부탁했다. 선지자가 기도하자 여로보암의 팔은 다시 나았지만, 여전히 그는 악한 길에서 돌이켜 회개하지 않았다. 그 후 현자들은 이렇게 말했다. 찬양받아 마땅하신 거룩하신 주님께서 여로보암의 옷을 찢으며 말씀하셨다. "회개하라. 그러면 네가 나와 이새의 아들(다윗)과 함께 에덴동산을 거닐게 될 것이다"(산헤드린[Sanhedrin] 102a).

그러자 여로보암이 물었다. "누가 먼저 가겠습니까?" 즉 누가 왕국을 지배하게 될 것이냐고 물은 것이었다. 이에 하나님께서 대답하셨다. "이새의 아들이 머리가 될 것이다." 예루살렘과 성전은 왕국을 약속받고 메시아의 시대에 통치권을 받을 다윗의 집안의 손에 남을 것이라는 뜻이었다. 그러자 여로보암은 "그렇다면 저는 별로 관심이 없습니다."라고 하며 회개하지 않았다. 여기서 우리는 어느 시점부터 회개의 기회를 잃어버리는지에 대해 발견할 수 있다. 여로보암은 죄에 잠식당하고 말았기 때문에 자신의 삶을 바꿀 기회를 제대로 활용할 수 없었던 것이다.

우리 모두가 지도자이다

이 구절이 지도자들에게만 적용되는 가르침이라고 생각할 수도 있을 것이다. 하지만 그렇지 않다. 다른 사람들이 성장하도록 도와야 한다는 개념은 우리 모두에게 적용되는 가르침이다. 모든 가장은 자녀들을 가르칠 책임이 있다. 자녀들을 올바르게 가르치면 '자녀들에게 수많은 기업을 가져다주는 것'이다. 반대로 교육의 의무를 다하지 아니하면 곧 자녀들에게 죄를 짓게 하는 것과 다를 것이 없다. 가족이 죄의 길로 들어서는 것을 막지 않는다면 가족들과 함께 징계를 받게 될 수 있는데(샤보트[Shabbos] 54b), 라쉬는 말하기를 이는 가족들의 죄에 책임이 있기 때문이라고 했다.

만일 자기가 사는 도시가 타락하는 것을 막을 능력이 있음에도 막지 않는다면 그 역시 징벌을 받을 것이다. 또 온 세상이 타락하는 것을 막을 능력이 있음에도 막지 않는 사람 역시 그 책임이 그에게 돌아올 것이다. 아니폴리의 랍비 주샤[R' Zusha of Anipoli]는 이렇게 말하곤 했다고 한다. "내가 하늘나라의 심판대에 섰을 때에 '너는 왜 모세와 같이 하지 못하였느냐?'라고 묻는다면, 나는 '제가 모세와 같이 위대하지 못하기 때문입니다'라고 답할 것이다. '너는 왜 랍비 아키바와 같이 하지 못하였느냐?'라고 묻는다면, 나는 '제가 랍비 아키바와 같이 위대하지 못하기 때문입니다'라고 답할 것이다.

그러나 '너는 왜 주샤와 같이 하지 못하였느냐?'라고 묻는다면, 아무런 대답도 할 수 없을 것이다. 나는 능히 주샤가 될 수 있었음에도 내게 숨겨진 능력을 활용하지 못했고, 나의 재능을 모두 사용하지 못하였기 때문이다. 창조주 하나님께서 내게 기대하신 모든 것을 다 하지 못하였기 때문이다."

그러므로 '그 기업을 수많은 사람들에게 가져다 주었다'는 이 구절의 가르침은 곧 모든 사람이 능히 이러한 사람이 될 수 '있으며', 또 되어야만 '한다'는 사실을 우리에게 알려주고 있는 것이다.

משנה כב   מישנא 22절

כָּל מִי שֶׁיֵּשׁ בְּיָדוֹ שְׁלֹשָׁה דְבָרִים הַלָּלוּ,
מִתַּלְמִידָיו שֶׁל אַבְרָהָם אָבִינוּ.
וּשְׁלֹשָׁה דְבָרִים אֲחֵרִים,
מִתַּלְמִידָיו שֶׁל בִּלְעָם הָרָשָׁע.
עַיִן טוֹבָה, וְרוּחַ נְמוּכָה, וְנֶפֶשׁ שְׁפָלָה,
מִתַּלְמִידָיו שֶׁל אַבְרָהָם אָבִינוּ.
עַיִן רָעָה, וְרוּחַ גְּבוֹהָה, וְנֶפֶשׁ רְחָבָה,
מִתַּלְמִידָיו שֶׁל בִּלְעָם הָרָשָׁע.
מַה בֵּין תַּלְמִידָיו שֶׁל אַבְרָהָם אָבִינוּ
לְתַלְמִידָיו שֶׁל בִּלְעָם הָרָשָׁע.
תַּלְמִידָיו שֶׁל אַבְרָהָם אָבִינוּ,
אוֹכְלִין בָּעוֹלָם הַזֶּה וְנוֹחֲלִין בָּעוֹלָם הַבָּא,
שֶׁנֶּאֱמַר (משלי ח:כא), לְהַנְחִיל אֹהֲבַי יֵשׁ,
וְאֹצְרֹתֵיהֶם אֲמַלֵּא.
אֲבָל תַּלְמִידָיו שֶׁל בִּלְעָם הָרָשָׁע
יוֹרְשִׁין גֵּיהִנָּם וְיוֹרְדִין לִבְאֵר שַׁחַת,
שֶׁנֶּאֱמַר (תהלים נה:כד),
וְאַתָּה אֱלֹהִים תּוֹרִידֵם לִבְאֵר שַׁחַת,
אַנְשֵׁי דָמִים וּמִרְמָה לֹא יֶחֱצוּ יְמֵיהֶם,
וַאֲנִי אֶבְטַח בָּךְ:

(다음의) 세 가지 (성질)를 가진 사람은 누구든지 우리 조상 아브라함의
제자들 가운데 한 사람이다.
다른 세 가지는(반대되는 성질을 가진 사람은
누구든지) 사악한 발람의 제자들이다.
선한 눈, 겸손한 영, 온화한 영혼을 소유한 자들은
우리의 조상 아브라함의 제자들(이 가진 것) 가운데 한 사람이다.
악한 눈, 오만한 영, 절제하지 않는 본성을 소유한 자들은
악한 빌람의 제자들(이 가진 것) 가운데 한 사람이다.
우리의 조상 아브라함의 제자들과 악한 빌람의 제자들은
어떤 차이가 있는가?
우리의 조상 아브라함의 제자들은 이 세상에서 보상을 받고
올 세상을 물려받는다.
기록된 바,
"이는 나를 사랑하는 자가 재물을 얻어서 그 곳간에 채우게
하려 함이니라"(잠 8:21)라고 함과 같다.
그러나 사악한 빌람의 제자들은 게힌놈을 물려받고
파멸의 웅덩이로 내려갈 것이다.

기록된 바,

"하나님이여 주께서 그들로 파멸의 웅덩이에 빠지게 하시리이다 피를 흘리게 하며 속이는 자들은 그들의 날의 반도 살지 못할 것이나 나는 주를 의지하리이다"(시 55:23)라 함과 같도다.

미쉬나 22절

(다음의) 세 가지 (성질)를 가진 사람은 누구든지 우리 조상 아브라함의 제자들 가운데 한 사람이다. 다른 세 가지는(반대되는 성질을 가진 사람은 누구든지) **사악한 발람의 제자들이다.**

이 구절에서는 두 부류의 본성이 비교되고 있다. 한쪽은 이스라엘의 조상 아브라함으로, 열 가지 시험을 이겨내고 온 세상에서 하나님의 이름이 영광을 받도록 한 '선'의 전형이다. 다른 한 쪽은 악한 발람으로, 이스라엘 민족을 저주하려 하였으며, 발락에게 악한 조언을 하여 끔찍한 역병을 몰고 온 인물이다.

그렇다면 이 구절에서는 왜 이 두 사람을 놓고 비교하지 않고, 대신 두 인물의 제자들을 비교 대상으로 하고 있는 것인가? 메츠리치의 막기드인 랍비 도브 베르[R' Dov Ber, the Maggid of Mezritch]와 디노프의 랍비 츠비 엘리멜렉([R' Tzvi Elimelech of Dinov], 브네이 잇사트카르[Bnei Yissas'char]의 저자)은 발람과 아브라함은 겉으로 보기에는 큰 차이가 없으므로 뛰어난 통찰력을 가진 사람만이 두 사람의 차이를 알 수 있기 때문이라고 했다.

발람 역시도 평범한 사람은 아니었다. 현자들은 말하기를 발람의 선지자로서의 능력은 이스라엘 민족 중에서도 걸출하였던 모세에 비견되었다고 한다(자격이 없음에도 그에게 이러한 능력이 주어진 이유에 대해 현자들은 "열방 나라들이 '우리에게도 모세와 같은 선지자가 있었더라면 거룩하시고 찬양받아 마땅하신 주님을 우리도 섬겼으리라'고 외치지 못하게 하려 함이라"라고 설명한다[바미드바르 라바 Bamidbar Rabbah 14:20]).

발람은 위선으로 가득한 사람이었기 때문에, "내가 능히 여호와 내 하나님의 말씀을 어겨 덜하거나 더하지 못하겠노라"(민 22:18)고 말했으며, 또 "여호와께서 내 입에 주신 말씀을 내가 어찌 말하지 아니할 수 있으리이까"(민 23:12)라고 말했다. 이스라엘을 저주하러 가는 길에 하나님의 천사를 마주하고서는 "내가 범죄하였나이다 당신이 나를 막으려고 길에 서신 줄을 내가 알지 못하였나이다 당신이 이를 기뻐하지 아니하시면 나는 돌아가겠나이다"(민 22:34)라고 말하기도 했다. 일반 사람들에게는 정결한 것과 부정한 것을, 아브라함과 발람을 구분하는 일이 쉽지 않으므로, 이 둘을 정확히 구분하길 원한다면 먼저 그들의 제자들을 보아야 한다는 가르침을 이 구절은 전해주고 있는 것이다.

모든 기질을 담는 세 기질

이 구절은 겉으로 보기에는 불필요한 것으로 보이는 표현으로 시작된다. '(다음의) 세 가지 (성질)를 가진 사람은 누구든지 우리 조상 아브라함의 제자들 가운데 한 사람이다. 다른 세 가지는(반대되는 성질을 가진 사람은 누구든지) 사악한 발람의 제자들이다'. 사실 이 구절은 단순히 선한 눈과 겸손한 영, 온화한 영혼을 가진 사람은 아브라함의 제자들이며, 그 반대는 발람의 제자들이 가지고 있다'라고 표현해도 무방하다.

라베이누 요나는 모든 선한 성질을 포괄하는 아브라함의 세 가지 선한 기질뿐만 아니라 모든 악한 기질을 포괄하는 발람의 세 가지 악한 기질을 강조하기 위하여 이런 구조가 선택되었다고 설명하고 있다.

아브라함의 길을 따르는 자와 발람의 길을 따르는 자 사이에 세 가지 차이점만 있는 것은 아니다. 그러나 이 구절은 아브라함의 세 가지 선한 기질을 모두 가진 사람이라면 다른 기질들도 온전해질 것임을 가르치고 있으며, 그 반대의 경우도 마찬가지임을 가르치고 있는 것이다.

뿐만 아니라 이 구절은 세 가지 기질을 따로 나누어서 설명하고 있는데, 이는 두 번째 기질과 세 번째 기질(겸손한 영과 온화한 영혼)이 서로 비슷한 것이기 때문에 이들을 하나로 여기는 실수를 범할 수 있기 때문이다. 영(히브리어로 '루아흐')과 본성(히브리어로 '네페쉬')은 이스라엘 민족을 구성하는 두 요소이다(세 번째 요소는 경건의 영인 '느샤마'이다).

티페레트 이스라엘은 '영'이란 자긍심, 명예, 부끄러움 등과 같은 비물리적인 기질을 뜻하는 반면 '본성'은 물질적 욕망과 지상의 성질에 대응하는 것이라고 말하고 있다.

선한 눈, 겸손한 영, 온화한 영혼을 소유한 자들은
우리의 조상 아브라함의 제자들(이 가진 것) 가운데 한 사람이다.

우리의 조상 아브라함의 제자들은 선한 눈(가진 것으로 만족함), 겸손한 영, 그리고 온화한 영혼(육체적 욕망에 잠식되지 아니함)으로 인하여 복을 받는다.

선한 눈을 가진 사람은 작은 것으로도 만족할 줄 안다. 지금 손에 쥐고 있는 것으로 행복을 누릴 줄 알며 다른 사람의 성공을 기뻐한다. 우리의 조상 아브라함의 삶 어디에서 이런 성질을 발견할 수 있는가?

이방 왕들과의 전쟁에서 승리한 후 포로들과 전리품을 가지고 개선할 때(창세기 14장), 아브라함은 왕들에게 포로로 잡혔던 소돔 사람들을 풀어주고 그들을 집으로 돌려보냈다. 당시 전쟁 법에 따르면 전쟁의 승자는 개인적으로 위기를 무릅쓰고 전투에 참전한 것이기 때문에, 아브라함이 노획한 것들은 모두 아브라함의 것이었다. 그럼에도 불구하고 소돔의 왕이 "사람들은 나에게 돌려주시고, 물건은 그대가 가지시오"라며 포로들을 송환해줄 것을 요청하자, 아브라함은 "하늘과 땅을 지으신 가장 높으신 주 하나님께, 나의 손을 들어서 맹세합니다. 그대의 것은 실오라기 하나나 신발 끈 하나라도 가지지 않겠습니다"라고 대답하였는데, 이는 소돔의 왕이 '소돔의 왕 덕분에 아브라함이 부자가 되었다'고는 절대로 말할 수 없도록 하기 위함이었다. 아브라함은 다른 사람을 통해 부자가 되고자 하지 않았다. 대신, 하나님께서 그를 부유하게 해주실 것임을 믿고 있었던 것이다.

마하랄은 선한 눈이라는 기질을 칭송하며 말하길 선한 눈은 인생에서 가장 유용한 성격이라고 했다. "선한 눈은 사람으로 하여금 더욱 선한 인생을 살아가도록 하는데, 이는 긍정적인 시각이 평생의 동반자가 될 수 있기 때문이다. 부유한 사람과 위대한 사람을 보고 다른 이들의 장점을 보는 매 순간마다 이들을 긍정적인 태도로 바라보게 된다. 그러므로 이 기질은 그 모든 다른 선한 기질보다 더 오래도록 남아 있을 것인데, 이는 (다른 기질들은)끊임없이 유지할 수 없는 반면, 선한 눈이라는 기질을 가진 사람은 한 번의 깜박임으로도 (다른 사람들을)긍정적으로 바라보기 때문이다"(데레크 하하임[Derech Hachaim] 2:9).

선한 눈 – 세 족장들의 기질

식후 기도문에는 "너그러우신 주님이 (우리를)축복하시기를…(중략)주님이 우리의 조상 아브라함, 이삭, 야곱이 하는 일마다, 그 모든 것으로, 그 모두를 축복하심과 같이 우리도 축복하시리라"는 문장이 삽입되어 있다. 그러나 이 세상의 물질적 축복을 받는 것, 그것이 우리 이스라엘의 열망이라는 것인가? '하는 일마다, 그 모든 것으로, 그 모두를'이라는 구절은 분명히 그런 의미는 아닐 것이다.

이 기도문의 의미는 우리의 조상들이 축복받음과 같이 우리도 하나님의 축복을 받고자 한다는 표현이다.

아브라함은 '하는 모든 일마다' 축복을 받았다. 성경은 "여호와께서 그에게 범사에 복을 주셨더라"(창 24:1)고 기록하고 있다. 이삭은 '그 모든 것으로' 복을 받았다. 기록된 바 "네가 오기 전에 내가 다 먹고 그를 위하여 축복하였은즉 그가 반드시 복을 받을 것이니라"(창 27:33)고 했다. 또 야곱은 '모두' 축복받았다. 기록된 바 "하나님이 내게 은혜를 베푸셨고 내 소유도 족하오니 청하건데 내가 형님께 드리는 예물을 받으소서"(창 33:11, 직역)라고 한 것과 같다.

그러나 여전히 의문은 남는다. 하나님께 이런 끊임없는 물질의 축복을 간구하는 것이 맞는 일인가? 하지만 이 말씀들의 문맥을 보면 그 안에 숨겨진 예상치 못한 배경을 알 수 있게 된다. 토라는 아브라함이 아내 사라를 장사지내고 돌아온 직후와 일생을 떠돌며 10가지 시험을 거치고 난 후에 하나님으로부터 '하는 일마다' 복을 받았다고 기록한다. 그러나 토라에서, 수많은 고난과 역경을 거치고 아내마저 잃은 사람이 하는 일마다 복을 받았다고 말할 수 있는가?

토라는 우리에게 아브라함이 그가 받은 모든 것에서 축복을 '느꼈다'고 말하고 있다. "내 평생에 선하심과 인자하심이 반드시 나를 따르리니 내가 여호와의 집에 영원히 살리로다"(시 23:6). 마찬가지로 이삭도 나이가 들어 눈이 어두워질 때에 에서에게 자신이 모든 것을 가졌음을, 즉 부족함이 없음을 말하였다.

야곱은 죽음을 무릅쓰고 형 에서를 만나러 갈 준비를 하며, 수많은 가축들을 선물로 먼저 보냈다. 야곱과 에서가 마침내 만나게 되었는데, 그 때의 대화는 다음과 같다.

에서는 "내가 오는 길에 만난 가축 떼는 모두 웬 것이냐?"고 물었고, 야곱은 "형님께 은혜를 입고 싶어서, 가지고 온 것입니다"라고 답하였다.

"아우야, 나는 넉넉하다. 너의 것은 네가 가져라" 에서가 답하자, 야곱이 이렇게 말했다.

"아닙니다, 형님, 형님께서 저를 좋게 보신다면, 제가 드리는 이 선물을 받아 주십시오…(중략), 하나님이 저에게 은혜를 베푸시므로, 제가 모든 것을 가지게 되었습니다."

에서는 "나는 넉넉하다"라고 말하며 아직 더 가질 수 있음을 에둘러 표현하였고, 실제로 야곱의 선물을 주저하지 않고 받아들이기도 하였다. 그러나 야곱은 "제가 모든 것을 가지게 되었습니다"라고 말하며, 필요한 '모든 것'을 가지고 있음을 표현하였다. 이는 물질적인 소유가 아닌, 내적인 만족을 의미한다.

바로 우리가 하나님께 '하는 일마다, 그 모든 것으로, 그 모두를' 축복해달라고 간구하는 이유가 이것이다. 즉, 이 기도문을 통해 우리는 하나님께 우리가 만족하는 기질을 얻기를, 가진 것으로 만족할 수 있기를 간구하는 것이다.

겸손한 영

아브라함의 인생에서 겸손한 영을 발견할 수 있는가?

하나님께서 아브라함에게 소돔과 고모라를 멸망시키실 것을 말씀하실 때, 우리의 조상이자 이스라엘 민족의 선한 마음을 세운 아브라함은 그들을 변호했다. 소돔의 멸망은 도덕적 승리로서, 아브라함이 지나온 선함이라는 길이 옳은 것이었음을 증명하는 일이었다. 그러나 아브라함은 겸손하게 소돔을 위하여 기도하며, 자신의 경건함에 자만하지 아니하고 "나는 티끌이나 재와 같사오나 감히 주께 아뢰나이다"(창 18:27)라며 하나님께 먼저 사과하였다.

온화한 영혼

우리의 조상 아브라함에게서 이 기질을 발견할 수 있는가?

온화한 영혼을 가진 사람은 자신의 악한 본성을 능히 이겨낼 수 있다. 물질적 욕망을 탐내지 않고 살기 위해 필요한 것이 아니라면 바라지 않는다. 아브라함은 물질적 욕망에서 한참 멀리 떨어진 사람이었는데, 이는 기근으로 인해 사라와 함께 이집트로 떠날 때에 잘 드러났다. 아브라함은 파라오가 권력으로 사라를 빼앗을 것을 두려워하였는데(실제로 그 두려움은 현실이 되었다), 그 때 아브라함은 아내 사라에게 이렇게 말했다. "내가 알기에 그대는 아리따운 여인이라"(창 12:11). 여기서 '내가 알기에'라는 말은 그가 새로운 무언가를 깨달았다는 것을 나타낸다. 즉, 그제서야 사라의 아름다움을 깨달았다는 것으로(바바 바트라[Bava Basra] 16a), 이는 아브라함이 위험에 처했을 때에야 아내의 아름다움을 신경쓰기 시작했다는 것을 보여주고 있다.

결혼한 지 수십 년이 지난 후에도 아이가 없자 사라는 하갈을 집으로 들여오며 아브라함에게 말했다. "보십시오, 주님께서 나에게 아이를 가지지 못하게 하시니, 당신은 나의 여종과 동침하십시오. 하갈의 몸을 빌려서, 집안의 대를 이어갈 수 있기를 바랍니다." 즉 자신은 더 이상 아이를 가질 수 없으므로, 하갈과 아브라함이 아이를 만들어 자신을 세워주기를 바란 것이다. 토라는 말하기를 그 때 "아브람이 사래의 말을 들으니라"(창 16:2)고 하였다.

이후 하갈의 아들 이스마엘이 이삭을 조롱할 때, 사라는 아브라함에게 "이 종과 그 아들을 내쫓으라"(창 21:10)고 했는데, 토라는 이에 대해 "아브라함이 보기에 이는 매우 악하였다"고 기록하고 있다. 그러나 오직 "그 아들도 자기 아들이므로"(창 21:11) 그렇게 생각했던 것뿐이었다. 아브라함은 욕망에 괘념치 않는 사람이었으므로 첩을 떠나보내는 것은 별로 신경 쓰지 않았다. 즉 개인의 안위는 그에게 별로 중요치 않았다. 아브라함이 걱정한 것은 통탄해 마지않을 이스마엘의 영적 상태뿐이었다. 아브라함은 물질의 눈으로 인생을 보지 않았다. 그에게 인생의 목적이란 하나님을 섬기고 영적으로 성장하는 것이었다.

악한 눈, 오만한 영, 절제하지 않는 본성을 소유한 자들은 악한 빌람의 제자들(이 가진 것) 가운데 한 사람이다.

아브라함의 제자들과 발람의 제자들의 차이는 에덴 동산과 게힌놈의 차이만큼 크다. 악한 눈이란 다른 사람의 행복을 시기하고 남의 것을 차지하기를 원하는 것이며, 자기가 가진 것을 만족하지 못하는 것이다. 그렇다면 발람이 이러한 성품을 가졌다는 것을 어떻게 알 수 있을까?

발락이 사자를 보내어 발람으로 하여금 이스라엘을 저주하도록 하였을 때, 발람 선지자는 하나님의 명령대로 그들을 다시 돌려보냈다. 사자들이 많은 보상을 약속하자 발람은 이렇게 말했다. "발락이 그 집에 가득한 은금을 내게 줄지라도 내가 능히 여호와 내 하나님의 말씀을 어겨 덜하거나 더하지 못하겠노라"(민 22:18). 사자들이 무엇을 준다고 말하기도

전에 발람은 미리 금과 은을 이야기하였는데, 이는 그가 사실 원하던 것을 입 밖으로 내지는 않았음을 보여준다. 즉 자기가 생각하고 있던 보상, 자기가 원하던 것을 이런 식으로 에둘러 표현한 것이다.

오만한 영

'오만한 영'은 교만을 뜻한다. 이처럼 오만한 영을 가진 사람은 다른 사람을 깔아보며 거칠고 거만한 태도로 행동한다. 이러한 모습을 발람에게서 찾을 수 있는가?

발락이 처음으로 사자를 보낼 때에 하나님께서는 발람이 그들과 함께 가기를 허락하지 아니하셨으므로, 빌람은 처음에는 "너희는 너희의 땅으로 돌아가라 여호와께서 내가 너희와 함께 가기를 허락하지 아니하시느니라"(민 22:13)라고 대답했다. 그러나 발락은 발람을 잘 아는 사람이었기 때문에, 자신의 요청을 거절한 이유도 꿰고 있었다. 바로 충분한 명예를 얻지 못하기 때문이었다. 그러므로 "발락이 다시 그들보다 더 높은 고관들을 더 많이"(민 22:15) 보냈다.

그 후 하나님께서 발람에게 저주 대신 축복의 축복을 이스라엘에게 내리도록 하시자, 발람은 긴 예언으로 축복을 끝냈다. 그의 예언은 "브올의 아들 발람이 말하며 눈을 감던 자가 말하며"(민 24:15)로 시작하는데, 탈굼은 '눈을 뜬 사람'을 '잘 보는 사람'으로 번역하고 있다. 사람은 무언가 자세히 볼 때에는 한쪽 눈을 감는다. 발람의 예언은 계속 이어진다. "하나님의 말씀을 듣는 자가 말하며 지극히 높으신 자의 지식을 아는 자, 전능자의 환상을 보는 자, 엎드려서 눈을 뜬 자가 말하기를." 즉, 말 그대로 그는 하나님과 같이 본다고 말한 것이다.

하시디즘 운동의 아버지라고 불리 우는 네시츠의 랍비 모르드개[R' Mordechai of Neshchiz]는 사람이 한쪽 눈으로 더 잘 볼 수 있으면서 왜 하나님께서는 사람의 눈을 두 개나 창조하셨는지 자문했다. 이에 그는 스스로 대답하기를, 곧 사람은 한쪽 눈으로는 "너희는 눈을 들어 누가 이 모든 것을 창조하였나 보라"(사 40:26)고 함과 같이 하나님의 위대함을 보기 위한 것이요, 다른 한쪽 눈은 하나님 앞에서 자신이 얼마나 낮은지, 얼마나 불완전한지, 얼마나 미천한지를 보기 위한 것이라고 했다.

발람은 자신이 '눈을 감았던 자'라고 하였다. 실제로 발람은 한쪽 눈으로 하나님의 영광을 보았다. 그러나 다른 한쪽 눈은 뜨지 못하였으므로 자신의 부족함은 볼 수 없었다. 그는 '환상으로 전능자를' 보는 사람이었으나, 정작 자기 자신의 부족함은 볼 수 없는 사람이었다.

절제하지 않는 본성

절제하지 않는 영은 세상 그 모든 것을 가져도 만족할 줄 모른다. 채워지면 채워질수록 더 많은 것을 원하고, 더 많은 것을 먹고자 하며, 더 많은 것을 바란다. 발람에게 있는 것은 바로 이러한 영이었다. 마치 며칠은 굶주린 사람처럼 육신의 기쁨을 탐했다. 그러므로 이스라엘 백성들이 죄를 범하도록 할 방법을 발락에게 조언할 때에 자연스럽게 자신의 본성이 드러나고 만 것이다. 즉 모압과 미디안의 여인들로 이스라엘 남자들을 유혹하여 우상을 섬기도록 유도한 것이었다(산헤드린[Sanhedrin] 106a). 또 실제로 "그 백성이 모압 여자들과 음행하기를 시작하니라…이스라엘이 바알브올에게 가담한지라 여호와께서 이스라엘에게 진노하시니라"(민 25:1,3). 그 결과로 24,000명의 이스라엘 사람들이 죽었다.

그러므로 이 구절에서 '피 흘리기를 좋아하고, 속이기를 좋아하는 자'는 바로 이처럼 끔찍한 조언을 건넨 발람이라고 할 수 있을 것이다. 코츠니츠의 막기드[Maggid of Kozhnitz]는 먼저 선한 눈을 얻어 하나님의 위대하심과 선하심을 깨달으면 하나님 앞에서 자신이 얼마나 작은 존재인지를 깨닫고 겸손해진다고 했다. 그 후에야 절제하는 본성을 얻고 하나님께 드리는 예배가 언제나 부족함을 느끼게 된다는 것이다.

우리의 조상 아브라함의 제자들과 악한 빌람의 제자들은 어떤 차이가 있는가?

지혜로운 자와 교양 없는 자의 기질을 설명하는 이전 구절의 구조와 같이, 이 구절이 단순히 아브라함의 제자들이 가지는 기질을 나열하고 '그 반대가 발람의 제자들의 것이다'라고 하지 않는 이유는 무엇인가? 위의 구절은 사람을 이 편 아니면 저 편으로 구분한다. 즉, 중간이 없기 때문에 단순한 구조를 취하는 것이 가능하다. 그러나 이 구절은 대치구조가 아닌 기질과 특성 그 자체를 설명함으로써 중간 단계도 있음을 암시하고 있는 것이다. 즉 대다수의 사람들은 아브라함의 제자도, 발람의 제자도 아니며, 어느 정도는 선한 기질을 가지고 있을 수도, 아니면 선한 본성이나 악한 본성을 모두 가지고 있지 않을 수도 있다는 것이다.

모든 사람은 아브라함의 제자가 되기 위하여 노력해야 한다. 그러나 아브라함의 제자가 되지 못한다면, 최소한 발람의 제자는 되지 말아야 한다.

> **우리의 조상 아브라함의 제자들은
> 이 세상에서 보상을 받고 올 세상을 물려받는다.
> 기록된 바, "이는 나를 사랑하는 자가 재물을 얻어서
> 그 곳간에 채우게 하려 함이니라"(잠 8:21)고 함과 같다.**

이 구절은 아브라함의 제자들을 '나(하나님)를 사랑하는 사람'으로 표현하고 있는데, 이는 '나의 사랑하는 아브라함'(사 41:8)이라는 표현에서도 나타나고 있다.

그렇다면 하나님께서는 주님을 사랑하는 사람들에게 '주실 것'은 무엇인가? 어떤 해석에 따르면 하나님께서 주시는 것은 바로 영원한 세계, 즉 장차 올 세상이다. 반대로 우리는 이를 이 세계, 물리적인 세계로 해석할 수도 있다. 지금 우리가 만질 수 있는 세상은 바로 이 세상이다.

세 번째 해석에 따르면 이 구절은 창조를 뜻한다. 하나님께서는 주님께서 창조하신 모든 것을 주님을 사랑하는 자에게 주셔서 주님을 사랑하는 자들이 이 세상에서 과실을 먹고 올 세상을 물려받는다고 말씀하셨다.

탈무드의 마지막 구절(우크찐[Uktzin] 3:12)은 다음과 같이 가르친다. 후에 찬양받아 마땅하신 거룩하신 주님께서 모든 의인들에게 310개의 세계를 주실 것이다. 기록된 바 "나를 사랑하는 자가 재물을 얻어서(ש [예쉬]), 그 곳간에 채우게 하려 함이니라"(잠 8:21)고 했다. 예쉬의 숫자 값은 310이다. 장차 올 세상에서 하나님께서는 모든 의인들에게 이 세상에서 누리는 것과는 비교할 수 없이 큰 기쁨과 평안을 310번이나 주실 것이다.

다수의 주석가들은 장차 올 세상의 보상이 영원한 것이므로, 310번이나 축복을 주신다는 것이 어떤 의미가 있는지에 대해 의문을 가졌다.

티페레트 이스라엘은 아버지의 이름으로 가르치기를 계명의 수는 총

613가지에 랍비의 전통[10] 7가지를 더하여 총 620가지인데, 이는 '왕관'이라는 뜻의 히브리어 '케세르'의 단어가 가지는 수와 같다고 하였다. 사람은 하나님의 도우심이 없이는 계명을 실천할 수 없다. 그러므로 620가지의 계명을 실천하는 사람이 있다면, 바로 하나님과 함께 하는 사람이라고 할 수 있다. 그가 실천한 620가지의 계명 중 반은 하나님의 것이요, 반(310개의 세계)은 그의 것이므로, 이것이 그의 보상이라는 것이다.

> **그러나 사악한 빌람의 제자들은 게힌놈을 물려받고 파멸의 웅덩이로 내려갈 것이다.**
> **기록된 바, "하나님이여 주께서 그들로 파멸의 웅덩이에 빠지게 하시리이다 피를 흘리게 하며 속이는 자들은 그들의 날의 반도 살지 못할 것이나 나는 주를 의지하리이다"(시 55:23)라 함과 같도다.**

이 구절은 빌람의 제자들이 게힌놈을 물려받고 파괴의 구덩이로 내려갈 것이라고 가르친다. 아브라함의 제자들이 이 세상에서 보상을 받고 장차 올 세상에서도 복을 받듯이, 빌람의 제자들도 이 세상에서 게힌놈으로 징벌을 받고 장차 올 세상에서도 파괴의 구덩이로 징벌을 받을 것이다.

이 구절은 이런 사람, 즉 빌람의 제자들의 인생을 게힌놈으로 표현하고 있는데 이는 그 인생이 스스로 불러온 고통과 비통함으로 가득하기 때문이다. 이들의 타락한 기질(악한 눈, 오만한 영, 절제하지 않는 본성)은 각각 현자들이 피르케이 아보트 4장 28절에서 '이 세상에서 제하여지며' 자기 삶을 파괴하는 것이라고 가르친 질투, 탐욕, 명예욕과 연결된다.

---

[10] 랍비들의 저술은 수없이 많으나 원전은 일곱 가지 뿐이다.

빌람은 어떻게 죽었는가?

성경은 "(그들이)브올의 아들 발람을 칼로 죽였더라"(민 31:8)라고 기록하고 있다. 이를 보고 현자들은 발람이 발락에게 조언을 하여 24,000명의 이스라엘 백성들이 죽은 것을 보고 그 보상을 요구하러 갔다가 죽임을 당하였다고 했다. 이스라엘 백성들이 미디안과 전쟁을 하던 중에 발락에게 가다가 잡혀서 죽임을 당하였다는 것이다.

현자들이 전하는 랍비 하니나[R' Chaninah]의 이야기가 있다. 한 이단자가 랍비 하니나에게 물었다. "발람이 죽을 때 나이가 얼마나 되었는지 아시오?" 이에 랍비 하니나는 이렇게 답하였다. "성경에 기록되지는 않았습니다. 다만 추정할 수는 있지요. 말씀은 '피 흘리기를 좋아하고, 속이기를 좋아하는 자들은 자기 목숨의 절반도 살지 못하게 될 것'이라고 하였는데, 이는 발람을 뜻합니다. 성경에 '우리의 연수가 칠십이요 강건하면 팔십이라'(시 90:10)라 함과 같이, 사람은 보통 칠십 세까지 삽니다. 그러므로 발람은 서른 다섯까지 살지 못하고, 서른 셋이나 서른 넷의 나이에 죽었을 것입니다."

이에 이단자는 이렇게 답하였다. "좋은 대답이군요. 사실 제게는 발람의 책이 있었는데, 거기에는 그가 비느하스에게 죽을 때 그 나이가 서른 셋이라고 기록되어 있었으므로, 당신을 시험하고 싶었습니다"(산헤드린[Sanhedrin] 106a-b).

모든 것은 선을 위하여

이 구절은 '나는 주를 의지하리이다'라는 말씀으로 끝을 맺는다. 티페레트 이스라엘은 말하기를, 다윗 왕은 이 세상에서 그 모든 기쁨을 누리지 못할 때에도 하나님을 의지하였을 뿐만 아니라 하나님께서 하신 모든 것은 다 선한 것을 위하여 하신 일임을 알았으므로, 자신이 마주한 상황과는 상관없이 언제나 이 세상에서 기쁜 것만을 발견했다고 했다.

비뚤어진 눈으로 쾌락만을 추구하는 눈을 가진 사람에게는 아픔과 절망만이 찾아올 뿐이다. 그러나 자기가 가진 것과 다른 사람의 기쁨을 보고 기뻐하는 사람에게는 그 어떤 상황에서도 평안이 찾아올 것이며, 낙담하거나 절망하는 일이 없을 것이다.

미쉬나 23절　　　　　　　　　משנה כג

יְהוּדָה בֶן תֵּימָא אוֹמֵר,
הֱוֵי עַז כַּנָּמֵר, וְקַל כַּנֶּשֶׁר, וְרָץ כַּצְּבִי, וְגִבּוֹר כָּאֲרִי
לַעֲשׂוֹת רְצוֹן אָבִיךְ שֶׁבַּשָּׁמָיִם.

예후다 벤 테이마는 말한다.
표범과 같이 담대하고, 독수리와 같이 민첩하고,
사슴과 같이 재빠르고, 사자와 같이 강하게 되어라.
이는 천국에 계신 너희 아버지의 뜻을 실천하기 위함이다.

미쉬나 23절

예후다 벤 테이마는 말한다

랍비 예후다 벤 테이마[R' Yehudah ben Teima]의 이름은 바라이사스[Baraisas]에 여러 번 언급되지만, 미쉬나에서는 단 한 번만 나타나고 있다. 랍비 예후다 벤 테이마와 그의 동료들은 구전 토라에 정평한 것으로 널리 알려졌으며(에이루빈[Eiruvin] 17a), 그들의 뛰어난 능력으로 그 세대를 지지하는 버팀목이 되어 주었다. 현자들은 랍비 예후다 벤 테이마와 그의 동료 랍비들이 600에서 700가지가량의 미쉬나의 원리(Orders of Mishnah, 그 중 여섯 원리는 오늘날까지 남아있다)에 통달했다고 알려졌다. 600가지의 원리를 알고 있었다 하더라도, 뛰어난 지식을 가지고 있었음은 분명하다.

랍비 예후다 벤 테이마는 아보트 데랍비 노손([Avos DeRabbi Nosson], 41:11)에서 인용되고 있는데, 이 구절에서 그는 '하늘나라를 사랑하라…(중략) 네가 친우에게 작은 것이라도 악한 것을 저지르거든 이를 크게 여기라. 네가 친구에게 큰 사랑을 베풀더라도 이를 작게 여기라. 네 친우가 네게 조금의 사랑을 베풀면 이를 크게 여기라. 또 네 친우가 네게 큰 악한 일을 저지르거든 이를 작은 것으로 여기라'고 가르쳤다.

랍비 예후다 벤 테이마가 어느 시대에 살았는지는 분명치 않다. 그러나 그의 이름에는 '랍비'라는 호칭이 들어가지 않으므로, 그가 초기 연대에 살았던 인물임은 확실한 것으로 보인다. 탄나임의 첫 번째 세대 인물에게는 '랍비'라는 호칭이 붙지 않는데, 이는 랍비라는 말로도 그들의 위대함을 표현할 수 없기 때문이다.

랍비 예후다 벤 테이마는 열 순교자들 중 한 명인 랍비 예후다 벤 다마[R' Yehudah ben Dama]의 이명, 즉 다른 이름이라고 하기도 한다. 로마 황제가 아직도 자신을 처형당하도록 내버려두는 하나님을 믿느냐고 묻자, 그는 당당하게 '그렇소'라고 답하였고, 그 '대담함'에 놀란 나머지 화난 군인들에게 특별히 잔인하게 처형을 당하였다고 한다.

> **표범과 같이 담대하고, 독수리와 같이 민첩하고,**
> **사슴과 같이 재빠르고, 사자와 같이 강하게 되어라.**

크라카우의 랍비 노손 샤피라[R' Nosson SHapira of Cracow]는 메갈레 아므코트[Megaleh Amukos]에서 랍비 예후다의 아버지의 이름, 즉 테이마(히브리어 '벤'은 ~의 아들을 뜻한다 – 역자 주)가 유대교의 네 가지 중심인 토라, 경외(이라), 계명(미츠바), 사랑(아하바)의 첫 글자를 딴 것이라고 주장하였다.

표범과 같이 강한 의지는 바로 토라와 대응한다. 현자들에 따르면 "이스라엘에게는 강한 의지가 있었으므로 토라가 이스라엘에 주어졌다"(베이짜[Beitzah] 25b)라고 했다. 이스라엘은 강인하고, 물러서지 않았으며, 포기하지도 않았다. 그렇다면 표범이 강한 의지와 결부되는 이유는 무엇인가? 성경에서 그 이유를 찾을 수 있을 것이다. "수풀에서 나오는 사자가 그들을 죽이며 사막의 이리가 그들을 멸하며 표범이 성읍들을 엿본즉 그리로 나오는 자마다 찢기리니 이는 그들의 허물이 많고 반역이 심함이니이다"(렘 5:6). 사자는 치고 찢으며, 늑대는 빼앗고 달아난다. 그러나 표범은 앉아서 먹이를 지켜본다. 두려움에 물러서지도 않고, 작은 먹이에 정신이 팔리지도 않으며, 그저 앉아서 참으며 기다릴 뿐이다(메이라 네시브[Meiri Nesiv]).

'독수리와 같이 민첩하고'라는 구절은 하나님의 사랑에 대응한다. 독수리는 다른 새들보다 더 높이난다. 새끼를 사랑하기 때문에 새끼가 아직 연약할 때에는 옮길 때에 발톱을 세우지 않지만, 등으로는 "화살이 내 자녀를 뚫느니 차라리 내가 화살에 맞으리라"(메힐타[Mechilta] 19, 탄후마[Tanchuma], 에이케이브[Eikev] 2)는 마음으로 새끼들을 지킨다. 이스라엘 백성들이 이집트를 탈출할 때에도 하나님께서는 이렇게 이스라엘을 일으키셨다. "내가 어떻게 독수리 날개로 너희를 업어 내게로 인도하였음을 너희가 보았느니라"(출 19:4). 미드라쉬에 따르면 이 구절은 이집트 사람들이 활을 쏘고 돌을 던질 때에 구름이 그들을 삼켰음을 뜻한다.

또 모세 역시 하나님께서 "마치 독수리가 자기의 보금자리를 어지럽게 하며 자기의 새끼 위에 너풀거리며 그의 날개를 펴서 새끼를 받으며 그의 날개 위에 그것을 업는 것 같이"(신 32:11) 이스라엘을 돌보셨다고 가르쳤다. 라쉬는 설명하기를 하나님께서 "(이스라엘 백성들을)독수리와 같은 사랑과 애정으로 인도하셨다"고 하였다.

'사슴과 같이 재빠르게'라는 구절은 계명을 실천하는 것과 대응한다. 사람은 계명을 향해 달려가야 한다. 기록된 바 '그들이 주님을 앞서갔다'라 함과 같다(베라호트[Berachos] 6b, 라쉬[Rashi]와 로쉬[Rosh] 참고). 재빠른 사슴과 같이 이스라엘 백성들은 '달음박질하여도 곤비하지 아니하겠고 걸어가도 피곤하지 아니하리로다'(사 40:31). 이스라엘 백성들은 "지키기 힘겨운 계명을 쉬운 계명처럼 실천하기 위해 달려 나아갔다"(4:2).

마지막으로 '사자와 같이 강하게'라는 구절은 하나님을 경외하는 것을 나타낸다. 사자는 다른 동물들에게는 두려움의 대상이다. "그가(유다가) 엎드리고 웅크림이 수사자 같고 암사자 같으니 누가 그를 범할 수 있으랴"(창 49:9). 또 아모스 선지자는 말하기를 "사자가 부르짖은즉 누가 두려워하지 아니하겠느냐"(암 3:8)라고 말했다.

사자를 뜻하는 히브리어 단어인 '아르예'[aryeh]를 재배열하면 '이라'[yirah], 즉 두려움이 되며, '강한'이라는 뜻의 히브리어 '게브라'[gevurah]와 그 수가 동일한 것 역시 기억해야 할 것이다.

이는 천국에 계신 너희 아버지의 뜻을 실천하기 위함이다.

다수의 주석가들은 이 구절에 언급된 성품들이 무조건 긍정적인 것만은 아니라고 했다. 표범의 경우, 히브리어 '강한 의지'(오즈)는 '자만'을 뜻하는 말이기도 하다. 실제로 뒤에서 우리는 '오즈'한 자, 즉 '자만스러운 사람'이 게힌놈에 들어갈 것이라는 가르침을 배우게 될 것이다. 이스라엘 민족의 특징은 너그러움, 겸손, 그리고 친절이다(에바모트[Yevamos] 79a). 또 겸손은 표범의 자만스러운 '강한 의지'와 반대되는 것이다.

사슴의 재빠름 역시 부주의함, 피상적인 이해, 경솔한 행동을 나타낼 수 있다. 독수리의 '빠름'은 히브리어로 '칼'[kal]인데, 이는 '경솔한', 즉 참을성 없고 부주의한 사람을 뜻하는 말이기도 하다. 마지막으로 사자는 (표범과 마찬가지로)무자비함을 나타낸다(호 13:7-8 참고). 강한 힘은 이스라엘 민족의 영혼에 새겨진 너그러움과 정반대의 성격이다.

이런 부정적인 의미들을 어떻게 생각해야 하는가? 그 답은 '목적'에서 찾을 수 있을 것이다. 즉 이 구절에서 언급하는 네 가지 성질의 가치는 그 목적, '하늘나라에 계신 네 아버지의 뜻을 행하는 것'에 달려 있다는 것을 이 말씀이 암시하고 있다는 것이다.

람밤이 서두에서 말한 대로, 성질은 그 자체로는 선하거나 악한 것이 아니다. 좋은 것처럼 보이는 성질도 과도하면 나쁜 것이 될 수도 있다. 자만을 포함해서, 모든 성질은 적절하게 사용될 때에 긍정적인 본질을 드러낸다. 바로 히브리어에서 '성질'을 뜻하는 히브리어 '미도스'가 문자 그대로는 '치수'를 뜻하는 이유이다. 즉 사람이란 자신의 행동을 언제나 '측량해야 한다'는 것이다.

그러므로 랍비 야아코브 벤 아셰르[R' Yaakov ben Asher]는 아르바 투림[Arba'ah Turim]을 시작할 때 이 네 가지 성질을 언급하며 가르치기를, 겉으로는 부정적으로 보이는 성질과 능력까지도 모두 사용하여 하나님을 섬겨야 한다고 했다.

이전 구절에서는 우리의 조상 아브라함의 제자들(그리고 아브라함 본인)의 세 가지 선한 성품에 대하여 다루었다. 이 구절에서는 우리의 조상 아브라함이 보여준 네 가지의 또 다른 긍정적인 성품을 보여주고 있다고 할 수 있으며, 이 네 가지의 성품 역시 하나님의 종으로서 반드시 필요한 요소라고 할 수 있다. 그러나 이전 구절에서 다루던 성질들과는 달리, 이 구절에서 언급하고 있는 성품들은 하나님을 섬기는 데에 사용될 때, 즉 '하늘나라에 계신 아버지 하나님의 뜻을' 행하기 위해 사용될 때에만 선하다고 볼 수 있다.

목이 뻣뻣한 사람들

이스라엘 백성들을 변호하며 모세는 다음과 같이 말하였다. "주여 내가 주께 은총을 입었거든 원하건대 주는 우리와 동행하옵소서 이는 목이 뻣뻣한 백성이니이다 우리의 악과 죄를 사하시고 우리를 주의 기업으로 삼으소서"(출 34:9) 그러나 이 말씀은 '이 백성이 고집이 세기 때문에 주님께서 우리 가운데 함께 하시기를 바랍니다'라고 해석할 수도 있을 것이다. 다르게 표현하자면, 목이 **뻣뻣한**(고집 센) 성질도 선한 것으로 여길 수 있다는 것이다. 613가지의 율법을 이스라엘이 아니면 그 어떤 나라가 감히 감당할 수 있을까? 어느 누가 세상의 방식과 세상의 신앙, 세상의 흐름에 맞설 수 있는가? 그 누가 끊임없는 핍박을 견딜 수 있을까? 우리가 '고집이 세므로' 주님께서 우리 가운데 '함께' 하신다는, 믿음은 우리의 신앙을 뒷받침하고 우리가 토라를 더욱 붙잡게 하는 힘이 된다.

아브라함의 강한 의지를 기업으로 하여 우리는 오늘날 민족을 이루어 살게 되었다. 우상을 부수고 이방 문화를 거부하며 살아온 사람은 그 당시에 단 한 명, 아브라함 한 명 뿐이었다. 비록 볼 수는 없지만, 희미하였지만, 아브라함은 분명히 하나님을 알았다. 주위 사람들은 그를 하'이브리(Ha'ivri), 즉 비정상적으로 사람들과 섞이지 못하는 자라고 조롱했으며, 그의 표범과 같은 강한 의지로 인해 아브라함을 불에 던지기도 하였다. 이런 점에서 슐칸 아루흐[Shulchan Aruch]에서 레마의 첫 주석은 다음과 같은 찬양으로 시작한다. '하나님께 드리는 예배를 조롱하는 사람들에게 수치를 당하지 말라.' 강한 의지를 가지고 이겨내라는 가르침이다.

악한 본성을 이겨내는 네 가지 방법

미드라쉬 슈무엘은 이 구절의 네 가지 이미지를 악한 본성을 이겨내는 네 가지 방법과 연결하고 있다. 첫째, 사람은 악한 본성을 정복하고 그 압박을 견뎌내기 위해 표범과 같은 강한 의지를 가져야 한다. 유혹에 굴복해서는 안 되며, 다음과 같은 "너는 전략으로"(잠 24:6) 싸워야 한다.

또 독수리와 같이 빠르게 육체의 소욕에서 일어나, 물리 세계로부터 날아올라야 한다. 그 영혼은 독수리와 같이 날개를 펼쳐 악한 본성으로부터 달아나야 한다. 그 다음, 사슴과 같이 재빠르게 선을 실천해야 한다. 또 유혹이 따라오지 못하도록 사슴과 같이 재빠르게 달려야 한다. 하나님을 섬기는 사람은 수시로 뒤를 돌아보며 악한 본성이 자신의 뒤를 쫓고 있는지를 확인해야 하는 것이다. 계명을 실천할 때라 하더라도 그 동기가 순수한지 계속 확인하여야 한다. "항상 여호와를 경외하는 자는 복되거니와"(잠 28:14)라고 함과 같다. 마지막으로, 악한 본성을 아직 이겨내지 못했다면 사자와 같이 강한 힘으로 유혹을 이겨내어야 할 것이다.

높이 오르기 위한 네 가지 성질

다수의 초기 주석가들은 이 구절이 하나님을 예배하는 방법을 가르치는 것이라고 해석했다. 표범과 같은 강한 의지란, 모욕과 조롱의 화살을 견뎌야 함을 뜻하며, 악한 길에서 돌아서고 악한 사람들로부터의 영향을 거부해야 한다는 것을 뜻한다. 더 나아가 '선을 행하라'는 부르심을 받을 때에는 주저하는 마음과 거절을 두려워하는 마음을 이겨내야 한다. 마지막으로 다른 사람의 악행을 꾸짖을 때에도 이러한 성질, 즉 강한 의지가 필요하다.

독수리처럼 빠르게 악한 것으로부터, 유혹으로부터 달아나야 한다. 독수리는 하늘 높이 날며 자신의 목표 외에는 아무것도 상관치 않는다. 사슴과 같이 재빠르게 선을 실천할 때에는 피곤함을 느끼지 않을 것이다. 끊임없이 선행을 위해 달려 나가야 한다. 하나님의 명령을 실천할 기회를 얻으면 빠르게, 열과 성을 다하여 이를 실천해야 한다. 힘들게 계명을 실천한 대가를 얻을 수 있을 것이라고 생각할지도 모른다. 그러나 지칠 때까지 선을 행하고, 계명을 실천한 사람이라면 그 가치를 의식할 정신도 없을 것이다(하시드 야베쯔[Chasid Yaavetz]).

'사자와 같이 강하게'라는 구절은 마음에 대한 말씀이다. 하나님의 계명을 실천할 때에는 오직 하늘나라의 뜻을 이루겠다는 단 하나의 의도만을 가지고 있어야 한다는 것이다.

마겐 아보트[Magen Avos]에서 라쉬바쯔는 이 구절이 토라를 배우는 것에 대한 말씀이라고 해석했다. 즉 사람은 표범과 같이 강한 의지로 질문하는 데에 부끄러움을 가지지 말아야 한다. 다른 사람이 토라를 잘 알고 있는 데에 질투를 느껴야 하며, 독수리와 같이 빠르게 그 높이로 올라서야 한다. 사슴과 같이 재빠르게 공부에 매진하여 자신의 수준을 높여야 하며, 사자와 같이 강하게 약점과 게으름, 산만함을 이겨내야 한다.

네 가지 계명

바그다드의 랍비 요셉 하임[R' Yosef Chaim of Baghdad]는 더 나아가 네 가지 종류의 계명이 있으며, 각각 다른 종류의 용기가 필요하다고 했다. 첫 번째 종류의 계명은 우리가 그 이유를 잘 모르는 계명들이다. 붉은 소(샤트네츠)의 계명, 카쉬루스의 율법(킬라임)과 같은 것들이 이에 해당한다. 이런 계명을 실천할 때도 표범과 같은 강한 의지로 실천하며 주위의 조롱을 이겨내어야 한다.

두 번째 종류의 계명은 우리가 그 이유를 잘 아는 계명이지만 반드시 지켜야만 한다고 생각이 들지는 않는 계명들이다. 예를 들면 초막에 앉아 있어야 한다는 계명이 있다. 분명히 이 계명을 지키는 이유는 우리도 잘 알고 있다. '내가(하나님) 이스라엘 자손을 이집트 땅에서 인도하여 낼 때에, 그들을 초막에서 살게 한 것을 알게' 하시려는 것이다. 그러나 사실 이 계명이 우리의 것이라고 느껴지지는 않는 것이 사실이다. 이런 종류의 계명들은 우리의 단편적인 이해의 영역과 제한된 사고의 너머에 있는 것이다. 그러므로 하나님의 생각을 알 수 있도록 우리의 생각이 독수리와 같이 빠르게 저 하늘로 올라가야 할 것이다.

세 번째 부류의 계명은 그 이유도 분명하며, 마음으로도 받아들일 만한 계명들로, 부모를 공경하라거나 살인하지 말라, 남의 것을 빼앗지 말라는 계명들이 이에 해당한다. 사슴과 같이 재빠르게 우리는 이런 계명들을 올바르게, 마음을 다하여 실천해야 한다.

네 번째 부류의 계명은 그 이유를 우리가 알 수 없지만 본능적으로 받아들이는 계명들이다. 살아 있는 생물의 팔을 뜯는 일이나 근친상간과 같은 일에 본능적으로 역겨움을 느끼는 것 등이 이에 해당한다. 단순히 혐오감 때문에 이런 일들을 거부하는 것으로는 부족하다. 그보다 사자와 같은 힘으로, 하나님께서 명령하신 것을 실천한다는 사실을 알고 이를 적극적으로 거부해야 한다.

인생의 네 단계

네시보트 샬롬[Nesivos Shalom]의 저자인 랍비 샬롬 노아 프레초프스키[R' Shalom Noach Brezovsky]는 자신만의 독특한 방식으로 이 구절에 접근하고 있다. 즉 이 구절에서 말하는 네 가지 성질은 인생의 네 단계에 대응한다는 것이다.

표범과 같은 강한 의지란 사람의 어린 시절에 대응한다. 어릴 적에는 감각이 예민하고 욕구도 왕성하며, 영이 맑고 호기심이 넘친다. 느껴지는 것이 있다면 무엇이든지 보아야 하고, 경험해야 직성이 풀리며, 모든 일에 흥미를 느낀다. 악한 본성이 폭풍같이 밀려올 때에도 이를 경험하려 달려든다. 그러므로 젊은 사람은 표범과 같이 강한 의지로 악한 본성과의 싸움을 이겨내야 하는 것이다.

'독수리같이 빠른'이라는 구절은 신혼을 뜻한다. 뿌리를 내리고 가정의 기반을 세우는 단계가 바로 신혼이다. 젊은 부부는 집과 가구 등을 얻기 위해 모든 신경을 쏟으므로 물질주의에 빠져들 위험이 크다. 인생의 가장 귀하고 아름다운 때에 진흙과 벽돌에 갇혀 물질의 노예가 되고 마는 것이다. 그러므로 이 구절은 신혼부부에게 이 땅에 매어 있지 말고 독수리처럼 하늘 높이 날아오를 것을 권면하고 있는 것이다. 물리 세계를 초월하고, 이 땅의 것을 영원한 것으로 여기지 말며 하늘을 집으로 삼고 위를 바라보며 살라는 것이다.

다음 단계는 자리를 잡은 중년의 때로, 원하는 가정을 꾸리고 삶이 안정된 시기에 접어드는 단계이다. 자녀들도 결혼하여 각자 조용하고 평화로운 가정을 꾸리는 단계이다. 이 구절은 이런 사람에게 '사슴과 같이 재빠를 것'을, 즉 쉬지 말 것을 가르친다. 인생에서 맞이한 평안한 때를 토라를 배우고, 학당에서 다프 요미(daf yomi, 구전 토라와 그 주석을 매일 배울 수 있도록 한 교재 – 역자 주)를 배우는 등 의미 있는 목표를 이루는 데에 활용하라는 것이다. 인생이 평안할 때에, 기도를 하러 달려가고, 남을 도우러 달려가라. 그저 앉아 있기만 하지 말라.

네 번째 단계는 노년의 단계로, 더 이상 오래 걷기 힘들며 필요한 일들을 하기조차 버거워지는 나이이다. 무언가 하려고 해도 쉽게 지치고 마는 나이이다. 이런 노년의 사람들에게 이 구절은 '사자와 같이 강해질' 것을 가르치고 있다. 내면의 힘을 키워 육체의 나약함을 이겨낼 것을 가르치고 있는 것이다. 분명히 힘든 일이지만, 지체할 수만은 없는 일이다.

미쉬나 24절   משנה כד

הוּא הָיָה אוֹמֵר, עַז פָּנִים לְגֵיהִנָּם,
וּבֹשֶׁת פָּנִים לְגַן עֵדֶן.
יְהִי רָצוֹן מִלְּפָנֶיךָ יי אֱלֹהֵינוּ וֵאלֹהֵי אֲבוֹתֵינוּ שֶׁיִּבָּנֶה
בֵּית הַמִּקְדָּשׁ בִּמְהֵרָה בְיָמֵינוּ וְתֵן חֶלְקֵנוּ בְּתוֹרָתֶךָ:

그는 말하곤 했다.
교만한 사람은 게힌놈에 갈 것이나
겸손한 [사람은] 에덴 동산에 갈 것이다.
여호와 우리의 하나님이시며
우리 조상의 하나님이시여
우리의 세대에 속히 성전이 재건되고
당신의 토라에 있는 우리의 몫을
우리에게 주는 것이 당신의 뜻이 되게 하소서.

미쉬나 24절

그는 말하곤 했다.
교만한 사람은 게힌놈에 갈 것이니

현자들(베이짜[Beitzah] 25b)은 뻔뻔함이라는 성질이 얼마나 위험한 것인지 우리에게 알려주고 있다. 이스라엘은 본성이 교만하기 때문에 토라가 이스라엘에게 주어졌으며, 토라를 배우기 위해서는 이런 성질과 끊임없이 싸워 교만을 미덕으로 변화시켜야 한다.

메이리는 교만이 미끄러운 비탈길과 같다고 했다. 교만한 사람은 개인적으로 지켜야 하는 계명들을 거부하는 것부터 시작한다. 사람들에게 꾸짖음을 받으면 겸손하게 답하나 정작 마음속에서는 분노를 키우고, 결국 그 삶이 토라의 길에서 완전히 돌아설 때까지 이를 반복한다.

현자들이 전하는 이야기에 따르면, 어느 날 한 제자가 자신만만한 표정으로 랍비 엘리에셀, 랍비 여호수아, 랍비 아키바를 지나쳤는데, 랍비들은 그 제자의 태도를 지적하는 말을 나누었다. 그리고 그 지적은 현실이 되었다. 교만을 대놓고 보이는 그 제자의 얼굴에서 내면의 부정함을 볼 수 있었던 랍비들의 추측은 옳은 것이었다(칼라[Kallah] 2).

티페레트 이스라엘은 강한 의지와 오만함의 차이를 구분하고 있다. 사람이란 자신의 악한 본성을 극복하기 위하여 표범과 같이 강한 의지를 굳혀야 하는 것이다. 그러나 이런 강한 의지를 남들에게 함부로 보이면 안 된다. 특히, 자신보다 더 높은 사람에게 보여서는 안 될 것이다.

겸손한 사람은 에덴 동산에 갈 것이다

이스라엘 백성들은 십계명 중 처음 두 계명을 하나님으로부터 직접들은 후에 모세에게 자신들을 대신하여 다른 계명들을 들어 달라고 부탁했다. 하나님의 말씀을 직접 듣는다는 경험 자체가 그들에게는 너무나 버거웠기 때문이었다(출 20:19). 하나님께서는 그들의 요구를 들어주셨다. 그러나 주님께서는 이스라엘 백성들이 감히 주님의 목소리를 직접 들을 수 없다는 것을 아시면서도 그들에게 왜 직접 말씀하려 하셨던 것인가? 바로 주님께서는 이스라엘 백성들이 자신의 죄를 알고 이를 부끄러워하기를 원하시는 마음에 직접 이스라엘과 대화를 나누려 하셨던 것이다. 기록된 바 "주님을 두려워함이 그 얼굴에 나타나 죄를 짓지 않도록"(출 20:20, 직역) 하기 위한 것이라고 했다. 즉 "겸손이 죄를 두려워하는 태도로 이어짐을 가르친 것"(네다림[Nedarim] 20a)이다.

이스라엘 백성들은 시내산에서 이런 모습을 배우고 '사람이 겸손한 얼굴을 하지 않으면 그 선조들이 시내산에 서지 못한 줄을 알 것이다'라고 한 것과 같다. 쉽게 부끄러움을 느끼고 겸손한 사람은 함부로 죄를 짓지 않을 것이다(ibid. 20a). 실수로 죄를 짓더라도 부끄러운 마음에 금방 회개를 하게 될 것이다.

랍비 요하난 벤 자카이가 중병을 앓고 있을 때에 그의 제자들이 찾아왔는데, 랍비 요하난이 울고 있는 모습을 보고 놀라 말하였다. "선생님, 왜 울고 계십니까?" 랍비 요하난은 이에 (힘을 잃을 수도, 칙령도 뒤집을 수 있는)인간의 왕이 내리는 심판을 마주한 사람도 두려움에 떨거늘, 무시할 수도, 뒤집을 수도, 뇌물로 회유할 수도 없는 전능하신 주님의 심판을 마주한 사람은 얼마나 큰 두려움에 몸서리치겠느냐며 답했다. 그 뿐만 아니라 "내 앞에는 두 길이 있다. 하나는 에덴 동산으로 가는 길이고, 또 하나는 게힌놈으로 가는 길이다. 두 길이 어디로 이어지는 줄은 모른다. 그 누가 울지 않을 수 있겠는가?"

스승이 세상을 떠날 때가 가까워짐을 안 제자들은 랍비 요하난에게 축복을 내려줄 것을 청하였다. 그러자 그가 이렇게 축복하였다. "너희는 사람을 두려워하는 만큼 하나님을 두려워할 것이다."

"그게 끝입니까?" 제자들이 물었다.

그러자 랍비 요하난이 이렇게 답하였다. "사람은 죄의 유혹을 받을 때에는 아무도 자기를 보지 않기를 바란다." 즉 남들이 자신을 볼 때에야 사람은 죄를 지을 때에 부끄러움을 느낀다는 것이다. 그러나 주위에 아무도 없을 때조차 사람은 부끄러움을 느껴야만 한다. 하나님께서는 모든 것을 지켜보시기 때문이다.

교만과 부끄러움

아니폴리의 랍비 쥬샤[R' Zusha of Anipoli]는 '교만한 사람은 게힌놈에 갈 것'이라는 가르침에 대한 의지가 너무 강해서 게힌놈에 가야 마땅한 악한 사람에게도 흔들리지 않을 것 같은 사람에게 하나님께서 더욱 강한 사람을 보내신다는 뜻이다. 즉 도덕적으로 게힌놈과 같은 환경을 만들어주심으로 그를 악한 사람에게 붙여주신다는 것이다.

반면 '겸손한 [사람은] 에덴 동산에 갈 것'이라는 말씀은 약해서 쉽게 흔들리는 사람은 악한 영향으로부터 반드시 멀어져야 한다는 가르침이다. 이런 사람은 선하고 의로운 사람들이 가득한 '에덴 동산'으로 피신해야 한다.

> **여호와 우리의 하나님이시며 우리 조상의 하나님이시여 우리의 세대에 속히 성전이 재건되고 당신의 토라에 있는 우리의 몫을 우리에게 주는 것이 당신의 뜻이 되게 하소서.**

이 기도문이 피르케이 아보트의 이 구절의 뒷부분에 첨부된 이유는 무엇인가? 바로 이 구절이 원래는 한 권의 마지막이었으며, 이 기도가 한 권을 마무리하는 뉘앙스로 끝나기 때문이다. 그렇다면 특별히 이 기도문이 삽입된 이유는 무엇인가?

람밤은 설명하기를 이 구절이 하나님께서 이스라엘 백성들에게 값없이 선물로 주신 겸손이라는 성품을 찬양한 후 "우리 주 하나님과 우리 선조들의 하나님께서 겸손이라는 이 성품을 이스라엘에게 주신 것처럼, 성전을 우리의 세대에 빠르게 세우실 것이다"라고 기도하는 것이라고 하였다.

다른 주석가들은 이 기도문과 위 가르침의 관계를 다른 방향으로 해석하고 있다. 현자들은 가르치기를, 메시아가 오시기 전에 교만이 세상에 더 성행할 것이라고 했다(쏘타[Sotah] 49b). '교만한 사람은 게힌놈에 갈 것'이라는 이 구절의 가르침은 '교만한 사람을 게힌놈에 보내주십시오'(메시아가 오실 때에 성행하는 교만으로부터 우리를 지켜주시고, 교만이 넘치는 시대에

'성전을 빠르게 세워주십시오')라는 기도문으로도 읽을 수 있다.

"[주님의 뜻으로]주님의 토라에 있는 우리의 몫을 우리에게 남기실 것이다." 이 구절은 '그러나 교만을 피할 수 없으며, 교만이 우리의 마음속으로 들어오거든, 토라를 배우고 또 지키는 데에 더욱 마음을 쓰도록 해 주십시오'라는 기도문으로 읽을 수 있을 것이다.

미쉬나 25절   משנה כה

הוּא הוּא הָיָה אוֹמֵר,
בֶּן חָמֵשׁ שָׁנִים לַמִּקְרָא, בֶּן עֶשֶׂר לַמִּשְׁנָה,
בֶּן שְׁלֹשׁ עֶשְׂרֵה לַמִּצְוֹת, בֶּן חֲמֵשׁ עֶשְׂרֵה לַגְּמָרָא,
בֶּן שְׁמוֹנֶה עֶשְׂרֵה לַחֻפָּה, בֶּן עֶשְׂרִים לִרְדּוֹף,
בֶּן שְׁלֹשִׁים לַכֹּחַ, בֶּן אַרְבָּעִים לַבִּינָה,
בֶּן חֲמִשִּׁים לָעֵצָה, בֶּן שִׁשִּׁים לַזִּקְנָה,
בֶּן שִׁבְעִים לַשֵּׂיבָה, בֶּן שְׁמוֹנִים לַגְּבוּרָה,
בֶּן תִּשְׁעִים לָשׁוּחַ,
בֶּן מֵאָה כְּאִלּוּ מֵת וְעָבַר וּבָטֵל מִן הָעוֹלָם:

그는 말하곤 했다.
다섯 살에 이르면 사람은 성경공부를 시작하고,
열 살에 이르면 미쉬나 공부를 시작하고,
열세 살에 이르면 사람은 계명을 지킬 의무를 지게 되고,
열다섯 살에 이르면 사람은 게마라 공부를 시작하고,
열여덟 살에 이르면 사람은 혼기에 이르러 결혼을 하고,
스무 살에 이르면 사람은 [생계를] 책임지기 시작하고,
서른 살에 이르면 사람은 온전한 힘을 얻고,
마흔 살에 이르면 사람은 이해력을 얻고,
쉰 살에 이르면 사람은 상담을 하고,
예순 살에 이르면 사람은 선임자의 특권을 얻고,
일흔 살에 이르면 사람은 무르익은 나이를 갖게 되고,
여든 살에 이르면 사람은 힘을 보여주고,
아흔 살에 이르면 사람은 굽어짐에 이르게 되고,
백 살에 이르면 사람은 마치 죽은 것과 같고 사라져서
세상에서 끝나게 된다.

미쉬나 25절

그는 말하곤 했다

이 구절의 저자가 누구인지에 대해서는 세 가지 설이 있다. 첫 번째는 이전 구절의 저자인 랍비 예후다 벤 테이마라의 주장이다. 그러나 위에 언급된 대로 위 구절은 원리 피르케이 아보트의 마지막 부분이었기 때문에, 이 구절과 다음 구절은 부록으로 첨부된 것이다. 따라서 랍비 예후다 벤 테이마가 이 구절을 쓴 탄나는 아닌 것이 명백하다.

두 번째 주장은 이 구절의 저자가 슈무엘 하카탄[Shmuel Hakatan]이라는 것이다. 이러한 주장은 이 구절을 슈무엘 하카탄의 것으로 돌리는 피르케이 아보트 버전에 의해 지지받고 있다(메이리[Meiri]).

세 번째 견해는 이 구절의 저자가 벤 헤이헤이[Ben Hei-Hei]이며, 원래 이 구절이 피르케이 아보트의 마지막 부분이고, 오늘날 벤 헤이헤이가 기록한 것으로 알려진 오늘날 피르케이 아보트의 마지막 구절의 다음에 위치한다는 주장이다. 그러나 토사포스 욤 토브는 '마치 죽은 것과 같고 사라져서 세상에서 끝나게 된다.'라는 슬픈 구절로 피르케이 아보트를 끝내는 것이 이치에 맞지 않다는 이유로 이러한 주장을 거부하고 있다.

그러나 이제부터 볼 수 있듯이 이 구절은 그렇게 슬프고 절망적인 내용은 아니다.

기도만으로는 하나님을 섬기기에 부족하다

이 구절은 시간의 가치가 얼마나 소중한지를 가르치고 있다. 오늘 하지 않는 일이 내일은 이루어질 것이라고 말할 사람은 없을 것이다. 오늘은 오늘 할 일이 있으며, 내일은 내일의 할 일이 있다. 낭비하기에는 시간은 너무나 소중하다.

이전 구절에서는 온 힘을 다해 하나님의 뜻을 실천하라고 권면하였다면, 이 구절에서는 그 방법을 알려주고 있다. 인생의 각 단계마다 각자의 목적과 역할이 있다. 그 단계를 뛰어넘을 수는 없다. "때에 맞는 말이 얼마나 아름다운고"(잠 15:23)라고 한 것과 같다.

이 두 구절의 주제는 서로 연결되어 있다. 이전 구절은 기도로 끝맺고 있다. 때문에 경건한 토라의 학자가 되기 위해서는 기도만으로 충분하다고 생각할 수도 있다. 그러나 전혀 아니다. 행동 역시 뒤따라와야 하는 것이다(밀레이 아보트[Millei Avos]).

다섯 살에 이르면 사람은 성경공부를 시작하고

이 구절은 다섯 살의 어린이, 즉 네 살 생일을 지난 어린이에 대한 가르침이다(마겐 아보트[Magen Avos]). 사람은 아주 어릴 적부터 토라가 얼마나 중요한지를 배우게 된다. "자녀를 언제부터 가르쳐야 하는가? 바로 말을 할 수 있을 때부터이다. 기록된 바 '모세가 우리에게 율법을 명령하였으니 곧 야곱의 총회의 기업이로다'(신 33:4)라고 함과 같으며, 또 슈마

(ibid. 6:4)의 첫 구절에 이르는 바와 같다"(요레 데아[Yoreh Deah], 힐[Hil]. 멜람딤[Melamdim] 245:5).

또한 "세 살이 되자마자 우리는 토라의 말씀을 가르쳐 토라를 배우는 습관을 몸으로 익히도록 한다"(레마[Rema]). 네다섯 살이 되면 음절과 단어를 읽을 수 있도록 알파벳을 배우게 된다. 그러므로 다섯 살이 되면 기록된 토라를 읽을 수 있게 된다. 어린 소년은 사과나무와 같다. 오를라의 계명에 의해(Orlah, 처음 삼 년은 나무의 열매를 먹지 말라는 계명 – 역자 주) 처음 삼 년은 나무의 열매를 먹을 수 없다. 마찬가지로 어린이에게 무언가 대단한 것을 바랄 수는 없는 일이다.

네 살은 네타 레바이[neta revai]에 들어간 나무와 같다. 하나님께 감사를 표하기 위해 그 열매는 예루살렘으로 보내진다. 마찬가지로 아이는 네 살이 되면 기초를 배우기 시작한다. 다섯 살이 되면 그 열매를 먹을 수 있다. 그 때에야 배움의 성취가 열매를 맺는다고 볼 수 있으며, 이제 본격적으로 토라를 배울 준비가 된 것이라고 볼 수 있다.

이 구절과는 반대로 현자들은 다른 곳에서는 여섯 살 아래로는 제자를 받아서는 안 된다고 했다(아보다 자라[Avodah Zarah] 50a). 토사포트[Tosafos, v'asfi]는 네 살 아이가 배우기를 거부하면 화내지 말고 달래야 하지만, 여섯 살이 되어서도 배우기를 거부한다면 강제로라도 배우게 해야 한다고 가르치며 이 두 가르침의 타협점을 찾고 있다.

또 현자들은 가르치기를, 토라를 배우는 풍조가 사라지던 때 여호수아 벤 감라[Yehoshua ben Gamla]는 교사들을 세워 여섯 살부터 일곱 살 아이들에게 토라를 가르치도록 했다고 한다(바바 바스라[Bava Basra] 21a). 토사포트(K'ven)의 말에 따르면 교사들은 건강한 아이들은 여섯 살부터, 몸이 약한 아이들은 일곱 살 때부터 토라를 가르쳤다고 한다.

열 살에 이르면 미쉬나 공부를 시작하고

다섯 살이 되어 기록된 토라를 배운 후 열 살이 되면 미쉬나를 배우기 시작한다. 현자들이 전하는 바에 따르면 웃사[Usha]의 랍비들은 열두 살 이전의 아이에게는 배움을 강요하지 말고 잘 달래도록 하였다고 했으며, 만일 열두 살이 넘어서도 배움을 거부하면, 강제로라도 미쉬나를 배우도록 했다고 한다.

빌나 가온은 구전 토라를 배우기 전에 기록된 토라를 모두 배워야 한다고 했다(빌라 가온[Vilna Gaon]의 슐한 아루흐[Shulchan Aruch], 오라흐 하임[Orach Chaim] 주석 서론). 마하랄[Maharal], 람할[Ramchal], 히다[Chida] 등 다른 현자들도 같은 견해를 보이고 있다. 그러나 열 살이 넘어서는 기록된 토라를 배울 수 없다는 것은 아니다. 그보다는 기록된 토라를 더욱 깊이 이해하기 위하여 열 살부터 미쉬나를 배운다고 보는 것이 더욱 정확할 것이다.

마하랄은 "모든 것은 미쉬나라는 토대 위에 세워진다"(구르 아르예[Gur Aryeh])라고 했다. 또 거룩한 셸라[Holy Shelah]라고도 하는 랍비 예슈아 호로비츠[R' Yeshayah Horowitz]는 다음과 같이 가르쳤다. "모든 미쉬나를 배우라, 미쉬나와 그 주제에 통달한 사람은 그 얼마나 행복한 사람인가, 미쉬나에 통달한 사람은 게힌놈에 들어가지 않는다는 전통이 있다. [미쉬나를 배우는 것이]꼭 그리 힘든 일인 것만은 아니다. 그러므로 이를 몸에 새겨…(중략) 매일 조금의 장이라도 읽고 이를 평생 하라"(버리트 아보트[Bris Avos]).

5년인 이유

이 구절에서 나타나는 인생의 단계를 5년으로 구분하신 이유는 무엇인가?

    현자들은 레위인들의 배우는 방식에서 이런 가르침을 얻었다. 레위인들은 스물다섯이 되는 해에 5년 동안 성전 예배를 위한 교육을 받았다. 그러므로 어느 지식을 숙달하기 위해서는 5년이라는 시간이 필요하다는 것을 이를 통해 배울 수 있는 것이다.

    이런 원리를 기반으로 현자들은 다음과 같이 선포하였다. "제자가 5년이라는 기간에도 충분한 발전을 보이지 않는다면 앞으로도 발전을 보이지 못할 것이다"(훌린[Chullin] 24a). 따라서 이런 학생은 다른 활동 분야로 이끌어주어야 한다는 것이다.

열다섯 살에 이르면 사람은 게마라 공부를 시작하고

    오 년간 미쉬나를 배운 후에는 열다섯이 되어 탈무드를 배우게 된다. 탈무드는 현자들이 구전 토라에 대하여 나눈 문답을 탈무드 예루샬미[Talmud Yerushalmi]와 탈무드 바블리[Talmud Bavli]에 전통으로 기록한 것이다.

    탈무드 예루샬미에서 예루샬미는 당연히 예루살렘을 뜻하며, 탈무드 바블리는 바벨[Bavel]을 기원으로 한 것이다. 그러나 '바벨'이라는 말은 바빌로니아뿐만 아니라 '혼합'을 뜻하기도 하므로, 탈무드 바블리는 성경 구절, 미쉬나, 게마라서로 합친 것이라고 할 수 있다(산헤드린[Sanhedrin] 24a). 탈무드의 모든 주제는 미쉬나 혹은 바라이사[baraisa]의 가르침을 담고 있으며 게마라의 원리와 해석으로 이어지고, 종종 성경의 말씀을 근거로 하기도 한다.

    현자들은 매일 성문 토라, 미쉬나, 게마라를 돌아가며 배워야 한다고 했다. 토사포트[Toasfos]는 매일 탈무드 바블리를 배우면 된다고 했다(키두쉰[Kiddushin] 30a). 마하랄은 토라를 배우는 것을 건물을 세우는 것으로 비유했다. 토라의 모든 이야기가 각자 짜임새 있는 구조로 세워져 있다는 것이다. "(제자가)모든 토라의 위대한 토대이자 강철 기둥인 미쉬나를 배우는 거룩한 일을 끝마치면, 탈무드를 배우는 거룩한 일로 들어가라. 그리하면 그 끝이 하늘나라에까지 이르러 돌로도 감히 무너뜨릴 수 없는 탑을 세우게 되리라"(구르 아르예[Gur Aryeh]).

미드라쉬 슈무엘은 성경보다 미쉬나가 더 배우기 어려우며, 게마라가 미쉬나보다 더 배우기 어렵다고 했다. 그렇다면 이토록 배움의 난이도가 있는 모든 분야를 각각 5년씩 배우는 이유는 무엇인가? 미드라쉬 슈무엘은 이에 대해 설명하기를 학생의 지적 능력이 성숙해지면서 배움의 수준도 점점 높아져야 하기 때문이라고 했다.

그러나 스무 살의 청년은 (결혼하고 가정을 세우는 것을)'추구함'에 집중해야 하므로 게마라는 5년 이상을 배우도록 되어 있다. 이토록 게마라를 배우는 사이에 생계를 책임지고 아이를 기르는 등 여러 가지 문제들에 온 신경을 집중하게 된다. 현자들이 말한 바 "목에 중요한 일들을 주렁주렁 달고 있으면서 어떻게 토라를 배움에 신경을 쓸 수 있겠는가?"(키두쉰[Kidusshin] 29b)라고 한 것과 같다.

즉, 평생을 배우며 지내는 것은 같으나 집중하는 분야는 다르므로, 온전히 배움에만 집중할 수는 없다는 것이다.

열세 살에 이르면 사람은 계명을 지킬 의무를 지게 되고

열세 살이 되면 자기 행동에 책임을 지고 전통을 지킬 의무를 지는 '성인'으로 여겨진다. 아직 성장이 끝나지 않았으며, 배울 것도 많이 남아 있음에도 성인으로 대우를 받는 것이다.

로쉬[Rosh]라고도 하는 랍비 아셰르 벤 예히엘[R' Asher ben Yechiel]은 바르 미츠바(유대교의 성인식 – 역자 주)의 전통은 시내산에서 모세를 통해 전해진 것이라고 했다(로쉬[Rosh]의 문답서 16:1). 그러나 라쉬는 바르 미츠바 전통의 분명한 근거를 토라에서 인용하고 있다. 토라에서 '사람'을 뜻하는 단어 이쉬[ish]는 계명을 지킬 의무를 가진 사람을 뜻한다. "남자나 여자나 사람들이 범하는 죄를 범하여 여호와께 거역함으로 죄를 지으면"(민 5:6)이라는 구절과 "남자나 여자가 특별한 서원 곧 나실인 서원을 하고..."(민 6:2)와 같은 구절에서 나타나는 것과 같다. 라쉬는 '이쉬'라고 불리는 사람 중 가장 어린 나이가 디나와 세겜의 이야기에서 나타나는데, 바로 열세 살이라고 하였다(나지르[Nazir] 29b).

세겜이 디나를 범한 후 야곱의 아들들 곧 디나의 친오라버니들인 시므온과 레위가, 각 사람이(이쉬) 허벅지에 칼을 들고 성읍으로 쳐들어갔다. 그 때 레위의 나이가 열세 살이었다.[11]

다음의 구절에서도 열세 살 부터는 계명을 지켜야 한다는 내용을 확인할 수 있다. "이(יה, '주'라고 발음함) 백성은 나를 위하여 지었나니 나를 찬송하게 하려 함이니라"(사 43:21). 여기서 단어 '주'의 수는 13인데, 이는 나이가 열세 살이 되면 하나님께 기도하고 주님을 찬양해야 하는 것을 가르친다.

---

[11] 야곱은 레아와 결혼한 후 라반의 집에서 13년을 더 있었는데, 그 동안 그는 7년은 라헬을 위하여 일하고 6년은 자신을 위하여 일하였다. 그 후 야곱은 일 년 반 동안 초막에 살았고 또 길에서 일 년 반을 보냈다. 그러므로 그가 레아와 결혼한 날부터 디나 사건이 일어나기까지 총 15년이 지난 것이다. 레아는 아이들을 7개월 동안 임신하였으므로, 세 번째로 태어난 레위는 결혼한 지 2년 후에 태어났을 것이다. 따라서 디나 사건 당시 레위의 나이는 열세 살이라고 계산할 수 있다.

열여덟 살에 이르면 사람은 혼기에 이르러 결혼을 하고

열여덟 살은 토라의 기본을 모두 배우는 나이이자, 결혼하기 적당한 나이이다. "그는 처녀를 데려다가 아내를 삼을지니"(레 21:13). 이 구절에서 '그'라는 히브리어 단어 '베후'(v'hu)의 수가 18이다. 사람은 열여덟 살이 되면 결혼을 하여 아내를 맞는다. 라쉬바쯔는 마겐 아보트[Magen Avos]에서 동일한 원리의 게마트리아(히브리어의 수를 계산하여 숨겨진 의미를 발견하는 원리 – 역자 주)를 다음의 구절에도 적용하고 있다. "그(해)는 신방에서 나오는 신랑과 같고…"(시 19:5). 즉, 열여덟의 나이는 신혼 방으로 들어가는 나이인 것이다.

토라의 처음 부분에서도 이런 개념이 나타나고 있음을 확인할 수 있다. "이것을 남자에게서 취하였은즉 여자라 부르리라"(창 2:23). 히브리어 '아담'과 '이쉬'는 모두 '사람'을 뜻하는데, 이 단어들은 성경에서 총 열여덟 번 나타나고 있다(라쉬[Rashi]; 토사포트 욤 토브[Toasfos Yom Tov]).

이 구절이 열여덟 살에는 결혼을 해야 한다는 것인지, 아니면 열여덟이 되기 전에 결혼해야 한다는 의미인지에 대해서는 논쟁이 있어왔다(후자는 랍비 아키바 에이제르가 본 구절에 대한 자신의 주석에서 밝힌 견해). 그러나 현재는 결혼적령기가 미뤄졌는데, 이는 결혼 전에는 토라를 어느 정도까지는 충분히 숙달해야 하기 때문이다(키두쉰[Kiddushin] 29b, 람밤[Rambam], 이슈트[Ishus] 15, 슐한 아루흐 이븐 하'에제르[Shulchan Aruch Even Ha'ezer] 1:3 참고).

스무 살에 이르면 사람은 [생계를] 책임지기 시작하고

이 구절은 스무 살의 나이는 '책임'을 져야 한다고 했다. 그렇다면 무엇을 책임져야 한다는 것인가?

어떤 해석에 의하면 '책임'이란 이전 단계의 연장선이다. 결혼할 나이인 열여덟 살이 지나서도 결혼을 하지 않는다면, 스무 살에는 더 이상 지체하지 말고 '아내를' 구해야(찾아야)한다는 것이다(메이리[Meiri]). 현자들은 말하길 "스무 살이 되기까지 찬양받아 마땅하신 거룩하신 주님은 앉아서 그가 신부를 맞이하기를 기다리신다. 스무 살이 되어서도 신부를 맞이하지 않는다면 주님께서는 '그 뼈가 부어오를 것이다!'라고 말씀하신다"(키두쉰[Kiddushin] 29b). 스무 살의 나이는 악한 본성이 너무나 강하므로 죄스러운 상상에 빠져들 위험이 크다. 이 나이에도 결혼을 하지 않은 사람은 죄로부터 그를 지켜줄 '토라도, 벽도' 없는 것이다(예바모트[Yevamos] 62b).

이 구절에 대한 또 다른 해석에 따르면 스무 살의 나이에는 배움을 추구해야 한다. 다섯 살 때부터 쌓아온 지식을 잊지 않도록 이제는 다시 배우고 복습해야 한다는 것이다. 세 번째 해석은 스무 살의 나이를 율법을 추구해야 하는 나이라고 주장한다. 스무 살이 되기까지는 앉아서 배웠다면, 이제는 나가서 행동할 나이라는 것이다. 이전 구절에서는 '사슴과 같이 재빠르게 하늘나라에 계시는 아버지 [하나님]의 뜻을 실천하라'고 가르쳤다. 즉 앉아서 기다리지만 말고 이제는 일어나서 배운 계명들을 실천하라는 것이다. "나로 하여금 주의 계명들의 길로 행하게 하소서 내가 이를 즐거워함이니이다"(시 119:35). 우리가 걸어야 할 길은 바로 계명이라는 길이다. 길 위에서 마냥 서있거나 앉아 기다릴 수는 없는 일이다.

대다수의 주석가들이 따르고 있는 견해인 네 번째 해석에 따르면 스무 살은 생계를 추구해야 하는 나이이다. 열여덟 살에 결혼하게 되면 보통 이 나이에 한 아이의 아버지가 되기 때문에, 가족을 부양해야만 한다. 다섯 번째 해석은 바로 마크조르 비트리[Machzor Vitri]의 저자인 랍비 심하[R' Simchah]의 견해로, 스무 살의 나이는 적을 쫓아야(추구해야) 하는 나이이다. 성경은 열여덟 살에 결혼하면 2년간 군대에 들어갈 수 없다고 하고 있다. "사람이 새로이 아내를 맞이하였으면 그를 군대로 내보내지 말 것이요"(신 24:5). 결혼한 지 2년이 지난 후에야 "이십 세 이상으로 싸움에 나갈 만한 모든 자"(민 1:3)가 되는 것이다.

바르테누라의 랍비 오바디야의 해석에 따르면 이 구절에서 '책임지다'라는 말은 하늘나라에서 죄인을 벌하려 쫓아간다는 뜻이라고 했다. 열세 살부터는 자기 행동에 책임을 져야 하는 것이 맞지만, 하늘나라의 법정에서 죄인을 징벌하기 시작하는 나이는 스무 살부터라는 것이다. 스무 살이 되어서도 죄를 회개하지 않으면 스무 살이 되기 전에 지었던 잘못된 행실들까지 모두 더하여 징벌을 받게 될 것이다.

서른 살에 이르면 사람은 온전한 힘을 얻고

서른 살은 신체능력이 가장 왕성하고 활발한 나이이다. 그러므로 성경은 "삼십 세 이상으로 오십 세까지 회막의 일을 하기 위하여 그 역사에 참가할 만한 모든 자를 계수하라"(민 4:3)라고 했다. 광야에서 레위인들은 이 나이에 회막에서 섬기기 시작했으며, 성막을 옮기고 설치하는 힘든 육체 노동을 시작했다. 그러므로 이 구절은 서른의 나이에는 하나님을 섬기는 데에 그 왕성한 힘을 쓰라고 권면하고 있는 것이다.

미드라쉬 슈무엘은 이 나이에 이르러 다른 사람들에게 영향력을 미칠 수 있는 영적 수준에 도달하게 된다고 했다. 이 시기가 이르기까지는 다른 사람들부터 배우고 필요한 것들을 추구하는 등 모으고 받아들였다면, 이제는 지금까지 모아온 선한 것들을 남들에게 전해주어야 한다는 것이다. "네 손이 일을 얻는 대로 힘을 다하여 할지어다"(전 9:10).

마흔 살에 이르면 사람은 이해력을 얻고,

마흔 살은 이해하는 나이이다. 라쉬는 이 구절에서 말하는 이해에 "이 것에서 저것을 또 이해하고 전통의 명령을 도출하는 것"까지 포함된다고 했다. 즉 이 구절에서 '이해'란 원전으로부터 전통을 도출하는 능력을 뜻하는 것이다. 이 나이에 이런 수준으로 발전한 사람은 대상을 이해하는 능력을 최대한으로 발휘할 수 있는 것이다.

모세가 이스라엘 백성들에게 말한 내용에서 이러한 개념의 근원을 찾을 수 있다. 광야에서 40년을 지난 후 모세는 "곧 큰 시험과 이적과 큰 기사를 네 눈으로 보았느니라"(신 29:3)고 했다. 그 당시에 무슨 일이 있었는가? 라쉬는 모세가 레위 지파에게 토라 두루마리를 주며 이를 잘 지키도록 했다. 그러나 다른 백성들이 이를 두고 반발하였다. "오늘날 우리는 한 나라를 이루었습니다." 즉 '오늘날 당신은 온전히 성숙해지는 데에까지 이르렀으며 하나님의 나라가 되기에 마땅합니다'라는 말씀인 것이다.[12]

이 이야기를 통해 현자들은 "사십 세가 넘기 전까지는 스승의 생각을 이해할 수 없다"(아보다 자라[Avodah Zarah] 5b)는 가르침을 발견하였다.

---

[12] 토사포스 욤 토브는 말하길 광야에 들어간 가장 어린 사람도 그 때에는 사십 세의 나이가 되었으므로 지혜를 얻기에 충분한 나이가 되었다는 사실을 지적하였다.

쉰 살에 이르면 사람은 상담을 하고

쉰 살은 다른 사람들에게 조언을 할 수 있는 나이이다. 오랜 시간 동안 많은 것을 배우고 많은 것을 겪은 사람으로, 성숙한 정신을 키웠으며 그 감각은 더욱 날카로워지므로 그 풍부한 지식을 다른 사람들과 나눌 수 있는 것이다.

그러므로 오십 세의 나이에 레위인들은 일을 그만두고 "그의 형제와 함께 회막에서 돕는 직무를 지킬 것이요 일하지"(민 8:26) 않았다. 라쉬는 이에 대해 해석하기를 젊은 레위인들에게 조언하고 가르치는 것이라고 했다. 시간과 경험은 지혜의 어머니로, 다른 사람들에게 조언을 할 수 있는 권위가 바로 이 풍부한 시간과 경험에서 나오는 것이다.

랍비 이스라엘 메이리 카간([R' Israel Meir Kagan, Chafetz Chaim]이라고도 함)은 더 나아가 이 구절이 젊은이들에게는 조언을 듣고자 한다면 최소한 오십 세 이상의 스승으로부터 조언을 들어야 한다는 가르침을 전한다고 했다. 그 전에 먼저 나이가 많은 스승들에게는 "이제 오십 세가 되었으므로 다른 사람들에게 조언을 할 능력을 가진 것이다. 그러나 조언을 하기 전에 먼저 자기 자신에 대해 생각하고 악한 본성으로부터 스스로를 지킬 방법을 강구하라"고도 조언하고 있다(토라트 하바이트[Toras Habayis] 86).

베르디체프의 랍비 레위 이삭은 오십 세가 되었을 때에 그와 함께 하시디즘을 연구하던 랍비들이 한 유명한 랍비에게 키두쉬 기도(안식일이나 절기에 포도주에 축복하는 기도 – 역자 주)를 요청하였다. 이에 랍비 이삭은 말하였다. "이 구절은 오십 세가 되어야 조언을 할 수 있다고 하였습니다. 그럼 제가 오늘 당신보다 지혜로운 것입니까? 아니면 작년에도 당신들보다 지혜로웠던 것입니까? 그럼에도 여전히 이 구절의 가르침은 타당합니다. 이것을 이해하기 위해 밤에 숲에서 길을 잃은 사람을 생각해보십시오. 숲을 헤매다가 저 멀리 낡은 옷에 수염과 머리를 기른 남자가 자기 쪽으로 다가오는 것을 보았습니다. 길을 잃은 사내는 그 유령 같은 사람에게 쫓아가 물었습니다. '이 숲을 나가는 길이 어딘지 아시오?'"

그러자 사내가 슬픈 표정으로 답했습니다. "나가는 길을 알았더라면 수개월 전에 나갔겠지요. 하지만 당신을 도와줄 방법이 있기는 합니다. 저는 나가는 길은 알지 못하지만, 위험한 길이 어디인지, 또 죽음의 길이 어디인지는 알고 있습니다. 함께 찾아봅시다."

랍비 레위 이삭은 이 이야기를 이렇게 끝맺었다. "어떤 조언을 드려야 좋을지 모르겠습니다. 하지만 옳지 않은 길이 어디인지, 좋지 않은 길이 어디인지는 잘 알고 있습니다. 피해야 하는 길이 어디인지는 알고 있는 것입니다."

예순 살에 이르면 사람은 선임자의 특권을 얻고

'예순 살에 이르면 사람은 선임자의 특권을 얻는다.' 이 때에 이르면 힘은 약해지기 시작하며, 감각도 이전과 같이 날카롭지 못하다. "네가 장수하다가 무덤에 이르리니 마치 곡식 단을 제 때에 들어 올림 같으니라"(욥 5:26). 이 구절에서 '베케라흐'(b'kelach)의 수가 바로 60이다. 육십 세가 넘어서부터 사람은 육체적으로나 정신적으로나 쇠약해지기 시작한다. 그렇다면 이 구절은 왜 굳이 이러한 사실을 말하고 있는 것인가?

샤레이 테슈바([Shaarrei Teshuvah], 2)에서 라베이누 요나는 이 구절이 우리에게 회개의 중요성을 경고하고 있다고 말하며, 사람들에게 "나이가 들면 마지막을 생각해야 하며, 마지막을 생각하지 않는 자는…(중략) 육체와 욕구의 현상을 버리고 영을 바로잡을 것이며…(중략) 세상을 떠나기까지 수 년이 채 남지 않았을 때에는 이 세상보다는 주님을 경외하는 것에 더욱 집중할 것이며, 그 성품을 바로잡고 토라와 율법을 추구하여야 한다"고 했다.

그러나 '노년'이라는 뜻으로 쓰인 히브리어 '지크나'[ziknah]에는 정 반대의 뜻이 함축되어 있기도 하다. 지크나는 제 카나[zeh kanah]의 합성어로 볼 수 있는데, 이는 '그는(그 사람은) 얻었다'라는 뜻이다. 무언가를 얻었다고 하나 '무엇'을 얻었는지는 말하지 않는다는 것은, 곧 이 문장이 진실된 것을 얻는 것을 나타낸다고 할 수 있다. 그 진실된 것이란, 바로 지혜이다. 현자들이 말한 바 "지식을 얻었다면 더 부족할 것이 없다."(바이크라 라바[Vayikra Rabbah] 1:6)라고 함과 같다. 그러므로 이 구절은 '예순 살은 지혜를 위한 나이이다'라고도 할 수 있을 것이다.

지혜는 사람이 능히 부술 수 없다. 육체는 나이가 들어도 생생하게 남아 있다. 노년의 나이에도 지혜를 얻는 데에는 아무런 문제가 없다. 그렇다면, 나이가 들수록 지혜를 얻고 인생에서 이를 잘 활용할 수 있다는 의미이기 때문에 나이가 드는 것은 마땅히 기뻐할 만한 일인 것이다.

현자들이 전하는 이야기에 따르면, 랍비 요셉은 육십 세가 되었을 때에 다른 현자들을 초대하여 잔치를 열었다고 하였는데, 이는 그가 육십 세가 되어서야 카레스의 징벌(이스라엘로부터 영적으로 퇴출당하는 것 – 역자 주)에서 완전히 자유로움을 얻었기 때문이었다. 이 이야기에 따르면, 육십 세가 넘으면 카레스의 징벌에서 벗어난다는 것인가? 그 이유는 무엇인가?

그렇다. 사람이 육십 세가 되면 자기발전의 사다리를 올라온 것으로, 그 지혜가 그의 사람을 설명해주기 때문이다.

일흔 살에 이르면 사람은 무르익은 나이를 갖게 되고

이 구절에서 사용된 '흰 머리'[세이바]라는 단어는 일반적으로는 나이가 든 사람을 뜻하기도 한다. "백발은 영화의 면류관이라…"(잠 16:31). 또 흰 머리는 왕의 기운을 보여주는 징표이다(이븐 에즈라[Ibn Ezra]).

현자들은 랍비 엘라자르 벤 아자리아[R' Elazar ben Azariah]를 랍반 가말리엘(베라호트[Berachos] 27)을 대신하여 나시(산헤드린의 회장)로 임명하기를 원하여 여러 가지 이유로 그를 찬양했다. '에스라 이후 열 세대 중에서 참 지혜롭고 부유하다.' 그 당시, 랍비 엘라자르의 나이는 열여덟 살이었다. 그의 아내가 엘라자르에게 말하기를 '당신은 흰 머리가 부족합니다'라고 했다. 즉 나시가 될 만큼 충분한 것으로 보이지는 않는다는 것이었다. 그날 밤 기적이 일어나 그의 머리에 열여덟 가닥의 흰 머리가 자라났다고 한다.

다윗 왕은 칠십 세에 세상을 떠났다. 성경은 "그가 나이 많아 늙도록(Seivah) 부하고 존귀를 누리다가 죽으매…"(대상 29:28)라고 말하고 있다. 이를 통해 우리는 '베세이바'가 칠십 세의 나이와 대응한다는 것을 알 수 있다.

토라는 "너는 센 머리 앞에서 일어서고 노인의 얼굴을 공경하며 네 하나님을 경외하라 나는 여호와니라"(레 19:32)고 말하고 있다. 지혜를 얻은 사람은 어리더라도 공경해야 한다. 그러나 현자가 아닐지라도 흰 머리가 생길 정도의 나이가 된 사람은 그를 존경하고 앞에서는 일어서야 한다(키두쉰[Kiddushin] 32b). 수많은 것들을 겪은 사람에게는 그에 마땅한 존경을 표해야 하는 것이다.

'백발이 성성한 어른이 들어오면 일어서고'라는 말씀은 '나이 든 사람 앞에서 일어서고'라고도 번역할 수 있다. 즉 나이가 들기 전에 영적으로 더욱 깊이 하나님을 예배하라(예배하는 마음을 높이라)는 가르침으로 이해할 수도 있다는 것이다(조하르[Zohar]).

여든 살에 이르면 사람은 힘을 보여주고,

이 구절은 '여든 살에 이르면 사람은 힘을 보여주고'라고 말하고 있다. 다른 판본에 따르면 '강건함'은 "우리의 연수가 칠십이요 강건하면 팔십이라"(시 90:10)는 말씀으로부터 나온 것이다. 미드라쉬 슈무엘은 이 구절이 열정의 시기를 지난 팔십의 나이일지라도 자신의 악한 본성과 끊임없이 싸워야 한다는 것이다.

이런 면에서 현자들은 팔십 세까지 대제사장으로 섬긴 요하난의 이야기를 전하고 있다. 매해 대속죄일마다 요하난은 다치지 않고 지성소에서 나왔는데, 이는 그가 완전히 정직한 사람임을 증거하는 것이었다. 그럼에도 불구하고 그 역시 죽기 전에는 악한 본성에 굴복하여 사두개인이 되었다(베라호트[Berachos] 29a). 이는 그 누구도 자기가 악한 유혹의 위협에서 자유로울 것이라고 생각해서는 안 된다는 것을 증명하는 것이다.

이와는 달리 라쉬는 팔십이 '강건함'의 나이라고 불린다는 점을 지적하고 있는데, 그 이유는 사람이 칠십 세가 넘어 팔십 세가 되어서는 자기 힘으로 사는 것이 아니라 하나님께서 주시는 힘으로 살기 때문이라고 했다. 때문에 자기 시간을 유용하게 써야 하는 것이다.

팔십 세가 된 한 이스라엘 노인이 디베랴에 있는 칼리스크의 랍비 아브라함[R' Avraham of Kalisk]에게 찾아가 자기 삶이 너무 어렵다고 하소연하였다. 눈에 띄게 화가 난 그에게 랍비 아브라함은 물었다. "아침마다 테필린을 옷에 다십니까?"

"항상 그렇지요." 노인이 답하자 랍비 아브라함은 답하였다. "팔십 세까지 테필린을 맬 수 있다면 충분히 살 만한 가치가 있습니다."

마찬가지로 빌나 가온은 세상을 떠나기 전 찌찌트를 붙들고 울며 "죽음이 너무 두렵지 않다"고 말하였다. 그러나 그는 "한 가지 아쉬운 것은 있다. 몇 푼으로 시장에서 찌찌트를 살 수 있다. 이 세상에서는 찌찌트를 옷에 다는 것처럼 계명을 지키기가 너무 쉽다. 올 세상에서는 왕의 몸값도 얻지 못할 것이다."

즉 팔십 세가 되어서도 자신에게 주어진 선물을 적절히 활용함으로써 충분히 하나님을 섬길 수 있다는 것이다.

아흔 살에 이르면 사람은 굽어짐에 이르게 되고,

'아흔 살에 이르면 사람은 굽어짐에 이르게 되고'라는 말과 같이 팔십 세가 되면 신체의 힘이 약해지는 것이 일반적이다. 예로 랍비 예후다 하나시는 랍비 쉬므온 벤 할라프타[R' Shimon ben Chalafta]에게 '아버지들이 하셨던 것처럼, 할아버지들이 하셨던 것처럼 이번 절기 때에 제게 오지 않으신 이유는 무엇입니까?'라고 물었다.

랍비 쉬므온이 답하였다. "바위가 높아졌고, 가까운 것이 멀어졌으며, 두 개가 세 개가 되었기 때문입니다." 즉 젊을 때에는 능히 넘을 수 있던 바위도 이제는 너무 높게 느껴지며, 가까웠던 거리도 점점 먼 것으로 느껴지므로, 지팡이를 쓸 수밖에 없다는 말이다(샤보트[Shabbos] 152a).

자기 삶을 바꿀 수 있는 기회가 있을 때에, 즉 젊을 때에 회개해야 하는 법이다. 솔로몬 왕은 말하였다. "청년이여 네 어린 때를 즐거워하며 네 청년의 날들을 마음에 기뻐하며 마음에 원하는 길들과 네 눈이 보는 대로 행하라…(중략) 곧 곤고한 날이 이르기 전에…"(전 11:9-12:1).

어떤 주석가들은 라슈아흐(굽는)를 '기도하는'이라는 뜻으로 이해하는데, 이는 성경에 "이삭이 저물 때에 들에 나가 묵상(라슈아흐)하다가…"(창 24:63)라는 구절과 "여호와여 내 기도(시아흐)를 들으시고 나의 부르짖음을 주께 상달하게 하소서"(시 102:1)라는 구절에서 근거한 것이다.

힘이 다 빠진 때에도 하나님을 섬길 수 있는가? 육체의 힘이 없어 하나님을 섬기기 힘들 때에도 최소한 기도는 할 수 있다. 그러므로 라베이누 요나는 말하기를 "온전히 기도하고 하나님을 찬양하며 주님의 놀라우심을 찬양하여야 한다"고 했다.

나이가 충분히 들어 인생에서 많은 것을 본 사람은 창조주 주님을 섬기는 방법을, 찬양하는 방법을 잘 알고 있다. 세상에 나타났다 사라져간 수많은 사상들을 보았으며, 부유한 자가 가난해지고 폭군들이 스러져간 모습을 본 노인은 그 자신도 세상에서 사라져가는 존재이다. 그러므로 다른 사람들보다 더 멀리 볼 수 있으며, 진실로, 또 전심으로 하나님을 찬양할 수 있는 것이다.

미드라쉬 슈무엘은 '라슈아흐'를 성경에서 자주 사용되는 용례를 따라 '말하는'으로 번역하였다. 이런 번역을 따르면 이 구절은 구십 세의 나이에는 육신의 욕구도 줄어들고 행동할 힘도 줄어들기 때문에 더 이상 죄를 짓지 않게 된다. 그렇다면 육체의 힘이 다 한 구십 세의 나이에는 어떻게 자기 자신을 발전시킬 수 있을 것인가? 바로 말이다. 말하는 능력을 기르고 험담과 실없는 말을 피하는 것이다.

백 살에 이르면 사람은 마치 죽은 것과 같고 사라져서 세상에서 끝나게 된다.

백 세가 된 사람은 '마치 죽은 것과 같고 사라져서 세상에서 끝나게 되는' 존재로 여겨진다. 더 이상 육체의 소욕도 없으며, 더 이상 이 세상의 것들과 연을 맺지 않는데, 이는 사람에 따라서 장점이 될 수도, 단점이 될 수도 있다.

나이가 든 토라 현자들에 따르면 "나이가 들수록 정신은 자리를 잡는다"(킨님[Kinim] 3:6)고 했다. 나이가 들수록 하나님께 더욱 가까워지고, 더욱 영적으로 변하며, 하늘나라에 점점 더 가까워지는 것이다. 그러나 무지한 사람은 '나이가 들수록 정신은 자리를 잡지 못하며,' 백 세의 나이에는 '죽음'을 맞은 것과 같다고 할 수 있다. 인생에서 더 이상 기쁨을 찾을 수 없으나 영적으로도 기쁨을 찾을 수 없으므로, 걸어 다니며 숨을 쉬나 실상은 죽은 사람과 같다고 할 수 있는 것이다.

'백 살은 사람이 죽음으로'라는 구절은 젊어서는 자기 욕망을 마음껏 채우다가 나이가 들어 죽기 전에 회개하면 된다고 생각하는 사람들에게 전하는 가르침으로 해석될 수 있을 것이다. 젊어서 자기 욕망을 채우는 데에 시간을 버리는 사람은 결국 '죽음'과 같은 상태에 이르게 될 것이다. 백세가 되어서는 그 회개도 소용이 크게 없을 것이다.

"여호와를 경외하며 그의 계명을 크게 즐거워하는 자는 복이 있도다"(시 112:1). 여전히 '사람'이면서도 하나님을 두려워하는 자는 복이 있도다(아보다 자라[Avodah Zarah] 19a). 이런 자는 나이가 들어도 여전히 강한 힘을 가지고 있는 것이다.

미쉬나 26절   משנה כו

בֶּן בַּג בַּג אוֹמֵר,
הֲפֹךְ בָּה וַהֲפֹךְ בָּה, דְּכֹלָּא בָהּ.
וּבָהּ תֶּחֱזֵי, וְסִיב וּבְלֵה בָהּ,
וּמִנַּהּ לָא תְזוּעַ, שֶׁאֵין לְךָ מִדָּה טוֹבָה הֵימֶנָּה.
בֶּן הֵא הֵא אוֹמֵר,
לְפוּם צַעֲרָא אַגְרָא:

벤 바그 바그는 말한다.

그것[토라]을 탐구하고

그것[토라]을 탐구하는 일을 계속하라.

왜냐하면 모든 것이 그 안에 있기 때문이다.

그것을 철저히 조사하고

늙고 백발이 되어 그것으로부터 흔들리지 말라.

왜냐하면 너희는 이것보다 더 좋은 부분을 가질 수 없기 때문이다.

벤 헤이 헤이는 말한다.

보상은 노력에 비례한다.

미쉬나 26절

벤 바그 바그는 말한다

5장의 마지막 구절은 아람어로 기록되어 있다. 이를 통해 우리는 본 구절의 저자가 (아람어로 가르침이 기록된 힐렐과 같이 [2:7, 1:13 참고])바빌론 출신인 벤 바그 바그와 벤 헤이 헤이 임을 유추할 수 있다. 더 나아가 아람어는 당시 국제 공용어였으므로, 많은 사람들이 읽을 수 있도록 아람어로 기록된 것이라고 생각할 수 있다.

게마라의 가르침에서는 벤 헤이 헤이와 힐렐의 대화를 인용하고 있는데, 이를 통해 벤 헤이 헤이가 힐렐과 동시대의 사람임을 유추할 수 있다(하기가[Chagigah] 9b). 벤 바그 바그와 벤 헤이 헤이가 이스라엘 사람이 아니라는 견해가 있는데, 이는 그들이 바빌론 출신이 아니더라도 모국어가 아람어였기 때문에 그 가르침 역시 아람어로 기록되었다는 견해로 이어진다. 또 당시에는 유대교로의 회심이 불법이었기 때문에, 벤 헤이 헤이와 벤 바그 바그라는 가명을 사용한 것으로 생각할 수 있다(토사포트[Tosafos], 하기가[Chagigah] ibid.).

바그 바그는 벤 게르 벤 기요레스[Ben ger ben giyores], 즉 '회심한 아버지와 회심한 어머니의 아들'이라는 문장의 두문자어이다. 헤이 헤이는 같은 문장을 다른 방식으로 변환한 것으로 이해할 수 있는데, 실제로 '헤이 헤이'의 수는 '바그 바그'의 수와 동일하다.

즉 한 명의 저자가 신원을 들키지 않기 위해 벤 바그 바그와 벤 헤이 헤이라는 두 개의 가명을 쓴 것으로 이해할 수 있는 것이다. 이러한 주장은 아보트 데랍비 노손[Avos DeRabbi Nosson]에 기록된 이 구절의 다른 판본에서 그 근거를 찾을 수 있는데, 아보트 데랍비 노손은 (힐렐, 빌나 가온의 개정본에 따르면 벤 헤이 헤이를 저자로 지칭하고 있기는 하지만) 두 문장을 하나의 구절로 기록하고 있다.

미드라쉬 슈무엘은 랍비 요셉 느헤미야[R' Yosef Nachmias]의 이름으로 유대교로 회심한 남자는 '아브라함의 아들'로, 회심한 여자는 '사라의 딸'로 불리었다고 전하고 있다. 이런 의미에서 벤 바그 바그와 벤 헤이 헤이라는 이름은 스스로를 유대교로 회심한 자라고 공개적으로 밝히지 않으려는 노력으로 보인다. 하지만 하나님께서 아브라함과 사라의 이름을 바꾸실 때에 '헤이'를 그 이름에 붙여 주셨으므로, '헤이'는 아브라함과 사라 모두를 뜻하는 단어라고 여길 수 있다. 벤 바그 바그의 경우에는 벤 헤이 헤이와 그 수가 같으므로, 그 의미 역시 같다고 할 수 있다. 일부 학자들은 (네치빈의 랍비 예후다벤 베세이라와 편지를 주고받았던 것으로 여겨지는)요하난 벤 바그 바그가 벤 바그 바그와 동일 인물이거나 그의 아들이라고 주장하기도 한다(본 구절에 대한 람밤의 주석 도입부 참고).

그것[토라]을 탐구하고 그것[토라]을 탐구하는 일을 계속하라

이전 구절을 배웠다면, 다섯 살 때부터 스무 살 때까지 정해진 과정에 따라 토라와 말씀을 배웠으면 스무 살 이후에는 어릴 적에 이미 배운 내용을 다시 배우지 않아도 된다고 잘못 생각할 수도 있을 것이다. 그러므로 이 구절은 이러한 오해를 바로잡기 위한 가르침이라고 여길 수 있다. '탐구하고, 탐구하라,' 즉 평생 배움을 멈추지 말라는 것이다.

끊임없이 토라를 배우고, 이에 대해 생각하며, 묵상하고, 또 마음에 새기는 것이 바로 우리의 의무이다. '탐구하고, 탐구하라', 즉 어릴 때로 돌아가 어른이 되고 노인이 되어서도 그 가르침을 계속 배우라는 것이다. "아침에 씨를 뿌리고 저녁에도 손을 놓지 말라"(전 11:6). 랍비 아키바는 이 구절에 대하여 "어릴 때에나 나이가 들어서나 토라를 배워야 한다"고 가르쳤다(예바모트[Yevamos] 62b).

이 구절을 어릴 적에 배우던 가르침을 다시 배움으로써 토라의 밝혀진 면모와 숨겨진 면모 모두를 배울 수 있다고 해석하는 경우도 있다. 즉 모든 면에서 토라를 배워야 한다는 것이다. 어릴 적에는 토라의 밝혀진 면모를 배우고, 나이가 들어서는 토라의 숨겨진 면모를 배워야하는 것이다.

새로운 발견

미드라쉬 슈무엘은 '탐구하고, 탐구하라'는 구절이 토라를 먼저 배운 후에야 배운 내용을 복습할 수 있다는 가르침을 전하는 것이라고 했다. 토라는 같은 내용이라도 읽으면 읽을수록, 배우면 배울수록 새로운 면모와 새로운 깊이를 발견할 수 있다. 복습은 이미 배운 내용을 기억하는 것뿐만 아니라 새로운 것을, 더욱 많은 것을 이해할 수 있는 방법이다.

토라는 무한하며, 경건하고, 또 거룩하다. 이스라엘은 수천 년간 토라를 배워오고 또 연구하였지만 토라에는 아직 밝혀지지 않은 비밀이 수두

룩하다. 그러므로 랍비 요하난[R' Yochanan]은 말하기를 "무화과나무를 지키는 자는 그 과실을 먹고"(잠 27:18)라는 구절에서 토라의 말씀이 무화과나무와 같다고 했다. 무화과 열매는 한 해에 걸쳐 차례차례 익기 때문에, 그 열매를 한 해 동안 내내 수확하여야 한다. 이와 같이 우리는 "무화과 나무를 가꾸는 것처럼" 토라를 배우고 매번 새로운 열매를 발견해야 한다(에이루빈[Eiruvin] 54a).

토라 속에 숨겨진 보물을 발견하기 위해서는 항상 돌아가고, 또 돌아가야 한다. 수박 겉핥기 식으로는 그 깊은 지식을 배울 수 없다. 토라를 배우면서도 만족할 수 없다면, 토라 안에서 빛을 발견하지 못하였다면, 자기 자신의 문제가 무엇인지 먼저 점검해보아야 한다. 모세는 "이는 너희에게 헛된 일이 아니라 너희의 생명이니"(신 32:47)라고 말했다. 이 문장은 "율법이 빈 말이라면, 그건 당신의 문제입니다"라고 해석될 수도 있다(베레이쉬트 라바[Bereishis Rabbah] 1:14).

왜냐하면 모든 것이 그 안에 있기 때문이다

토라는 끊임없이 배우고 또 다시 배워야 한다. 그 안에 모든 것이 담겨 있기 때문이다. 예로 미도트(탈무드의 열 가지 논문 중 하나로, 성전의 크기와 배치 등에 대하여 기록한 책 – 역자 주)를 배운다면 기하학에 관한 지식을 포함하여 성전의 치수와 측량에 관해 익힐 수 있을 것이다. 유대력과 윤일, 키두쉬 레바나(Kiddush Levana, 한 달에 한 번 음력 달의 첫 날에 치르는 축복의 의식 –역자 주)에 대해 배움으로 천문에 대한 지식을 익힐 수 있다. 그러므로 아모라 슈무엘[Amora Shmuel]은 하늘나라로 가는 길은 고향인 나하르다(유프라테스 강 유역에 위치한 바빌론의 도시로, 바빌론 유대교의 중심지 – 역자 주)로 가는 길만큼 분명하다고 했다(베라호트[Berachos] 58).

동물의 정함과 부정함을 구분하는 법과 처음 태어난 동물의 제사에 관한 법을 배운다면 가축에 관한 지식을 배울 수 있을 것이며, 실제로 피부병에 관한 법을 잘 알고 있는 제사장은 약학에 관한 지식을 알고 있었다. 농사에 관한 율법을 익히 알고 있던 현자들은 농사의 전문가이기도 했다.

그러나 이런 모든 지식들을 떠나서 토라는 그 자체로 삶의 지혜, 영혼의 지식을 담고 있으며, 그 지혜와 지식은 다른 그 어느 곳에서도 발견할 수 없는 특별한 것이다. 하나님께서는 세상을 창조하실 때에 토라를 청사진으로 삼으셨으므로, 토라에서 삶의 모든 영역을 다루고 있는 것은 당연한 것이다.

그것을 철저히 조사하고

"대저 명령은 등불이요 법은 빛이요"(잠 6:23). 토라를 배우고 현자에게 묻는 사람이 올바른 삶의 길을 찾을 것이다. 토라를 끊임없이 배울 때에 '그것을 철저히 조사하라.' 그리하면 토라를 보는 눈을 얻을 것이며, 그 안에 담긴 삶의 올바른 길을 발견할 것이다.

피르케이 아보트를 배운다면 아보트가 요구하는 수많은 계명들을 보고 낙심할지도 모른다. '철저히 조사하라'는 가르침은 '그 안을 들여다 보게 될 것이다'라고 번역할 수도 있다. 즉 이 구절은 이전 구절과 같이, 다시 한 번 '탐구하고 탐구하라'고 권면하는 것이다. 토라를 계속 돌아봄으로써 눈이 뜨이고 우리가 따라야 할 올바른 삶의 길을 '철저하게 조사'하게 될 것이다.

일부 주석가들은 이 구절이 원래는 피르케이 아보트의 결론이었으므로, 계속 복습하라는 이 구절의 가르침은 피르케이 아보트를 계속 복습하라는 가르침이며, 피르케이 아보트 안에 '모든 것(모든 윤리의 가르침)이 그 안에 있다'는 의미라고 이 구절을 해석하고 있다.

늙고 백발이 되어

이 구절은 '늙고 백발'이 되더라도 끊임없이 토라를 배우라고 권면한다. 토라를 배워서 힘이 약해지더라도, 토라를 배우다가 '늙고 백발'이 되어도 끊임없이 토라를 배우며 나이가 들어야 한다는 것이다. 미드라쉬 슈무엘은 말하기를 "그 오른손에는 장수가 있고"(잠 3:16)라고 한 것과 같이 토라를 끊임없이 배운다면 더 오래 살 수 있을 것이라고 했다(6:7 참고).

그 후 이 구절은 '그것으로부터 흔들리지 말라'고 권면한다. 곧 기록된 바 "이 율법책을 네 입에서 떠나지 말게 하며 주야로 그것을 묵상하라"(수 1:8)라 함과 같다.

현자들은 가르치기를, 토라의 길에 따라서 매일의 삶을 살아간다면, 일상을 보내더라도 토라를 배운 것과 같다고 하였다. 매일 걷는 삶의 계단을 토라의 빛을 따라 걷는다면, 매 순간마다 토라를 배우고 있는 것과 같다.

그것으로부터 흔들리지 말라

많은 주석가들이 이 구절을 토라가 아닌 것을 공부하지 말라는 경고의 의미로 이해하고 있다. 여기서 '토라가 아닌 것'은 이단의 가르침들과 사람을 죄로 인도하는 다른 가르침들을 뜻한다고 볼 수 있다(산헤드린[Sanhedrin] 10:1 및 이에 대한 주석 다수).

더 넓은 의미에서 바르테누라의 랍비 오바디야는 이 구절이 '헬레니즘식 지혜'와 같은 다른 영역의 배움에도 적용되는 것이라고 했다. 토사포스 욤 토브는 매 순간마다, 시간이 날 때마다 토라를 배워야 할 의무가 있으므로 토라가 아닌 다른 것들은 배울 수 없다고 했다. 그렇다면 토라를 배울 수 없는 상황에 처하거나 실용적인 목적을 위해서만, 토라가 아닌 다른 것들을 (이단성이 없다는 가정 하에)배울 수 있다고 할 수 있을 것이다.

토라를 위해 토라를 배우는 자에게는 다음의 구절에서 말하는 기업이 주어질 것이다. "네 위에 있는 나의 영과 네 입에 둔 나의 말이 이제부터 영원하도록 네 입에서와 네 후손의 후손의 입에서 떠나지아니하리라 하시니라"(사 59:21).

왜냐하면 너희는 이것보다 더 좋은 부분을 가질 수 없기 때문이다

토라는 단순한 지혜의 책이 아니다. 토라의 가르침은 사람을 도덕적인 행동을 하도록 이끌며, 개인의 인성을 세우고 성품을 기르도록 하는 지혜를 담고 있다.

그러므로 '너희는 이것보다 더 좋은 부분을 가질 수 없기 때문이다'라는 가르침에서 '기업', 즉 미도트는 '성품'으로 번역될 수도 있는 것이다.

선한 성품을 기르는 데에는 토라를 배우는 것보다 더 나은 길은 없다. 또 토라는 '본인 자신'을 위한 것이다. 토라를 배우는 것은 배우는 사람 본인에게 도움이 되는 일인 것이다.

토사포스 욤 토브는 더 나아가 이 구절이 선한 성품을 가르치는 피르케이 아보트를 모두 배운 후에는 토라를 끊임없이 배워야 한다는 권면의 의미라고 했다.

바알 셈 토브[Baal Shem Tov]는 이 구절을 교훈적으로 해석하고 있다. "탐구하고, 탐구하라. 모든 것이 그 안에 있느니라. 나이가 들어 지치더라도 그 안을 들여다보라. 그리하면 당연히 보고 배우는 것으로 움직이지 않겠느냐?" 토라는 하나님의 지혜이다. 토라를 계속 배우고 또 배우고 그 안에서 삶의 모든 것을 발견한 사람이라면, 당연히 배운 것에 따라 움직이고 행동하지 않겠는가? 바로 바알 셈 토브가 말한 것이 이것이다. 당연히 그 마음에 하나님을 경외하는 마음이 새겨지지 않겠는가?

코츠커의 레베[Rebbe of Kotzk]는 한 걸음 더 나아가 토라를 배우고 나서도 토라의 길을 따라가지 않는 사람은, 열정 없이 지식으로만 토라를 배우는 사람은 토라를 배워도 선한 성품을 얻을 수 없다고 하였다. 그러므로 그는 이 구절을 '그 안에서 그 어떤 선한 성품도 얻을 수 없으니'라고 번역하였다.

벤 헤이 헤이는 말한다 보상은 노력에 비례한다

벤 헤이 헤이의 금언은 그의 삶에서 나온 것이었다. 벤 헤이 헤이는 유대교에 대한 핍박이 극심하던 때 회심하여 유대교를 믿기 시작했다. 그는 회심하려는 사람들에게 당시에 살던 나라에서 가하는 핍박뿐만 아니라, 회심하였을 때에 맞닥뜨릴 수많은 계명을 지키는 어려움과 죄를 지었을 때에 찾아올 무거운 징계에 대해서도 경고하였다. 이에 대한 그의 열정이 가득한 대답이 바로 '보상은 노력에 비례한다'였다.

전도서에서 솔로몬 왕은 자신의 손에 있는 가득한 부귀영화에 대하여 말하였다. 그러나 그 모든 부귀영화에도 불구하고 그는 "그럼에도(אף) 지혜가 내게 여전하도다"(전 2:9)라고 선포한다. 솔로몬은 '그럼에도'라는 단어를 사용하였는데, 이 단어는 '어려움', '긴장', '노력'이라는 뜻을 가지고 있기도 하다. 그러므로 람밤은 벤 헤이 헤이가 의도한 의미는 그가 엄청난 노력을 통해 얻게 된 지혜에 큰 가치를 부여하고 있음을 뜻한다고 했다.

"토라의 말씀은 자기 자신을 죽이는 자에게 영원하리라" 레이쉬 라키쉬의 말이다(베라호트[Berachos] 63b). 성경은 '이것이 토라이니, 장막에서 사람이 죽을 때에 지켜야 할 법이다'라고 말하고 있다. 토라의 말씀은 자기의 모든 것을 다하여, 전심으로, 육체의 수고를 감내하고 토라를 배움에 투신하는 자에게 남을 것이다.

성경은 "젖을 저으면 엉긴 젖이 되고"(잠 30:33)라고 말하고 있는데, 이를 교훈적으로 "자기 [어머니의] 우유를 쥐어짜면 [토라의] 엉긴 젖이 나온다"라고 해석할 수도 있다. 그러므로 랍비 야나이는 말하기를 자기 힘의 마지막 한 방울까지 쥐어짜내어 토라를 배우는 자에게 토라의 버터(결과물)이 나온다고 하였다(베라호트[Berachos] ibid.).

그러므로 현자들은 가르치기를 "가난한 자들을 주의할지니, 그들에게서 토라가 나올 것임이라"(너다림[Nedarim] 81a)라고 하였다. 부유한 사람에게는 아무런 문제도 없고 별다른 의무도 없으므로, 토라도 쉽게 배우고 누릴 것도 다 누릴 수 있다. 그러나 가난한 사람은 토라를 배우기 위해 자기 가족을 버리고, 굶주림은 찾으며, 힘겨운 상황에서, 온갖 고난과 역경을 노력으로 뚫고 나와야 한다.

토라를 배움으로 얻는 보상

이 구절이 토라의 지식을 얻는 것이 아닌, 토라를 배우기 위해 노력함으로 쌓는 하늘나라의 보상에 대해 이야기하고 있다는 해석이 있다. 온 힘을 다해 배움에 노력하고 정진하여도 별다른 성과를 얻지 못하는 사람들도 있다. 이 구절은 이런 사람들에게 그 노력이 헛된 것이 아니므로 낙심치 말라는 가르침을 전해 준다. 토라를 배움으로 얻는 보상은 그 축적된 지식에 따라서 주어지는 것이라기보다는, 배움에 투자한 노력에 따라서 주어지는 것이기 때문이다. 그러므로 배움의 능력이 부족한 사람이 뛰어난 능력으로 쉽게 토라를 배우는 사람보다 더 많은 보상을 받는 것도 충분히 가능한 일인 것이다.

모든 사람이 토라를 배워야 한다

'보상은 노력에 비례한다'는 말은 곧 모든 사람이 토라를 배움으로 보상을 받아야 한다는 뜻과 같다. 즉 토라를 배울 의무는 각 사람 모두에게 주어진 의무라는 뜻도 된다. 똑똑하든 똑똑하지 못하든, 나이가 적든 많든 모든 사람은 토라를 배워야 한다.

조하르는 아침부터 저녁까지 단 한 시간도 토라를 배울 시간이 나지 않던 한 사내에 대해 이야기하고 있다. 이 사내는 결국 일이 끝난 후, 집에서 잠을 자는 대신 학당에 가서 토라를 배우곤 하였는데, 하필 그 시간은 랍비가 어려운 게마라의 구절을 가르치는 때였다. 가르침을 따라갈 수 없었던 사내는 결국 잠에 들곤 했는데, 하나님께서는 그가 자면서 흘리는 침을 병에 모으셨다가, 그가 세상을 떠나고 하늘나라로 왔을 때에 그 병에 모인 침으로 그의 기업을 삼으셨다고 한다.

율법의 보상

랍비 하임 비탈[R' Chaim Vital]은 스승인 아리[Ari]에게 이렇게 말했다. "이전 세대의 거룩한 사람들만이 그 경지에 다다랐다는 것을 들을 때마다, 높은 수준에 이르고자 하는 저희의 영적 야망은 매번 무너집니다."

그러자 스승 아리가 답했다. "모든 세대는 각기 그 세대에 맞는 시험이 있었느니라. 오늘날에는 악한 본성의 힘이 너무나 강하므로, 하나님께서는 자기 악한 본성과 맞서 싸우려는 사람의 모든 노력에 가치를 두시고, 그 노력에 따라 보상을 하신다"(페사흐 에이나임[Pesach Einayim]에서 히다[Chida]가 인용).

어떤 사람들은 토라를 배우고 싶고, 또 계명을 실천하고 싶으나 그럴 시간이 없다고 항변하기도 한다. 이러한 사람들은 계명을 실천하고자 하는 진심만이라도 하나님께서 보상해주실 것이라고 여긴다. "하나님은 마음을 원하신다"(산헤드린[Sanhedrin] 106b)는 현자들의 가르침으로 스스로를 정당화하려고 한다. 이런 사람들에게 이 구절은 마음에 품은 의도에도 보상이 있을 것이고, 불완전한 실천이라도 보상이 있을 것이나, 또 다른 요소가 하나 더 있다고 가르친다. 바로 '노력에 따른 보상'이다. 계명을 실천하고자 하는 단호한 노력이 있어야만 한다는 것이다.

보상과 징계

"이 세상의 계명에는 보상이 없다"(키두쉰[Kiddushin] 39b). 진정한 보상, 영적 보상은 오직 영적 세계에서만 주어지는 것이다. 이 구절은 그러한 진정한 보상에 대하여 말하고 있는 것으로 보인다.

토라는 사람의 손이든 하나님의 손이든 그 방식을 불문하고 죄인에게 내려지는 징계에 대하여 자주 언급하고 있다. 더 나아가 성경에는 하나님의 뜻을 어긴 사람에게 내려지는 147가지의 징벌이 나열되어있기도 하다(레 24:14-11에 49가지가, 신 28:15-69에 98가지가 기록되어있다).

하나님의 뜻을 어김으로 받는 징벌이 이렇게나 크다면, 하나님의 뜻을 실천함으로 얻는 보상은 얼마나 클까? 현자들은 "징벌보다 보상이 500배나 크다"고 했다(토세프타 소타[Tosefta Sotah] 4:1). 징벌보다 보상이 크다는 이런 원리는 십계명의 제 2계명에서 나온 것이다. 제 2계명은 하나님께서 악인은 네 세대까지 벌하시지만, 의인은 천 대까지 보상하신다고 기록하고 있다. 그러므로 죄로 인한 징벌이 얼마나 가혹한지를 보며, 우리는 하나님께서 주실 선행에 대한 보상이 얼마나 큰지를 알 수 있는 것이다.

'노력에 따라'라는 말은 '고난에 따라서'로 해석할 수도 있다. 벤 헤이 헤이는 죄인이 징계로 받는 '고난에 따라서' 하나님의 뜻을 실천한 사람이 곧 받을 보상이 얼마나 큰지를 알 수 있다는 가르침을 전해주고 있는 것이다. 실제로 "주께서 그들을 주의 은밀한 곳에"(시 31:20) 숨기신다.

에필로그 לאחר הלימוד

다음은 피르케이 아보트의 각 장을 마치고 낭독한다.

(마코트 3:16)

רַבִּי חֲנַנְיָא בֶּן עֲקַשְׁיָא אוֹמֵר:
רָצָה הַקָּדוֹשׁ בָּרוּךְ הוּא
לְזַכּוֹת אֶת יִשְׂרָאֵל,
לְפִיכָךְ הִרְבָּה לָהֶם תּוֹרָה וּמִצְוֹת,
שֶׁנֶּאֱמַר:
יְיָ חָפֵץ לְמַעַן צִדְקוֹ, יַגְדִּיל תּוֹרָה וְיַאְדִּיר.

랍비 하나니아 벤 아카시아가 이르기를:
　거룩하시고 복되신 하나님은 이스라엘에 가치 있는 것을
　베푸시기를 원하셨다.
　그래서 백성들에게 토라와 풍성한 계명을 주신 것이다.
　성경에 기록된 바와 같이
　"여호와께서 그[이스라엘]의 의로 말미암아
　기쁨으로 교훈을 크게 하며 존귀하게 하려 하셨으나"(사 42:21).